徐世昌

董 尧◎著

北洋风云人物

中国言实出版社

图书在版编目(CIP)数据

徐世昌 / 董尧著 . -- 北京：中国言实出版社，
2015.10
（北洋风云人物）
ISBN 978-7-5171-1616-5

Ⅰ.①徐… Ⅱ.①董… Ⅲ.①徐世昌（1855～1939）—
生平事迹 Ⅳ.① K827=6

中国版本图书馆 CIP 数据核字（2015）第 247513 号

责任编辑　史会美
责任校对　王建玲

出版发行　**中国言实出版社**
　　　　　　地　址：北京市朝阳区北苑路180号加利大厦5号楼105室
　　　　　　邮　编：100101
　　　　　　编辑部：北京市海淀区北太平庄路甲1号
　　　　　　邮　编：100037
　　　　　　电　话：64924853（总编室）64924716（发行部）
　　　　　　网　址：www.zgyscbs.cn
　　　　　　E-mail：zgyscbs@263.net
经　　销　新华书店
印　　刷　北京温林源印刷有限公司
版　　次　2016年1月第1版　　2020年4月第3次印刷
规　　格　710毫米×1000毫米　1/16　15.5 印张
字　　数　255千字
定　　价　36.00元　　ISBN 978-7-5171-1616-5

目录

第一章
从翰林院走进练兵场

清，光绪二十一年（1895），乙未，秋。北京。

接连几日的风沙弥漫，街巷、房舍、树木都被蒙裹在黄澄澄、浑浊浊的雾帐之中。行人显见得少了；穿梭在街巷里的黄包车，敲打着清脆的铃声，匆匆隐现；天空没有飞鸟，风不时地发出哨音……"讨厌的秋天！"有人这样诅咒。

秋天弥漫的风沙，给翰林院蒙上一层阴沉，使得这座古老的深宅大院一派冷清。已经做了九年编修的徐世昌，大约是受着天气的影响，整日整日地没精打采，连那高大的身躯也萎缩低矮了，脸膛消瘦了，眼睛失了神，人仿佛也老了——他，才刚刚四十一岁呀，风华正茂！

早饭之后，徐世昌想出去办点事，他把官服也规矩认真地穿上了。平时他多不穿官服，编修只领着七品，七品官在京城中算什官呢，跟一个守门的家人差不多，但又缺乏守门人的威严。可是，望着室外浑浑浊浊的天气，他索性把门闭起来，不出去了。他坐在桌子旁，想静下心来办点别的事，但思绪却乱了，乱得不知办什么才好。他有点嗔怪自己："'四十而不惑'，我这是怎么啦？"

昨天也是早饭后这个时候，翰林院掌院学士李鸿藻把他叫了去。徐世昌还以为有好事情向他宣布呢——李鸿藻是他的恩师，他跟着他已经九年了。领着编修头衔九年的人，怎么说也该提拔提拔、换换纱帽了，老领着七品的衔，多难为情。日前有人传话给他，说国子监祭酒，他的另一位老师，也是掌院学士的朋友王懿荣在李鸿藻面前说了徐世昌很多好话，认定他是"后起之秀"。凭着那张老脸，李鸿藻还不得给点面子？谁知徐世昌见了李鸿藻之后，这个满面皱纹、胡子斑白的瘦小老头竟冷着脸膛，半天才慢条斯理地说："世昌呀，我这个人懒得说话，你在我身边这多年，很少谈心。有几句话我想了好多日子，觉得还是该说。"

"请老师指教，学生虚心聆听。"徐世昌鞠了个躬。

"咱们翰林院，可是个人才荟萃的地方，"李鸿藻脸膛十分严肃，仿佛是对一个刚刚入院的学子在开导，"言谈举止，都轻率马虎不得，切切记住，万万不可虚矫过人！这是做人的本分。你要记在心上，去吧。"

徐世昌答应着，退了出来。

人退出来了，心事也跟着来了，徐世昌紧紧地锁起眉头，反复地沉思："让我记住'虚矫过人'，这是什么意思？难道我虚矫过人了？"徐世昌是进士及第而后入翰林院的，"虚矫过人"这话的分量他是明白的，出自掌院学士之口，那用意他更明白。思索再三，他心沉了："我的顶头上司、恩师如此评价我，我的前程暗淡了！"

徐世昌是个有心计、有抱负的人，二十八岁的他同弟弟世光一起到北京应壬午乡试，据说就有一位神人预卜，将来"光大"徐氏门庭，就靠他"昌"了。是的，徐家门庭是该光大了，高祖时便是河南知县，曾祖廉锷是进士、湖南知县，祖父思穆是河南中河通判，称得上历代书香门第、官宦之家。只是到了父亲嘉贤这一辈家道中落。嘉贤虽也随父抢渡黄河，与太平军激战，且单骑入太平军营中侦察军情，很得上司赏识，但天不假年，二十五岁便病死了。那时候，徐世昌才七岁，他的弟弟世光只有五岁，寡母刘氏守着小兄弟俩在开封的双龙巷苦度日月。这样的家庭，多么该光大呀！可是，中了进士之后，竟在编修这把冷板凳上坐了九年，徐世昌实在感到了仕途的艰辛。

编修不仅官小，俸禄也少。京城中，莫说朋友应酬，连吃饭也觉得紧紧巴巴。"咳，我这是做的什么京官呀！"想到自身的贫寒，自然想到一年三节对老师的孝敬。那时的时尚，三节之中学生都要对恩师送厚礼，以谢其教诲，从而，也是请求老师提携。徐世昌没有厚礼，他至多封上二两银子送给老师。莫说动老师的心了，连他自己也觉赧颜。可又有什么办法呢？

徐世昌闷坐有时，忽然想起了两位叔父。"好，给他们写信，要他们帮我降格外调，去任地方州县官吧。"于是，他展纸提笔，写起信来。

——徐世昌有两位堂叔，一名嘉禾，现在湖北省任钟祥县知县；一名嘉霖，现在江西省任德安县知县。论才智，这两位堂叔远不如世昌聪颖；论功名，也在世昌之下。做县官，实在勉为其难。可是，他们的日子却过得十分宽裕，买田产、造房屋，几年工夫，便都成了一方旺族。同是七品，却天壤之别，世昌真羡慕他们。所以，他也想外放州县，纱帽虽不显，财源却十分茂盛。正应了那句俚语："三年清知府，十万雪花银。"徐世昌想先捞一把银子，然后，拿着厚礼去找门子，这也是一条官道，会通达一些。

人都是有理想的，向高处走是天性。高处很广阔。但归根起来，大不过名利两项。徐世昌在"名"上失意，自然转而向利。他想外放，有知府干着，三年也会有十万雪花银。有十万雪花银了，一年三节再去老师家，就不是寒寒碜碜地只带二两银子。这样，老师不会再冷着脸膛让他"不可虚矫过人"。徐世昌小时候读圣人之书时，只知道"书中自有黄金屋，书中自有颜如玉"；九年编修，他猛然长了知识，明白了"钱能通神""有钱能使鬼推磨"的道理。他转了一个向，把"升官发财"换成了"发财升官"。

清朝京官外放，是一件易如反掌的事情，只要你乐意，任选一个地点，都可以如愿。徐世昌征求两位堂叔的意见，也只是一种地区的选择。既然降格外放了，总得找一个民风良好、物产富庶之地，刮地皮也得地皮厚。贫瘠如纸的地方无油水，民风险恶的地方会惹祸，他是不能去那些地方的。徐世昌盼着堂叔能在这两方面帮他一把，为他指点通途。

不久，钟祥、德安先后有信到来，徐世昌不胜之喜，以为从此时来运转，出头有日。

可是，他的两位叔父异口同声地不让他外放，说那是官场上的一条"逆道"，"编修虽是较小的京官，但接近上游，较州县地方官容易升迁，前途远大"；两个叔父一再函嘱他："安心待时，生活困难可以酌予补助。"

一盆冷水，从头浇下。捧着两个叔父的来信，徐世昌皱起眉头……

徐世昌又拨起了另一个算盘，他觉得叔父的话有道理："外放降格，就像顺水行舟，可以一泻千里；但从千里之外逆水上来，却是步步艰难呀！中国有多少州县，州县官有几人能够升到京中的？"这么一想，他竟出了一身冷汗，几乎成了憾事！他收藏好叔父的来信，深深地呼出积在胸中多日的郁闷,从静寂的房中走出来,走到院中;然后又从院中走向小巷,走向大街。

风停了。沙消了。蓝天一片,白云浮游,北京又呈现出繁华和壮观。

翰林院,唐代初置,本来是内廷供奉各类文学艺术侍从官之处。到了清代,翰林院便成为编修国史,记载皇帝言行的起居注,进讲经史以及草拟有关典章礼法的一个衙门,其长官为掌院学士,也就是现在的李鸿藻。掌院学士以下有侍读学士、侍读、侍讲、修撰、编修、检讨和庶吉士,这些人统称翰林;官衔称南书房翰林。徐世昌是翰林院里的编修,算是掌院学士以下五等的官员,虽然出身一甲二三名进士,但别人也不低,何况他只负责着编纂记述之类的一小部分工作,并无实职,充其量算个等官的官。徐世昌不想降格外放了,安心在翰林院坐着冷板凳等机会,可却又无事可做,便不免想一些别的门路。结果探听到京郊定兴县有一位现任江苏巡抚的鹿姓大户人家,拟聘塾师课两个幼小儿子,聘资尚丰,徐世昌便以翰林之显赫招牌前往应聘,甚受鹿氏崇敬,酬谢亦相当可观。徐世昌不必求叔父补助了,且有了安身处,不久把家眷也迁往定兴,算是有了稳定生活。

1896 年(丙申),徐世昌的母亲刘氏在河南开封病逝。旧时病丧制度,父母殁,儿子和承重孙(长房长孙)要谢绝人事,解除官职,守孝在家二十七个月。徐世昌只好离开北京,回河南守制。

——母亲仙逝了,徐世昌万分悲痛,归葬途中,悲泪忆起往事,痛不欲生。

母亲是清季桐城派古文家刘大槐的后代,知书达理,心胸开阔,可惜二十岁刚过便寡居守节,和公婆一起在开封城内双龙巷教养两个幼子。她十分严格,盼望儿子成人成才。世昌、世光蒙童时,母亲便是老师。刘氏教子每至深夜。世昌总忘不了母亲的严慈,最令他记心的一件事是吃糕。

那时,父亲去世不久,家境日渐困难。刘氏省吃俭用,尽心照顾孩子。一天,世昌、世光读书饿了,向母亲要吃的。母亲便从厨中拿出三块糕放在儿子面前,有意试探一下儿子们的心地。结果,世昌先伸手拿了两块,世光一见糕只剩一块了,索性抱头大哭大闹起来。刘氏见两个儿子为糕相争,勃然大怒,说:"你们从小就兄不友,弟不恭,长大了怎么办呢?"说着,从儿子手中夺回糕掷在地上。"谁也不许吃,都跪下好好想想。"

兄弟俩瞪着眼睛跪在地上。好久,世昌才开口:"娘,是我错了,我不该先拿两块糕。你饶了弟弟吧，只罚我自跪好了。"

刘氏这才收了气，让两个儿子站起来，重新为他们准备了糕点。从此之后，兄弟二人再不敢争食、争东西。

离开官场，守制在家，徐世昌倒觉得轻松了，每日除看看书外，便是静心回忆自己走过的四十多年的人生路，尤其是十多年的官场路。徐世昌是光绪八年（1882）壬午科北京乡试中举的，四年后，光绪十二年（1886）丙戌科中进士，入翰林院，三年考满，授职编修。屈指算算，官场生涯可不是十年有余了。当初，徐世昌和所有的学子一样，诚心把自己十年寒窗所学的本领都"货与帝王家"；进入翰林院，他觉得报效有门了，便拼着能耐，想干出点业绩，自然，也梦寐着飞黄腾达。可是，凭着那满腹才华，凭着那一腔热忱，梦也不曾梦见会在冷板凳上一坐便是九年！"人生苦短，有几个九年岁月容得虚度呢？"人，别的本领也许各有长短，但在回望自己走过的道路时，那种敏锐程度却大体上是相一的。怎样渡过的难关，怎样摔倒的？祸兮福兮，总会明明白白。在离开纷乱的官场，在守制于清静的老屋里，徐世昌平心静气，给自己官场上的每一步做出鉴定和评论，他从浑浊中走向清白，从自信中走向悔恨，从冷板凳上去体味"冷板凳"的甘苦。他忽然明白了，在官场上混迹，并不完全凭着本领，或可说根本就不是凭着本领，凭的是靠山，凭的是人缘，凭的是有机遇。"若有一群人抬举你，若你的顶头上司器重你，或你上司的上司青睐你，你准会青云直上，而且会连连升级；若没有这些，哪怕你学富五车，才高八斗，你去坐你的冷板凳好了。"徐世昌叹息了，"靠山是那么容易找的吗？祖宗没有留下根基，自己又失于此招，靠谁呢？"进士及第之后，徐世昌曾经拜过两个人为师，一个是翰林院掌院学士李鸿藻，一个是军机大臣、东阁大学士张之万。可是，除了师生关系之外，却只有一年三节二两薄银的节礼，而且在学问上徐世昌还常常流露出自傲。张之万是个没有把徐世昌放在心上的人，顶个"师"名而已，李鸿藻早已态度明朗，要他不可"虚矫过人"，他们谁也不会成为他上青云的阶梯。徐世昌感到自己的前程暗淡了。"唉，高攀无门，安于现状吧！"可是，他又有些不甘心。

人的自安是有限度、有条件的，这期间还有个相比。徐世昌心不甘的是，许多同年都高升了，有的人能耐比他差得明显，也高升了；查查翰林院的历史，几乎没有一个翰林能坐九年的冷板凳。他心里极不平衡，他还是想找个高枝攀缘。于是，他在他的"关系网"上，梳头发似的一遍又一遍地梳找。他终于找到一个可攀的人物——袁世凯！"好，袁慰亭是我穿开裆裤时的朋友，他会助我一臂之力。回京后去找他。"

袁世凯，河南项城人，幼年随从叔父袁保恒（在河南开封任帮办赈务）寄居开封城内，与徐世昌家邻近。徐世昌比袁世凯大四岁，相处甚得，为总角之交。袁保恒在开封病故之后，袁世凯便回到项城。袁世凯是个读书不上进、文章做得不好的人，但却很会活动，竟在地方联合一些读书人，组织起一个文社，终日谈文说法，颇有些影响。此时，徐世昌已在淮宁县署里做了塾师，听到童年朋友做了文社社长，便专程去访。二人再次见面，畅谈十分投机，尤其对于反对八股文，所见完全一致。不久，徐世昌要进京乡试，袁世凯得悉他盘费不足，还资助了他一些钱。

袁世凯在乡里两次应"童子试"，都没有考中，盛怒之下，把自己的诗文全烧了。科考袁世凯是没有希望了，为了谋取一个进身之阶，不得不走花钱买功名的路，想捐个官。于是，生母刘氏、嗣母牛氏把各自的私房钱全拿出来，让他去京谋干。谁知袁世凯一到北京，一味地讲吃、讲玩、讲穿，又被卷入赌场，买官的钱全被他花天酒地挥霍一光。这时候，徐世昌已经中了进士，二人京城相遇，世凯又走投无路，世昌虽坐着冷板凳，毕竟是官场之人，有固定的薪俸。于是，便慷慨解囊，厚厚地资助了他一把，才使袁世凯回到项城……

十年河东转河西，徐世昌在翰林院坐冷板凳的时候，袁世凯竟然官运亨通，现在已经接管了定武军，并且奉旨在天津小站编练新建陆军。徐世昌想："我何不去找袁世凯，从'武'这条道上寻个门路发达。"

守制一毕，徐世昌便到天津去找袁世凯。

袁世凯见了老友，自然谈不完的离别情，并且又说了一串资助的感激话，徐世昌仍然以老大哥的语气说："慰亭，资助的话就别提了，当初不是你资助我盘费，我怎能到北京？到不了北京，参加不了乡试，今天这个功名又从何谈起？"又说："朋友自应相互帮助，怎能说感激不感激的话呢？而今，我虽然在京中多年了，也是需要有朋友帮助的。"

投奔了淮军之后，袁世凯便行迹无定了，中间还在朝鲜过了几年，总理交涉通商事宜；回国之后便忙着接管军队，又受命编练新军。虽然知道徐世昌在翰林院走动，却不曾见面。后来，听河南老乡说，徐世昌在翰林院不得志，一直坐着冷板凳，倒也想瞅个空儿把他劝出来。现在，徐世昌找上门来了，言谈之中又流露出"需要朋友帮助"的意思，便明白"他也想换个高枝攀攀"。于是，便亲亲热热地说："菊人兄（徐世昌，字卜五，号菊人，又号弢斋），不是我扯你的腿，翰林院那个凳子，我劝你还是别坐了吧，另找个去处。"

徐世昌只想找个靠山，是不是出翰林院，却是没有去想。袁世凯开门见山让他走出翰林院，他心里一慌，不知如何是好。望着他这个犹豫不决的神态，袁世凯又说："菊人兄，仕途不光是从科第起步，我没有功名，连捐的功名也没有，我不是照样在仕途上嘛。什么问题呢？就是形势。现在的世界，是战争的世界，一场出生入死，相抵于十年寒窗，甚至超过十年寒窗。菊人兄丢下文章吧，和我一道来练军。走武这一条道，去发展自己。"

袁世凯说得振振有词，徐世昌听得津津有味，就像当年袁世凯在项城老家办文社，反对八股文章那样，徐世昌觉得他说得"有理"，见解十分新鲜；再加上他自己的升腾又是个活典型，使徐世昌更加信服。不过，他还是实事求是地说："慰亭，你的意见无疑是对的。朝中大臣也有未通过科考上来的；考取进来的人士，也并非个个才华超人。我相信还有个机遇，是不是还可以说叫运气？话又得往实处说了，我弃文倒容易，不到翰林院就是了；但从武怎么从？让我跟你去练新军，我能干什么呀？"徐世昌感到军中没有他的位置，军中的位置他干不了。

袁世凯笑了。"这你就有点儿书呆子气了。凭着你的满腹才华，还有干不好的事？"

徐世昌无可奈何地冷笑。

袁世凯又说："只要你老兄放下架子，别骂我轻文重武，别说我降了你的身价，我这练兵处有你干的事。"

袁世凯在小站练新军的时候，国中还是流行着浓浓的"重文轻武"气氛，徐世昌随袁世凯练新军，等于弃文从武，思想上还没有转过弯子来。所以，袁世凯谈得极兴时，他还是冷笑。笑了一阵，才问："你说说看，要我干些什么？"

袁世凯倒是被问得愣住了。"是的，徐菊人毕竟是进士出身，是有资历的翰林，到练军处干什么事呢？"他思索了一阵子，觉得不能给个什么小差事，得当成大助手来用他。于是说："菊人兄，我看这样吧，你就在练兵参谋营务处任职总办吧，帮我办些决策的事。"

让一个翰林任职营务处总办，并不算得当。但是，徐世昌一来想靠靠袁世凯，又是袁世凯幼年时的好朋友，袁世凯用西法练兵他也是极赞成的，何况又可以有较厚的收益，徐世昌也就点头答应了。"干什么都可以，我只愿当你的助手，能随时为你出个主意，也就心满意足了。"

翰林降格当了营务处总办，徐世昌并不觉得难为情，相反，倒是觉得不像往日那样身单影只了。他还盘算着，一旦新军编练成了形，袁世凯会为他奏请一个显赫的职务的。这么想着，心里安逸，想好好干一场，在工作中再结识一些头面人物。

徐世昌和袁世凯是总角之交，现在走到一条线上来了，除了练兵公务之外，自然是无话不谈，推心置腹。有一天，徐世昌忽然问袁世凯："慰亭，我有个谜一直放在心上，想请你破译一下。"

"你破不了的谜我也未必。"袁世凯笑笑说。

"你能破。"徐世昌说，"因为就发生在你身上。"

"我身上有你牵肠挂肚的谜？"

"有。"

"说说看。"

徐世昌一本正经地说："你从未受过军事方面的教育，怎么会有两个亲王推荐你——不，是保举你来训练新军，而太后又那么爽快地就批准了？"

袁世凯笑了："这事值不得一提。"

"大有文章。"徐世昌说。

袁世凯慢条斯理地讲了他"从军"的故事——袁世凯是从投靠吴长庆的庆军起家的，一入军营，他便处处留心，把军中的长处和短处都记在心上。有空时，便细心研究有关操典和战术方面的军事书籍，尤其注意西方强国的军事经验。"这样，日子久了，我便对军队方面的优劣情况能说出点别人说不出的门道。这样一来，就连老军人也得服你。这便是自己的'戏'。比起做文章来，这事容易。"

"你的'戏'怎么通到上峰去的呢？"徐世昌的谜仍未破译。

"这就是手段了。"

"说说你的手段。"

"我有一位旅途中的朋友，你该记得吧？"

"是不是当年你到上海去路上结识的那个阮忠枢阮斗瞻（阮忠枢，字斗瞻）？"

"是的。"袁世凯说，"此人后来在北京最红的太监李莲英的弟弟家中坐馆，当了塾师，实际上就是在李莲英的家。我知道这个门子不小，于是，便通上了李莲英，把我在朝鲜十来年的积蓄全花在了此人身上，并且处处奉承他，取他的欢心……"

"太后是当今的真主，李莲英是太后身边的红人，任何人想攀太后，取她欢心，都得走李莲英的门子，你……"徐世昌恍然大悟，连声称道，"慰亭，慰亭……"

袁世凯知道徐世昌心上的谜破译了，便笑着说："人是要靠人抬的。本领再大，没有人抬也无用。乡间俚语，'一个好汉三个帮'，没人帮怎么行！帮的人越多越好，越大越好，皇上说梦话都是'玉'言。"他又说："天下有能耐的人太多了，大多被埋没了。什么原因呢？就是两个字：人缘。"

"'听君一席话，胜读十年书'，慰亭，我又学了一门知识。"徐世昌诚心诚意地说。

"知识不可太多，"袁世凯说，"只要用着不缺就行了。"袁世凯的经验，极大地启发了徐世昌，他觉得他这个翰林跟白丁差不多。"袁慰亭在北京输光了捐官的钱时，我已经中了进士，并进了翰林院。现在好，十年弹指间，他倒成了练兵大臣，皇上钦定，而我还是一个穷困潦倒的小翰林，人家的路为什么这样顺呢？"四十三岁的徐世昌，终于把自己的视野又开阔了许多，他躺在床上，认真地思索起自己的新路。

徐世昌毕竟是有学问的人，一旦"觉醒"了，学问还是有用的。到小站助袁练兵，他坚定地认为这步棋走对了，虽然觉得走得迟了，但还是欣慰的。现在，问题是下步该如何走？徐世昌接受了袁世凯的经验，吸纳了袁世凯的高见，他想先从"人缘"入巷为自己辟一条大道。于是，他的心思和精力都放在这片军号嘹亮、操练紧张的训练场上，都放在袁世凯身左身右的各式人物身上了。

编练新军，是垂危的清王朝想通过编练一支能够对外对付洋人，对内镇压百姓的新式军队，以残喘寿命，除了选派一些有"新"思想的人以外，也安插了一些有影响、根基很厚实的人。这样，才便于以后的统调。因此，许多比较有影响的人都到小站来了，像左翼翼长姜桂题，步兵二营营长段芝贵，三营营长段祺瑞，中军官张勋，各炮队的领官商德全、田中玉、张怀芝，工程管带王士珍，还有文案阮忠枢、沈祖宪、陈燕昌、萧凤文，督操营务处总办梁华殿、帮办冯国璋、提调陆建章、陆升等，后来北洋军的骨干几乎全在小站了。论功名出身，徐世昌得算鸡群之鹤。这位鸡群中的鹤打定主意在小站广交朋友，大收学生。意外的是收的最得意门生竟是离文墨最远、出身小痞子的张勋。这件事令许多人惊讶。

张勋，江西奉新人，出身贫苦农民家庭，幼年即流落社会，从未读过书，二十岁当兵，凭着办事认真，性情直爽，渐受上司青睐；但此人头脑简单，有勇无谋。张勋曾参加过中法战争，立有战功，为广西提督苏元春重用。后来，经苏推荐给直隶总督兼北洋大臣的李鸿章，渐渐升至中级军官副将。袁世凯编练新军时为谋得李鸿章支持，从他身边将张勋要来，让他当中军官兼工程队管带。此人除了勇武之外，通身上下无半点文气。可是，徐世昌却十分热情主动地跟他拉上关系——

一个休闲的日子，徐世昌主动把张勋请到自己帐中，备了一席盛宴，又请来袁世凯作陪，跟张勋正儿八经地拉起了关系。对坐之后，徐世昌捧起酒杯，极尽热情地说："能与绍轩（张勋，字绍轩，亦称少轩）共饮，是平生快事。请！"

比徐世昌大一岁的张勋，混迹官场二十余年，颇通达些仕途上的相关奥秘，并且也知道徐世昌的出身，崇敬他的满腹文才；进得京后，听人说起翰林院，便敬慕得双目发呆，连那个门楣都不敢望一眼。而今，资格那么深厚的老翰林请他为座上客，而且明白地说能与他共饮，"是平生快事"，何况又有袁世凯在场作陪，张勋先是惊讶，再就慌张，接下来，酒未进唇便醉了！他捧起酒杯，惶恐有时，方说："我是个粗人，常说粗话，像我们这样的军营之中，朝朝干着练兵的事，能有你这样的翰林做我们的营务处总办，那真是军队的光荣！我明白，要不是徐翰林与我们袁大人是莫逆的朋友，你是不会到练兵处来的。我是军人，真该先敬你这老翰林。来，这一杯算我敬你！"说着，把杯捧过去。

"不可，不可。"徐世昌忙拦住，"还是管带你先饮。"

张勋虽是粗人，性情却十分憨直。别人敬他一尺，他非要敬别人一丈。于是，他还是把杯捧过去，说："还是翰林先饮了这一杯，一是你文章满腹，这二么，你饮了酒我还有大事请求。"

袁世凯端着酒杯站起来，说："这样吧，二位都不必谦虚。同船共渡，还是三生有幸！咱们今日能够坐在一起畅叙，更是前世有缘。我提议，咱们不分彼此，共饮一杯，而后，推心置腹。"三人共同饮了酒，相对一笑。

徐世昌说："绍轩刚刚说'还有大事请求'，不知有何大事？请讲。"

张勋把酒倒上，仰脸笑了——原来，他是想着为自己面上贴贴"文"金，想拜这位翰林为师，说："我出身贫穷，念不起书，只是在当年陪着东家公子读书时旁听了点文字，这两年东奔西跑也忘完了。袁大人练新军，都是有学问的新事，先进东西。我看明白了，没有文化，以后当兵也当不了好兵。为这事，我想拜翰林为老师，还望翰林别推辞。"

徐世昌惊慌了，张勋是从李鸿章那里过来的人，又在军中有些身份，能结识为兄弟、朋友，已经是大快人心的事，怎敢收之为徒。忙说："不可，不可！绍轩是军中要人，我怎敢收在门下。还是别谈此事。"

殊不知张勋竟是认起真来，话既出口，非成真事不可，拉出架势来，就要下拜。

袁世凯既想托托张勋，又想拉拉徐世昌。心想："一方是武夫想入翰林门墙，一方是翰林有心让人维护，两全其美，好事一桩！"于是说："绍轩既如此诚意，菊人兄又确实学问过人，我看此事可以答应，我做中人。就这么定了。绍轩敬师一杯酒，就算成了。来！"

徐世昌半推半就，还是饮下了这杯张勋的拜师酒——不想这一收门生，在今后的军阀混战之中竟闹出了许许多多故事。

第二章

去西京向朝廷献忠心

降格从翰林院走向练兵场的徐世昌，竟然找准了升官的路子，由此官运亨通起来。连他自己也不曾想到会如此顺利。

袁世凯编练新军有功，升任山东巡抚。徐世昌也以编练新军有功以记名道员随袁世凯去山东。

有了记名道员这个荣誉，徐世昌一下子兴奋起来，乐滋滋地想：总算升官有路了——清朝官制，只有那些功劳显著的官员，才能在吏部或军机记名，记名就意味着等待提拔重用。这不是冷板凳了，是热板凳，是展翅待飞的板凳。徐世昌知道，这份荣誉的获得，是袁世凯的作用，没有袁世凯向吏部、向军机处报告，谁又知道他徐世昌呢？他在翰林院冷清九年了，翰林院年年都有人外放或升调，就是没有他的份。如今，吏部、军机记名了，徐世昌的升官梦有了眉目，他能不高兴！"知我爱我者，慰亭也！"

徐世昌没有想错，爱他的，真是袁世凯。

行伍出身的袁世凯，虽是奉旨编练新军，有一位进士功名的翰林愿意相随，也得算是自己的荣幸，何况这个翰林又是自己的童年相知，曾经大力帮助过自己，又比自己年长的人，他总想帮这位老友一把，助他升迁升迁。因而，袁世凯在许多大人物面前说："此番为朝廷小站编练新军，所以有成效，完全是乡人翰林徐世昌赞助之功！"并向军机处极力推荐，大夸"徐世昌'识力精锐，志节清严'，是一个文武全能的栋梁之材！"

徐世昌在军机处记名了，除在山东辅袁之外，多在京城走动。他是个甚有心计的人，有机会在军机走动了，表现的机会多了，见大人物的机会也多了，自己谦虚谨慎，颇给人留下一个好印象。

庚子年（1900），中国遭了大难，英、美、德、法、俄、日、意、奥八个国家打着"镇压中国义和团"的幌子，阴谋瓜分中国，借口清政府排外，联合起来大举进犯。6月17日攻占大沽口炮台，7月14日攻陷天津，8月2日集结兵力两万人自天津沿运河进发，14日便攻陷了中国的心脏北京。

北京失陷了，慈禧太后领着光绪皇帝和亲贵大臣逃往西安。徐世昌一见朝廷有难了，知道自己尽忠的机会到了，便收拾一下行装追随太后、皇帝也要去西安——追随太后、皇帝的人太多了，连车辆也不够用。徐世昌仅仅在军机记名，又加上所带行李过多，他哪里追赶得上？

徐世昌掉队了，他在京郊一片荒地上扫兴地徘徊着，望天长叹："我徐世昌连报效朝廷的机会也没有了，我还有什么前程呀！"

京中没有皇帝了，京城自然失去了庄严，留在京城的文武官员，一个一个垂头丧气，无所事事。记名待任的徐世昌，更觉冷清，只好藏在家中，闭门谢客。

这一年，徐世昌已经四十六岁了；四十六岁才盼到腾达机会的徐世昌，这机会又闪电似的消失了，他能不着急？等——等到何年呢？人生还有几个四十六年？徐世昌举棋不定的时候，忽然想起了吕祖。"好，我去问问吕祖，请他老人家告诉我该怎么办吧。"

徐世昌退到自己的卧室，闭上房门，来到供奉吕祖的神桌前，取出香烛，放好蒲团，上香跪拜，虔诚地乞求吕祖给个"明示"——

吕祖，就是俗传八仙之一的吕洞宾，号称纯阳子。那是什么仙？原本也是一个普通人，有人说他是北京人，也有人说他是山西永济人。这个人学习很不用功，唐会昌（841—846）年间两举进士不第，便浪游江湖，六十四岁隐居终南山，自称回道人。元代封为"纯阳演政警化孚佑帝君"，通称吕祖，道教全真道尊他为北五祖之一。这样，一些地方就为他造庙塑身，供人信奉了。

光绪壬午（1882），徐世昌和弟弟世光同到北京乡试。考试完了，哥俩不知能否取中，心中不安，听说吕祖庙极为灵验，于是，便到前门外琉璃厂吕祖庙去求签。结果，求得的签词是："光前裕后，昌大其门庭。"哥俩都解不透，便偷偷地揣在怀中。结果，发榜的时候，弟弟世光中了九十五名，而徐世昌中了一百二十五名，果真应了"光前"之卜。"昌"字是指世昌，他暗暗得意："将来是我'昌'来光大其门庭！"从此，徐世昌笃信吕祖不疑，家中密室置吕祖牌位，长年供奉，有事必求。

这一次，尽管徐世昌还是十分虔诚，但吕祖却一反常态，总是给他一些风马牛不相关的签词，使得他退不得、进不得。最后，他又净了净手，再上一炷香，拱手三拜，念念有词："请吕祖赐教，请吕祖赐教！"而后抽出一支签。仔细看时，签词是两句七言诗：

> 总为浮云能蔽日，长安不见使人愁。

他仍然迷惑。"什么意思呢？"他有些心神不安。

太后、皇帝逃难西安，袁世凯一心稳定局势，待机勤王，徐世昌无法同他商量。思索再三，索性写一封信给在湖北钟祥任知县的堂叔徐嘉禾商量一下。

堂叔很快回了信，要他"速去西安奔赴行在"。并且告诉他，"慈禧太后在患难之中，对于奔赴行在的官吏必会另眼看待"。堂叔知道他虽是军机的记名道员，并无多大实惠，一定是手中拮据，随信给他寄来了路费。徐世昌得到叔父的提示，心中大白："是了，吕祖说'长安不见使人愁'，我若是去了长安，不就是喜了嘛！"

一想到去西安，他又犯了愁，"太后、皇帝都在危难之中，一定是护卫森严，我一个记名道员即便到了西安，又如何见到圣颜呢？"他在自己的密室里又徘徊起来："是不是吕祖明示了这一点，到了长安，不见圣颜，使人发愁？"思来想去，进退不定。

太后、皇上离开京城逃难去了，军机主要大臣也都随驾走了，但皇宫中毕竟还有人在走动。军机处就有留守人员在应付外国使团。因而，这些留守人员便掌握着各地情况。徐世昌从这些留守人员中得知江苏巡抚鹿传霖已经提兵勤王，去了西安，并被太后擢升为军机大臣。那鹿传霖正是他早年坐馆的东家，他是他两个儿子的老师，已是相识了。"通过鹿巡抚，岂不是可以朝圣了嘛！"同时也想："到了西安，又可以先拜见东家，正是一举两得。"于是，决心西行。

徐世昌于辛丑年（1901）正月徒步西行，二月到了西安。他先去拜望鹿传霖，鹿传霖盛情地接待了他。当他知道徐世昌想晋见两宫时，便婉转地说："菊人公，你对两宫的一片忠心，令人敬佩！我想，无论是太后还是皇上，知道你千里迢迢来到西安向他们问安，都会很高兴的。只是，两宫在流浪之中，心情不大愉悦，除传见的大臣之外，一般不接见外臣，勤王之军也好，奔赴行在的官员也好，难得挂个名字，他们'知道'了，也就完了。"又说："你是军机记名道员，按说，求见两宫也不是不能，那就不知道要等到几时了？我看是不是这样，你写个拜望的帖子，我在被召见的时候亲自为你递交给太后，再把你的情况略略介绍一下，等她点个头，礼节便成了。"徐世昌一听江苏巡抚如是说，也就不好强求，只好说："那就有劳鹿大人了，学生敬候鹿大人佳音。"

鹿传霖说："从京城来西安也不容易，你就在我这里住下吧，有事时，我也好当面领教；再说，西安也不尽太平，住在我的军营比别处好。只是别嫌怠慢。"

徐世昌忙打躬，说："大人厚爱，学生领了。只是，住在大人处，要给大人增添麻烦了，学生有点惶恐！"

"有什么麻烦的？"鹿传霖说，"'他乡遇故知'，正是人生一大快事。何况，现在又是国难当头。乱中相见，一大缘分。万万不必说麻烦不麻烦的事了。"

隔了两天，鹿传霖找到徐世昌，对他说："菊人公，你的帖子我转给太后了，她很高兴，说'难为你了'，患难之中你还这么忠心于她，她说她'知道了'。"

其实，鹿传霖是送了个顺水人情，他原就无意替他转帖子，因为像徐世昌这样的记名小品阶，是无资格递帖子的，递上去了也不会有人看。但这次却不同，徐世昌是他的西席，把两个儿子教得很有长进；现在，又是两宫危难之际，希望有人给他们热情；再则，徐世昌也算陪着袁世凯编练新军的有功之臣，鹿传霖也有意靠近袁世凯，所以，也就勉强代徐世昌面向皇上转帖子了。那一天，鹿传霖在被慈禧太后召见的时候，转着弯儿先把徐世昌介绍一番，自然免不了一通夸奖，特别替他表白忠心："老佛爷离开京城之后，这位记名道员便神魂不安，一直惦记着老佛爷的安康。这不，几乎是徒步跋山涉水来到西安，一定要探出老佛爷的安康情况。一到西安，才想起自己位微官小，无法见到老佛爷，才让奴才……"

慈禧闭着疲惫的双眸，一边听着，一边皱眉——她怎么会把一个小小的记名道员放在心上呢？但是，鹿传霖说到忠心之处，慈禧倒是一乐："难得他一个小人物不忘皇恩，国难之中徒步追随，算个忠良。"但依旧闭着眼睛，说："徐世昌，嗯——我知道了。"

慈禧一声"知道了"，徐世昌如获至宝，十分欣喜，知道目的达到了，又觉身边游资不足，不能老在鹿传霖家做食客，便说："鹿大人，我想明天就回北京去了，那里还有一些该做的事情。"

"不再住几天了？"鹿传霖说。

"不住了。"徐世昌说，"承蒙大人这些天关照，学生深表谢意。"

"不要说这些了，我还得感谢你呢。你把我两个孩子教育得有出息了。"

徐世昌离开西安的时候，是新秋一个云淡风轻的日子。那时候，陇海铁路尚未完全贯通，徐世昌出西安东行，还是要一段车，一段步，由于心情愉快，倒也不觉得累。几天路程，徐世昌来到了郑州，此刻，他忽然想起了任着湖广总督的张之洞——"何不去拜访他一次呢，这是一个极有影响的人物！"他决定改道去武汉。

——张之洞，直隶南皮人，字孝达，号香涛，同治进士，曾任翰林院侍讲学士、内阁学士。1884年中法战争时由山西巡抚升任两广总督，战法有功，调任湖广总督。他开办汉阳铁厂和湖北枪炮厂，设立织布、纺纱、缫丝、制麻等局并筹办卢汉铁路，是个能与李鸿章争夺势力的另一个洋务派首领。此人很器重袁世凯的练兵之举。徐世昌在天津陪袁世凯曾拜访过他，二人谈得很投机，张之洞的"中学为体，西学为用"的主张很得徐世昌的崇拜，徐世昌的才华也颇受张之洞赞赏。天津相会的时候，张就对袁世凯说："慰亭手下，龙虎成群，将来办大事者，徐公也！"又说："徐菊人非久居人下之人，奇才之士，必有大业可创！"

听了这番话，徐世昌甚是安慰和鼓舞，加上在军机处听得对张之洞盛赞的传言，他认定张之洞是个靠山，是一个能托他一把的人。

郑州去汉口的铁路，刚刚修通。徐世昌在郑州等了两天，买了一个头等车厢，南下汉口。可是，当他躺上舒适的卧铺时，却又胡思乱想起来——

徐世昌跟张之洞只有一面之缘，而且比人家又小了将近二十岁；论官职，张之洞是封疆大吏，他徐世昌顶多算个五六品的待补官，"冒昧地去拜见，他见不见？万一见了又冷冰冰的，我怎么下台？这样的拜见又有什么意义……"此刻，徐世昌把他的才学都用到人际关系上去了，一旦如此使用，他才实实在在地感到自己的才学贫乏，又实实在在地不够用了。

恍恍惚惚地到了武汉，徐世昌在武昌张之洞衙门附近觅了一家上等的旅馆住下，洗澡换装，修面整冠，又写了一帖"愚晚"的帖子，这才奔湖广总督府而去。

拜帖送进总督府，徐世昌在门外徘徊等候。

六十五岁的湖广总督张之洞，刚刚办完了一件涉及"勤王"的大事，便想退到密室去思考他的另一件大事——创设一所陆军学堂。这件事是他五年前重回湖广总督任之后就思考的问题，只是因为这些年战事连连，内患外患层出，把这事停下来了。同时停办的事，还有以官费派学生去英、法、德、日等国的留学问题。八国联军入侵北京之后，张之洞更觉这些事刻不容缓了。

就在此时，人报"军机记名徐世昌来拜！"并送上徐世昌的拜帖。

"徐世昌？"张之洞心里沉了一下，忽然想起来了，"他不是在军机处记名吗，怎么到武昌来了？"张之洞——一个万机待理的封疆大吏，觉得徐世昌来访无意义，接待也无大意义，犹豫一下，想借故推辞。但转念一想，又改变了主意，不光接待，而且还决定隆隆重重——他想收拢这个人才，他更想通过这个人才去收拢袁世凯和袁世凯所编练的新军。所以，他立即传话："请，小客厅请！"

张之洞有个习惯，贵宾、高客才请进小客厅。传报人一听主人要在小客厅待客，知道来客身份不一般，急忙打开正门，高声传话："有请徐大人！"一呼百应，总督衙门里里外外都叫了起来。

徐世昌被簇拥着进了深宅大院，张之洞在小客厅外迎候，并且极为盛情地拱起双手，满面欢笑："菊人公，是什么风把你吹到武昌来了？有失远迎，罪过，罪过！"

"冒昧造访，诚属不恭，请张大人恕罪！"徐世昌也拱起双手。二人挽手走进小客厅，有人献上香茶。

落座前，徐世昌又拱手说："菊人去西京朝拜两宫，回京途中，拟去看望现在钟祥县任上的家叔嘉禾公，一到武昌，自然要先来向张大人请安。"

"多谢，多谢！"张之洞说，"天津一别，匆匆有年，后来听说菊人公军机记名，可见朝廷已是明见，不日将有大任相委。"

"学生才疏，还得张大人多多提携。"

本来就是一场应酬性的拜访，除了客套话之外，并没有什么具体内容。原本在寒暄中倒是找到了一点共同的志趣，那就是二位都曾是翰林院的编修，又都是大学士、军机大臣李鸿藻的门生。可是，一说起李恩师，情感却差异了：张之洞是李鸿藻的得意门生，李鸿藻极力在慈禧面前夸奖他，甚得重用；徐世昌就不同了，李鸿藻一句"虚矫过人"，使他的板凳一直冷冰冰。所以，今天二人的翰林院话题也提不起兴致，只好环顾左右了。张之洞对徐世昌的盛情还是极明显的，设宴招待了他。宴会上，又一再请徐世昌代他向袁世凯问候。"回到北京，见了慰亭，请代我问候。"

"袁大人也是时刻惦记着张大人。"徐世昌说，"我一定把张大人的盛意转达。"张之洞是个不大盛情待客的人，尤其对官位低于他的人，不得已时才应酬一二。像这样举盛宴招待徐世昌，实属少见。官场人士多知此情。徐世昌受此厚礼，已觉知足了，便趁着酒意说："张大人如此厚爱，学生极受感动，日后有用学生处，在所不辞。另外，学生也有请求，在有机会时，还请大人提拔爱护。"又说："学生途中匆匆，不便久留，借大人之酒，学生也算谢辞了。"说着，站起身，拱拱手，奉上一杯酒。张之洞说："何必如此匆匆，再住一日吧，我还有事与你相商。"徐世昌以为是官场话，又说："谢大人厚爱，学生就不再打扰了。"

次日，徐世昌将要动身时，张之洞竟亲自来回拜。徐世昌受宠若惊，再三致谢。张之洞笑着说："菊人公，我本想多留你几日，一则你要探亲，再说京中事多，那就不多留了。湖广贫瘠，我这个官儿也很穷，算是略表敬意吧，程仪少许，敬请笑纳。"说着，将用红纸裹包的程仪送给徐世昌。

徐世昌又惊又喜："大人如此厚赠，学生不敢愧领，谢大人美意了。"

"薄礼点点，不成敬意。不必推辞了，日后咱们相处还久呢！"张之洞满脸真诚、热情。

能得如此一位大人物厚赠，也是徐世昌的荣幸，他这才接过程仪，说："恭敬不如从命，学生便收下盛情了。"

不想，徐世昌此番专访，不仅为自己升腾奠下了基础，也为张之洞、袁世凯间架起一座友好并可利用的桥梁。此是后话，不赘述。

徐世昌回到北京的时候，清朝政府已经同英美等八国签订了《北京议定书》。这个被称为丧权辱国的条约尽管要中国赔款白银四亿五千万两（分三十九年还清，本息共计九亿八千万两），将东交民巷划为使馆界，拆毁大沽炮台，永远禁止中国人民成立或加入任何"与诸国仇敌"的组织等不平等条款，但是，慈禧太后和光绪皇帝却可以大摇大摆地回到北京，又住进了紫禁城，清王朝这个统治机器总算又可以转动了。于是，文武百官，地方大吏也都各人忙各人的事了。

袁世凯小站编练新军，已是崭露锋芒了，山东巡抚任上残酷镇压义和团运动，大大地帮助了朝廷，向洋人献了媚，两宫西逃他又"勤王"有功，所以，慈禧一回到北京，就把袁世凯大大地提拔了一下，要他做直隶总督，还兼着北洋大臣。袁世凯升迁了，徐世昌自然水涨船也高了。

袁世凯升迁进京，最早去拜见他的，便是徐世昌。徐世昌见到袁世凯，尚未想好先说什么话，袁世凯倒是先开了口："听说菊人兄日前去西安了。倒是该去。两宫所在，人心所向，去一趟，也是一片诚心。"

徐世昌有点为难地说："我这个官位，哪里就有幸面圣了，只是请江苏巡抚鹿传霖鹿大人代为致意罢了。"

"是不是定兴的那位鹿大人，你在他府上教过他儿子的？"袁世凯问。

"是的。"徐世昌说。

"他已经擢升军机大臣了。"袁世凯说，"他是会把你的意思转致两宫的。你好好休息几日吧，我不日进宫时再在太后面前保举你一下，会有个擢升的机会。"

"那就多谢了。"

"何必言谢，谢不是见外了嘛。"

徐世昌坦诚一笑，也就退了回去。

两天之后，袁世凯被召入宫，见了慈禧太后，禀报完了事情，便对慈禧说："军机记名徐世昌是个可用之才，其人学兼文武，才优干济，不可多得。"

一提徐世昌，慈禧猛然觉得有点耳熟，闭目想了想，问："徐世昌？我好像对这个名字挺熟。他是什么人？"

袁世凯忙说："是本朝丙戌科进士，曾在翰林院效力数年。臣在小站编练新军时，他展示了才华，后来到了军机处。早几日，他还特地去了西安朝见两宫。只是因为位微……"

慈禧想起来了。"你说的这个徐世昌，大约就是江苏巡抚鹿传霖在西安对我说的那个人。也真够难为他的，一个文人，从北京步行到了西安，可见其忠心。"

"正是此人。"袁世凯说，"徐世昌，饱学之士，常在臣面前畅述忠君伦理，治国策略，令人十分感动。只是为人老实，所见不广，无幸面圣。"

"既然你们两位大臣都推崇他，想必是不错的。"慈禧一场逃难，更知人才之重要，正有意想选用一批。所以，她对袁世凯说："明儿一早，你就把那个徐世昌领进宫来吧，我想看看他。"

"是，我明儿一早一定带徐世昌来见老佛爷。"

袁世凯回到住处，就把这个消息告诉了徐世昌。徐世昌知道慈禧要见他了，简直就像《儒林外史》里中了举人的范进一样，竟疯了。疯得不能自主——该对这个极权女人说什么呢？这个极权女人会问我什么呢？我穿什么，戴什么进宫呢？跟这样的女人说话是声音低好，还是高好呢？面上是笑好还是严肃好呢……大约徐世昌想到了这是一次成败大关，能不能闯过都关联着身家性命、荣荣辱辱和子子孙孙，所以，他不能不做着慎之再慎的准备。虽然在大内行走也有些年了，徐世昌毕竟只是走走而已，最多算熟悉这片建筑的某一部分，而他对于这里掌握大权，尤其是掌握极权的人，见之甚少，知之更少。慈禧要见他了，会是一个什么样的见呢？那女人神圣得幻化一般，随心所欲，想到什么就说什么，想到什么就问什么。徐世昌想："她问的就得答，而且得答好呢！"他又想："她会问什么呢？"

慈禧的书读得不多，可是，她在读书人面前却常常显本领，出些怪题考别人，总是把人考得无所适从，狼狈不堪。然后，这婆娘就寒着脸膛说："别总是觉得自己读的书多了，可以不再读书。瞧瞧，原来你也是个草包。回去吧，再好好地对着墙壁苦几年。"这几句话不要紧，说到谁了，谁就得默默无闻地坐几年冷板凳；说不定这辈子都无出头之日了。徐世昌在翰林院蹲过，知道慈禧这个性，生怕自己会遇到这样的冷遇。他觉得很有可能，因为他早些年读的书早都丢到脑后去了。于是，他心里很慌张，想闭起门来，连夜把那些尘封了的书再翻开来。不过，他又摇头了："书——大海一般，从哪里入手去读呀？读了又能记多少呢？"

徐世昌冷静地想想，觉得不妥。"慈禧刚从西安逃难回来，惊魂未定，对洋人怕得要死，而且又背上了需要将近四十年、数达九亿多两银子的外债，她没有精神再从书本上之乎者也了。她可能……"徐世昌想到了《辛丑条约》，想到了趾高气扬的八国洋人。"要在这方面找点学问，说不定这婆娘会在这方面出点难题。"于是，徐世昌便沉下心，从外国人攻占大沽口起，到攻下天津，攻下北京，慈禧西逃，奕劻、李鸿章向洋人乞和，再到签订《辛丑条约》，一层一层清点，都弄得心中有数，然后再思索延伸，想想慈禧到底会提什么问题？"获取顶峰的好感真难呀！"徐世昌足足一夜未合眼，直至东方发白，他也未曾梳理出慈禧会向他提什么问题。

天亮了，徐世昌用冷水洗了一把脸，又匆匆吃了点东西，就慌慌张张走到袁世凯府上。袁世凯领着他又慌慌张张走进紫禁城。

一场逃难，慈禧感慨万般。二十六岁听政以来越三十八年，从未经历过如此狼藉的日子。想当初，她和恭亲王奕䜣密谋杀了摄政大臣肃顺、戴垣、端华，垂帘听政之后，是何等的春风得意，而借洋兵助剿平长毛又何等的得心应手！不想，洋兵到头来会使她无立足之地，而不得不皇室大逃亡。逃亡回来了，脸面也丢尽了。现在，在她喘过一口气的时候，猛然间觉得该认真思索一下如何振兴国家的问题。怎么振兴国家呢？慈禧很茫然。思来想去，她觉得没有人能帮她想出办法，无论旗人还是汉人，在她身边转来转去的，都是些庸庸碌碌之辈。她把袁世凯调进京来了，她觉得他编练的新军还有些气色，"说不定会成为挽救命运的支柱"。袁世凯进京了，袁世凯在她面前说的话也就有分量了，袁世凯说徐世昌"学兼文武，才优干济"，想是没有错的。所以，她才想见见这个人。要不，军机处中的记名多了，哪一个想见见她还不是比上青天还难！

徐世昌随着袁世凯来到后宫，照例跪拜请安一番，然后立在一边。

慈禧在后宫接见臣子，从来是不赐坐的。跪拜问安，她也只是用浓浓的鼻音答一个"嗯——"字，至多再说三个字："起来吧！"然后便半闭着目，或听禀报，或发号施令。今儿竟是有点反常，会见时气氛并不显冷酷。

"你叫徐世昌？"慈禧此刻的双眸是半闭着的，仿佛是在沉思什么。

"臣是徐世昌。"徐世昌跪在地上回答。

"听说你是丙戌科的进士，是哪里的人氏呀？"慈禧又问。

这一问，徐世昌倒是愣了一下——原来，徐世昌的远祖是明末从浙江省鄞县的绕湖桥村迁居直隶大兴县的，乾隆年间又移居天津；其高祖徐城为河南省南阳县知县，死后葬于河南汲县，全家遂寄居该地。因而，徐世昌便有了浙江、直隶、河南三个籍贯。用哪个籍贯回答慈禧呢？他皱了阵子眉，却报了个"天津"。慈禧也是随意一提，哪就记它了？于是又问："听说你在翰林院一蹲便是九年，可是真事？""谢太后关心！"徐世昌说，"臣正可以跟各位大学士、侍读学士、侍讲学士多学习本领呢！他们都是当今学富五车之士，机会难得呀！"

徐世昌坐了九年冷板凳，窝着一肚子不平，今日见了慈禧，不仅没有诉苦，还说是"机会难得"，可以向那么多才学高他的人学习。可谓说的得体极了。慈禧这女人最怕别人在她面前诉苦，最忌别人伸手向她要官。她认为那是"轻狂之徒，利欲熏心"。徐世昌给她的第一印象竟是令她心里乐滋滋。心里一乐，面上也添了笑。她转过脸来，朝着徐世昌一打量，心里倒是又喜又惊："此人不仅说话音吐清扬，其体貌原来也是那么英俊！"慈禧觉得徐世昌有个奇人的气派，忙对袁世凯说："你们退下去吧，有事我会让人找你们的。"

从后宫退出来，徐世昌心里凉了许多，他原以为慈禧见了他，交谈几句，心里一高兴就会提升他三五级呢。谁知什么话也不曾问到底，便一挥手撵了出来。"难道太后不喜欢我？不喜欢我，谈话怎么还面带笑呢？"思着想着，那脸色便沉了下来。他默默地随在袁世凯身后，再不想说什么。

袁世凯笑了。他明白，徐世昌原来并不了解慈禧的性子，这老女人看中谁了，总是默不作声，能说一句"有事我会让人找你"那算是高看了。所以，袁世凯满面带笑地说："菊人兄，你大喜的日子就要到了，我先恭喜你，祝贺你！"说着，又把慈禧的脾气对他略略做了评介。徐世昌这才如释重负地笑了。

第三章

他成了东北王

　　慈禧没有忘记徐世昌，隔一天，她在召见军机大臣荣禄的时候，就说了许多徐世昌的好话，还怕荣禄不放在心上，又加重了语气说："仲华（荣禄，满族，正白旗人，瓜尔佳氏，字仲华），我看徐世昌这个人是可以抵得上那个李鸿章的！不信，你可以见见他。"

　　比慈禧小一岁的荣禄，也算是一个机灵而又坎坷的宫中人物了，光绪即位那年，他便是内务府大臣兼步兵统领，擢工部尚书，因为纳税被参免职。到了光绪十七年（1891），才出任西安将军，四年后任兵部尚书；又过了三年任直隶总督兼北洋大臣，旋充军机大臣，掌握重兵。从此之后，他便死心塌地地追逐着慈禧，时时望着慈禧的眼色办事。像幽禁光绪帝、捕杀谭嗣同、立大阿哥等大事，他都是慈禧的有力膀臂。现在，又刚刚加封为太子太保、文华殿大学士等要职，算是朝中第一等的显赫人物。慈禧夸赞徐世昌了，他自然顺着杆儿往上爬，便说："我也听人说了，在军机处记名道员中是一个很有才华的人，可以重用。"

　　有人托了，徐世昌的官运就通了，不久，商部成立，袁世凯一个保奏，他便任了商部左丞，一下子由六品擢升三品；又不久，再升为内阁学士候补副都统；到了光绪三十一年（1905），徐世昌便升到了兵部左侍郎，由侍郎而兼政务大臣，会办练兵大臣，署兵部尚书。四五年之中，徐世昌便由一个七品的编修登上了尚书的高位，连史家都惊呼，是"清一代汉大臣所未有"！

官位有了，府第、家兵、随从、幕僚，一切都有了。此刻，徐世昌便想起了一个人——王齐勋。"我得提拔提拔他，让他到我身边来，给他个官位。"

——王齐勋，山东人，粗识文字，是个有点侠肝义胆的人物。三十七岁，彪形大汉，有一身满不错的武艺。徐世昌随袁世凯在山东任记名道员时在济南大街上认识的他。当时，王齐勋因为家贫无钱葬母在大街上卖艺，被徐世昌发现了，徐世昌动了恻隐之心，竟一人相助他全部葬母费用。葬母之后，王齐勋来到巡抚衙门，跪在徐世昌面前致谢。

徐世昌这才认真打量他一番。但见此人一脸憨厚，粗壮有力，一身的好武艺之外，又是个孝子，便有了几分敬仰，于是说："王义士有此一身武艺，何愁谋不到一个好去处，怎么就潦倒到如此境地？"

"一言难尽。"王齐勋说，"只怪小的惯打不平，得罪了一些权势，再加上小的不会迎合奉承，便落到如今这个地步。"

"日后若有机会，义士可愿意到我跟前谋就？"

"那就多谢大人了。"王齐勋说，"大人恩重如山，小的肝脑涂地，在所不惜！"

现在，徐世昌到北京了，想到王齐勋，就派个人到山东把他找来，留在家中当个护身的仆人。一个流荡的穷汉子，一下子成了京官的仆人，自然是心满意足，尽心尽力，与徐世昌形影不离。徐世昌身边有了王齐勋，竟因王齐勋他又迅速升腾一番——

《辛丑条约》之后的清王朝，猛醒中看到了自己所推行的那套理国方法有毛病了，再那样下去，很可能就保不住命了。于是，上上下下被逼得都在思考一条能够救命的新路。其中有一条路，就是要派人到西方国家去考察考察那里的宪政情况。

派谁到西方去呢？慈禧太后同握权的军机大臣荣禄反复商量，最后商定由载泽领衔，带着戴鸿慈、端方、绍英和徐世昌等五人前往。称作考察宪政五大臣。再经过一翻忙碌准备，他们决定乘火车出京，经上海、香港而去。

徐世昌作为出国钦差，自是高兴，准备行装，告别亲友，然后把亲信仆人王齐勋叫到面前，叮嘱道："齐勋呀，我这一走，不知几时才能回来，家中的事，你就多操点心吧；还有来来往往的同僚朋友，万不可怠慢了他们。"

王齐勋说:"老爷你只管放心地去考察,府上的事我一定尽心,不会出事的。"又说:"听说京城这些时来不太平,说是闹什么革命党了。老爷走的时候,我送你上车,安安全全地离京,我才放心。"

徐世昌虽然也听说有革命党人在京城活动,也还疑为是小打小敲,哪就敢动了王公大臣了。于是说:"你送我上车,倒是应该,不是还有行装嘛。至于说安全,我看不至于。天子脚下,哪里就混进毛贼兴风作浪了。"

王齐勋尽职尽心,还是说:"老爷说得也是。只是,防着些也没坏处。"

"是的,是的。"徐世昌答应着。

出国有了日期,说到也就到了。那一天,五大臣各自从家中在家仆的护卫下,乘着车子到了前门车站。前门站上,戒备森严,五大臣乘坐的专车,警卫密布,如临大敌,除送行的官员和五大臣的随员、护卫之外,谁也别想进去。

此刻,有一个身材俊伟的中年男子,以端方家仆身份及早进入了车站,并且提前进了车厢。于是,一场重大的行动在车厢里迅速地展开了——

此人姓吴,名樾,字孟侠,安徽桐城人,光复会会员,革命党老宿长沙人杨守仁的部下。杨守仁现住京师,以文学修饰,声名鼎重,是译学馆监督朱启钤的好友。杨守仁是反清勇士,和孙中山相从甚密,在京中一直寻求机会,要对朝廷进行打击。此次探知朝廷派五大臣出国考察宪政,知道这是一次残喘之举,便决定采取行动,除掉这五个大臣,以警告清帝。这事便交给了吴樾去办。吴樾怀揣炸药,先进车厢,见机行事。

吴樾进得车厢,选好位置,便潜伏下来。片刻,五大臣及随员陆续登车。

徐世昌在仆人王齐勋陪同下最先登车。王齐勋把行李物品放好,安排主人坐下,便想下车等候。转身时忽然发现一暗处有人影活动,顿觉不妙。匆忙走过去,见是一个宫廷装束的仆人,知是随员,也就放下心了。待再转至徐世昌身边,又觉不对。"随员应不离主人,他为何在车厢里活动?"又想:"我跟徐大人上来最早,其他各位大人尚未上车,怎会有仆人先上车呢?"

王齐勋是个机敏的人,这么想了,便伏在徐世昌耳边低语几句,然后,凭着自己的高强武功,便匆匆朝那人走去。

吴樾虽有勇气敢于壮举,毕竟临场心中慌张。一见有官府人士朝他走来,神情又是那么专注,知道事情或有暴露,想躲已是来不及了,想要冲上去，却又不知该如何应酬。心里一慌，脸上便表现了出来——大约是因惊慌而失措了，吴樾把手伸进怀中，想把炸药拿出，急中施爆。但由于紧张，竟手不由己，拿不出来了。慌张之中，转身想逃，但见众人已拥挤上车，车门被阻，他又想朝车厢中窜……王齐勋见此情形，知是歹人，便大声喊叫："请注意，有刺客！"说着，便向着刺客冲上去，一顿拳脚，将他踢翻在地——即在此时，吴樾怀中炸药已被重击，"轰！——"一声巨响，炸药与吴同时在车厢爆炸！可是，由于是慌中误爆，五大臣除徐世昌轻伤之外，其余均无恙，王齐勋也因卧地及时，未伤毫毛……

徐世昌被人炸伤了，出国考察自然无法成行了。可是，徐世昌却觉得良机到了，便在朝廷上下大造舆论，说："此番歹人行爆，全凭我手下能人王齐勋阻挡，不仅没有造成诸大臣伤亡，且将歹徒当场致死。若无我手下之能人，灾祸将不堪设想了！"

徐世昌这么一说，宫廷内外皆知道徐世昌手下有能人，为京城免了一场大灾难。

刺杀五大臣案虽未造成效果，但京城中甚至举国上下都极为震惊。作为新近受宠的袁世凯，对这件事特别关注。他在探望徐世昌的时候，忧心忡忡地说："车站炸案，必是革命党所为。不想，革命党人已潜入京城了，可怕呀！"

徐世昌趁机又说："对于革命党，不能掉以轻心了，要像对待洋人那样来对待他们。内患常常重于外患。因为对待自己人，一般心中放松，放松了，他们会乘虚而入。大祸往往是这样酿成的。"

"车站炸案，多亏你手下人对付得力，"袁世凯说，"否则，事态更大了。"停了一下，袁世凯又说："为了京城的治安，为了北京有个祥和的环境和百姓的安全，我看大有倡办警察的必要，由他们清查户口，以防歹人潜伏。"

徐世昌心动了，他觉得自己有望再腾达一番了。

——这两年，徐世昌虽然连连高升，但大多是一些虚设的位置，"会办"大臣，"署"尚书，都是有职无权的头衔，他多么想把自己的板凳扶正呀！所以，他对袁世凯办警察的事极表赞成。"这事该办，早就该办。你还记得咱们在山东的时候办的几件事吗？不都是从内部着的手，才能收到良好效果的嘛。如今，革命党一天一天的猖獗，不防可是不行的。防就得从内部入手。"徐世昌所说的"山东办的几件事",就是袁世凯在山东扑灭义和团运动,徐世昌以记名道员随任,"几件事"都是徐世昌出谋"派人钻进义和团内部",掌握了内部情况,才一网打尽的。现在,徐世昌提醒袁世凯,别叫革命党人派人打进朝廷内部。

袁世凯心领神会,又想给徐世昌送个顺水人情,忙说:"到时候,还请菊人兄拿个可行的办法,咱们一同把这事办起来。"

"好好,我还是做你的帮手。"

"不对了。我只能促成此事,主持正干,还得由你。"

不久,袁世凯便把创办警察的事呈上一个专奏,又在慈禧面前唠叨了许多,打动了那女人的心。慈禧说:"是该办办警察的事了。大清不灭在洋人手中,说不定要灭在革命党手中。这事你就去办办吧。"停了片刻,又说:"办警察,谁去办呢?还得要有警察。"

袁世凯说:"办警察还是有人的,太后还记得吧,五大臣被炸案所以没有成灾难,还不是因为那位署兵部大臣徐世昌手下有能人,可以对付革命党……"

"我知道了。"慈禧说,"只是,一下子拉扯起那么多警察,你不觉得为难吗?"

是的,一下子组织那么多警察确实困难;把别的队伍改成警察,也不能做警察的事。袁世凯也锁起了眉。

袁世凯想了一阵子,说:"肃亲王在京城办有消防水会,那些水会会员既对京城中的街巷熟悉,又曾担任过治安任务,把他们改作警察骨干,由他们再去领兵,不是会办好的嘛。"

慈禧微锁了一下眉,笑了。"好,好。这是个办法。你就去同肃亲王商量着办吧。当然啦,肃亲王是不能做尚书的,你要觉得徐世昌合适,那就让他做尚书好了。"

善耆是个老好人,袁世凯又是慈禧面前的心腹;袁世凯去传慈禧的"旨意",善耆当然不敢驳。成立巡警部的事,一说便成功。巡警部成立了,果然徐世昌做了尚书。徐世昌对袁世凯千恩万谢。此刻,徐世昌猛然间又想到了肃亲王善耆:"王公中,尚无知己结识,何不趁此机会,到肃亲王府走走。"

——京城中混迹的官儿们都知道一个腾达的秘诀,那就是朝旗人靠近,朝旗人中的显赫人物靠近,靠上亲王那是最好,靠上执政的亲王更好。有的人靠不上亲王，就去低三下四地靠亲王的仆人，靠宫中的太监。袁世凯入京之后就迫不及待地同慈禧身边最红的太监李莲英结拜为盟兄弟。张勋领兵守卫颐和园时，便和经常为慈禧说书兼办账房的宠信太监马廷宾拜为盟兄弟。经过张勋介绍，袁世凯也同马廷宾拜为盟兄弟。大臣跟太监结为兄弟，已经有些反常规了，更奇的是，有一次袁世凯到颐和园去晋见慈禧，在院中先见到马廷宾，他竟单腿跪下向马请安。这件事虽被传为丑闻，可是，袁世凯同慈禧之间这条通道却是畅通无阻了，而那些虽然讥笑袁世凯低三下四的人想找李莲英这样的红太监去跪拜还找不着呢。如此种种，徐世昌心领神会，他怎么能放过投靠肃亲王这个机会呢？

徐世昌来到肃亲王府，整冠掸衣，以晋见大礼跪倒在善耆面前，请安问候之后，才说："亲王所部水会，虽改为巡警部，世昌名为尚书，但绝不敢越规，一切还是听从亲王训导，世昌只算替亲王暂领干事。还请亲王多多指教。"

善耆算得老成持重，早已看明国家形势艰难，京城形势不稳，凭着水会是无法维持京城治安的。再说，自己也不想朝着旋涡中去寻什么奇迹，索性"多一事不如少一事"，能推卸的事都推了，安安静静养尊处优，倒是身清神怡。于是说："督办警察，治国正道，我早已有所设想。而今能够促成，是一件大好事。你能去主办此事，也是朝廷用人得当。至于说今后行事，当然是以你尚书为是。你也不必过谦，不要把大事小事都往上推，我更不会越俎代庖，该怎么，你自己做主好了。即便有大事，还是太后和皇上，还有军机呢。"话虽然如此说了，但徐世昌能够亲自到亲王府请个安，善耆还是心情愉悦的，嘴上不说，心中有数，还是乐意为这位大臣办点事的。所以又说："当然啦，徐尚书今后有用着小王之处，小王一定尽心尽力，只是身单力薄，办不了大事。"

徐世昌如愿了，千恩万谢，辞别出来。

辛丑和约之后的叶赫那拉氏慈禧，时时刻刻都像惊弓之鸟，觉得四面八方尽是对着她的枪口，她躲也躲不及，藏也无处藏，寝食难安，坐卧不宁。在她的颐和园密室中（西安逃乱归来，慈禧便对紫禁城产生了恐怖感，总是想着洋人逼她离开时候的狼狈。所以，逃难归来，她便不再想回到那里，她在颐和园安了行宫，在那里处理政务）苦思了许多日子，她想，把军机大臣们找来，说说她的"退路打算"——什么退路打算？还不是再营造一个窝窝，倘若再碰上八国联军相逼这样的事情，她好有一处安静舒适而又配备充足的"陪都"供她残喘，不像逃亡西安似的，一切都措手不及，几乎连饭也吃不上。

那一日，是个冬去未去、春来未来的日子，昆明湖面上还结着一层厚厚的冰，万寿山坡那些落叶树木依旧光秃秃的。慈禧本来想在她常会见外国使节及大臣的仁寿殿召见军机大臣的。那个场所原本叫勤政殿，有正殿七间，东向、南北还有各五间配殿，是三年前才重新修葺一新的。可是，她临时却又改变了主意，一定要军机们到她的居住处——乐寿堂——会见。这乐寿堂在万寿山东南麓，是一座四合院式的建筑，正门南临昆明湖，有五间穿堂殿，殿楣书有"水木自亲"四字，院内种植玉兰、牡丹、海棠，白粉墙壁，玻璃窗子，透窗可观湖光山色，是一片极其神秘的地方。这也是一座重建的院落，只是比仁寿殿早重建了十五年。这两个地方都是当年英法联军给烧毁的。慈禧破例在这里召见大臣，仿佛是想表示"特别重视"。

大臣们都到乐寿堂了，请安问候之后，分别谢坐入座，呆鸭一般地等待慈禧懿旨。

慈禧召见大臣，从来都不是商讨什么事，而是发号施令，自己想办的事别人就得照办，不办不行，办不好也不行。一个"违旨"就可以杀头。所以，军机们每逢此时，似乎只带耳朵不敢带嘴巴。

慈禧坐在嵌着宝石的龙座上，冷着脸向军机们扫了一遍，慢悠悠地说："让你们来，是想说一件事，你们都瞧见了，八国洋人的事刚算平稳，革命党又闹事，这里爆，那里动，连我的钦差专车也给炸了。这不是证明，眼下的敌人，灭也灭不尽嘛！北京城越来越不安宁了。这为啥？还不是目标对着我和皇上。我想对你们说，咱们要在北京之外建几个扎实的地方，我和皇上也可以有退路。只要他们杀不了我，杀不了皇上，就是白费心机了。我想第一步先把东三省治理好，设置一个统管三省的督抚机构。不知你们的想法如何？"

慈禧反常地没有率先发旨意，而是问大家对她的设想"想法如何？"军机们就觉得"厚爱"了，所以，都不假思索地说："太后所想极是，先在东三省推行统一督抚也是当务之急，该办。"

"该办，你们也这样想，那就好。"慈禧说，"既然是该办，怎么办？你们去商量。商量定了，最好能办得快一些。"

　　袁世凯是军机新成员，但却是最负盛气的成员，觉得慈禧对待他比对别人更器重，同时也觉自己手中有实力，"财大气粗"，所以，别人多自敛口的时候，他总是想表现一下自己。他接着慈禧的话说："太后如此想了，臣等照办就是了。臣想，可以马上派人去东三省考察一下，提出个安排措施，而后请太后旨定就成了。"慈禧尚未来得及点头，袁世凯又说："这事直接关系到内部治安，无论太后决定哪位大人去东北考察，巡警部都是分内事，可由他们协助。"

　　慈禧笑了。她已经许多日子面上不见笑意了。可见袁世凯的话说得多么得体！

　　其实，军机大臣们个个心里都明白，这女人已感到危机了。八国联军她并不十分怕，大不了割地，大不了赔款。割地总不会把全中国都割去；赔款总还有个偿还期限，皇权还在他们手里，她依旧可以垂帘听政。革命党不同，革命党是革他们的命，把爱新觉罗氏从极巅推下去，全中国都变模样。看清了这一点，慈禧就开始思索着残喘退步办法，东三省是大清王朝的发祥地，万不得已退到那里，退到关外，也不至顷刻山倒。这个退路是慈禧"远虑"后而得出的"深谋"，跟军机商量是幌子，要军机照办是事实。所以，袁世凯一开口便拉出了"遵旨"的姿态，既具体说到派人考察，又具体说到要巡警部参加。这些，都是慈禧心里的话，由袁世凯说出来，她能不乐？这要比那些只唯唯诺诺之辈高明多了。

　　欣喜之后，慈禧便点了将——慈禧是早已有"将"在胸的，东三省既然作为退路，那是不会由汉族大臣去执政的，必由旗人去当家做主，她想让庆亲王的长子载振为东三省总督。当然，考察之事得由他领衔了。"这样吧，让载振去东北考察，由徐世昌辅助。你们安排一下，让他们快点动身好了。"

　　颐和园会议之后，袁世凯便立即找到徐世昌，把慈禧的决定对他说明，并且告诉他："此去东北，非一般例行公事，而是太后做的退路设想。说不定不久之后，东北便成了中国的'天心'，你务必要仔细考察那里的情况。"

　　徐世昌要去东三省考察，猛然间心里有点紧张，"是不是我这巡警部尚书当不成了，让我离开好换换人？"这些年来，朝廷更迭那些无大作为又无大错的大臣都是这个办法。但他细想想，又觉不至于，"袁慰亭告诉我这件事时，明明告知是太后的一项大举动，要我'仔细考察'，不像是'查办'

之举"。但他还是想："东北考察，去的是一位贵胄，我只是陪衬，我仔细考察什么、察什么呢？难道还有考察考察人的任务？"徐世昌虽居皇城多年了，但对上层的来来往往还是体验甚少的，果然发生纠葛了，何去何从，他还没有那个主宰的能力。这次去东北，为主的是庆亲王的儿子载振，庆亲王是满臣中第一有权人，除了慈禧就是他，让亲王儿子去考察不会有异想，不能对载振抱有偏见，背后做小动作；再说，载振同徐世昌都是被革命党预谋炸死的考察西方宪政五大臣之一。爆炸事件发生之后，徐世昌虽未出国考察，但却与载振关系极密，不久前还结为盟兄弟。他能顺利地出任巡警部尚书，当该说与庆亲王这位老仁叔的另眼看待有关系。徐世昌正对这位老仁叔怀感激之情呢，更不能背后做小动作……思索再三，心里还是忐忐忑忑，"别想那么多了，也许只是一次例行公事的出行，考察回来，说几句'官话'，该怎么办由两宫去决定好了"。

心里轻松了，便把巡警部的事情交代一下，几件该办的事安排人去办；京城的治安又强调一下，再把家里的事做了些交代，最后例行公事般地跑到袁世凯府上做了一次礼节性的拜别。

徐世昌到袁世凯面前时，袁世凯正在独自生气，他只用手指了指一把椅子让徐世昌坐下，自己却依旧铁青着脸。

"什么事这样不高兴？"徐、袁是孩童时的朋友，除了官场上的礼节之外，私下里二人是极随和的。所以，徐世昌察言观色，便径直发问。

袁世凯冷笑了一声，说："太后又想收权了。"

徐世昌问："收什么权？"

"东三省要设总督署……"

"那就设吧！"

"不仅仅是设总督署，"袁世凯有点气怒，"而是想通过总督署统领各省总督。"

"会吗？"

"怎么不会。"袁世凯说，"现在是以直隶总督为各省总督领袖，联名奏事，皆由我领衔。东北是王朝的发祥地，一旦中心转移到那里，还不得以那里为各省总督领袖。这不是收权是干什么？"徐世昌默默地点点头。

"还有一点转机，"袁世凯说，"只要东三省总督人选安排得当，我们还不至于一下子太失落。"

"上边有目标吗？"

"有。"

"什么人？"

"传闻就是庆亲王的儿子载振。"

一说即将由载振出任东三省总督，徐世昌倒是轻松了。"载振做东三省总督，他不会为难你我的。凭着你同庆亲王的亲密相处，凭着我同载振的关系，他无论如何也不会为难咱们的。"

"为难倒不至于，"袁世凯说，"就是直隶的地位，一下子便跌下来了。"

徐世昌心里一惊："袁慰亭的权欲也太大了，已经进入军机，主宰中枢了，还舍不得丢下直隶这个'领袖'地位！"他想劝劝他，可又收住口。"不能劝，袁正是心高似天的时候，让他想去吧。"他只是缓缓出口气，说："刚刚是个动议，只怕还需些时日才能成为事实。放放以后再说吧。我只是来向你暂时辞别的。"

"东北之行是已定了，我也没什么话好说的，只盼老兄处处留心些。形势严峻，世态炎凉，为了生存，防人之心不可无。再说，还得保护自己。"

"慰亭的意思我明白，我会见机行事的。"天有不测风云，人有旦夕祸福。

慈禧预定在东三省设总督署的事，不想却给了徐世昌一个腾达的机会——

东三省，土地肥沃，物产丰富，官儿们都想在那里找一片根据地。一个叫段芝贵的候补同知闲居天津，闻知亲庆王的儿子载振要去东三省考察，便想走走他的门子，弄一个实缺干干。于是，在载振过天津时，他便买了一个十分有姿色的女子叫杨翠喜的，送给载振做妾。载振见色神迷，也就不加推辞地收了下来。载振知道段芝贵曾经跟随袁世凯在小站练过新军，其老爹又是做过奉天督军的，便对他说："待东北的形势定了，我向朝廷保举你去黑龙江省任巡抚好了。"哪晓得这件"拿美女换巡抚"的政治交易尚未成为事实，便被京中一些权贵知道了。于是，御史赵启霖、史履晋等便联名参奏，揭露了这件事。慈禧闻奏，即派醇亲王载沣，大学士孙家鼐去查办此事。载振闻讯，虽立即将杨翠喜转卖了出去，但纳妾的事还是被查出。慈禧很生气，把庆亲王找到面前，狠狠地训斥一顿，最后，还指着庆亲王的鼻子说："如此疏于教子，怎好在军机处理大政！"

庆亲王处境困难了，儿子东三省总督当不成了，自己在军机的位置也飘飘摇摇。幸亏军机大臣鹿传霖等求情，才保住自己的职位。

　　袁世凯见此情形，知道徐世昌机遇来了，立即让他写了一份"东三省考察报告"，详述了东北军、政、财、治安情况，而后又对东北今后的治理提出意见，表明"只要和日俄两大势力联合起来，革命党绝无立足之可能"。袁世凯又在庆亲王面前表明，徐世昌是载振的盟兄弟，以徐代载振督东三省，仍会依亲王所意办事。于是，庆亲王协助袁世凯等一起向朝廷做了推荐，得到慈禧点首。徐世昌被钦命去了东三省，"授钦差大臣，东三省总督兼管三省将军事务"。

第四章
借助老美压日俄

　　要去东三省任总督了，欣喜一阵之后，徐世昌又锁起了眉头。"东三省，毕竟是大清王朝的发祥地，是旗人的天下，皇亲贵胄遍地滚，不好应酬呀！"徐世昌了解以前在东三省任督抚的汉人情况，要么你就别想作为，一切事情都马虎应付，得过且过，谁也不得罪，虽无所作为，倒还可以平安无事；要么大干一场，我行我素，触犯旗人利益，惹得旗人恼怒，最后被迫离开。"东三省的官不好当呀！"他想去找袁世凯，同他商量一下应该怎样办？可是，他又犹豫了——他比袁世凯年长，何况，他又是科班出身，中过进士，在翰林院蹲了许多年，官怎么当都不明白，岂不被人笑话！

　　徐世昌又想起了吕祖。他还是去拜求吕祖。

　　这一次，吕祖似乎酒醉了，签上给了他一首难以捉摸的七言绝句：

　　　　上有危楼十七年，
　　　　皆言欠一不成天。
　　　　走作尽从小下月，
　　　　成败由天社稷全。

　　徐世昌看了许久，虽觉有些面熟，但却记不得诗出何处，且也不明白所言何事。他把签放下，索性不去想它了。放下了，但又不行——因为他太相信吕祖了，命运大事，除了吕祖之外，谁也不能给他指点迷津。所以，他又从把签捡起，逐字逐句去推敲签意。

他突然想起来了，好像是《推背图》上的一首诗。"吕祖让我从这首诗上去领略什么呢？"他没有解透。当他再三再四看这首诗的时候，他还是没有弄明白。锁了半天眉，还是放下了。

这是吕祖对他最不慷慨的一次。他面对吕祖像沉思有时，还是疑疑惑惑地走出密室。二十余年的官场生涯，使徐世昌的视野更开阔了，除了吕祖之外，他对现实也有了更深切的认识，怎么当官，怎么做人？并不是一签一语能说透的，还得因人因地因时去自己运筹。徐世昌想想形势，想想东北，想想自己，他决定带文武两个亲信去东北——

他把正做着守卫颐和园的宿卫营统领张勋找到面前，对他说："绍轩，我要到东北去了，有件事思索了一阵子，想同你商量一下。"

前文说过，张勋是在小站练兵时被徐世昌收为门生的，那时候徐世昌是翰林，是练兵处参谋营务处的头脑，张勋一直引以为荣的。到京城之后，张勋仍然对徐世昌"师礼"待之。张勋虽然现任宿卫营统领，总还是个不大的官，依旧要靠徐世昌等人升腾。所以，他忙说："徐大人思索的事情，一定很妥当的，只管吩咐绍轩去做就是了，还谈什么商量不商量。"

"这事是要商量的。"徐世昌说，"我想让你随我去东北。这事不与你商量，我怎么好擅自做主。"

一听说有机会去东北，张勋立刻兴高采烈——京中的文武官儿，清朝有一个不成文的惯例，只要不是因过错被贬的，出京外放都会拔一拔纱帽。而到下边混一阵再活动着回京的，又可以提一提。所以，出京回京，一些仕途顺利的人都将其当成难得良机而企盼，张勋也不例外——他笑咧咧地对徐世昌说："徐大人是器重绍轩了，我求之不得，还有什么不乐意呢，只求大人能在太后面前美言几句。"

对于张勋，徐世昌并不爱他的才，他没有才，是个头脑简单，性情直爽，勇敢过人的人。徐世昌爱的是这样的人关键时候能为人卖命。若张勋能随他出京，在东北再给他相应军权，在武的方面，徐世昌便有了依靠。为这一点，他才要张勋随他外放。听了张勋的回话，徐世昌也兴高采烈了。"绍轩乐于同行，我想太后是会答应的。明儿我去晋见太后，恳请能够恩准。"停了停，他又想起了最近朝朝在慈禧面前说书的大太监马宾廷，又说："你回去后可以先向马宾廷说说，他是你的好友，让他在太后面前先美言几句，算是打个招呼。"

"好好。"张勋答应着，"我今晚就请他吃饭。这事他一定会帮忙。"

送走张勋的时候，都察院御史张瑞荫突然来访。这个和徐世昌年龄相当的直隶南皮人一照面便笑哈哈地说："这么大的喜事，菊公竟然连个招呼也不打，幸亏我的消息灵通，要不，不是连个行也送不上了嘛！"

"哪里有什么大喜事，"徐世昌说，"御史大人是在'梦游'了吧？"

"主宰东北去了，还不是大喜事！"

"你说这个……"徐世昌仰起脸来，笑了，"还不知道是福是祸呢？"

"高升却是事实。"

"高处不胜寒呀！"

"我愿助老哥一臂之力！"

"你……"

"你不相信？"

"……"徐世昌沉默起来。

——张瑞荫是翰林院大学士张之万的儿子，张之万是徐世昌的恩师，徐世昌在翰林院做编修时常去张府，与瑞荫相处甚密；张之万又是两湖总督张之洞的哥哥，张之洞是徐世昌崇拜的人物之一。故而，徐世昌和张瑞荫也成了莫逆之交。张瑞荫一声"相助"，徐世昌顿时动了神。"此去东北，张勋算是'武'的膀臂了，正缺一个'文'的胳臂。张瑞荫文名动京城，果然能随我去东北，那是求之不得！"可是，张瑞荫在都察院正走红，说不定哪一日便升迁了，"他能真的随我去东北吗？"当时的都察院，可是一个令所有官儿们都既敬又畏的衙门，因为它是国中最高的监察、弹劾及建议机关，说不定一张小折子就把一个大红人掀翻。许多人想尽办法往里挤还挤不进去，他张瑞荫愿意出来？如此这般，徐世昌只认为张瑞荫说的是一句"礼节"语，所以，默不作声。

张瑞荫要随徐世昌去东北，是真心实意的。这其中有个原因——徐世昌要去东北任总督的时候，清王朝已经处在内外交困、摇摇欲坠的时刻，腐败严重，贪官遍地，官场上的钩心斗角达到登峰造极的地步，相互排斥之风越刮越烈；打黑枪，暗弹劾，阴风阵阵。做着两湖总督的张之洞，本来就是个利用别人参奏权贵的高手，近来又屡屡到京，找到这位侄儿，希望他能够利用御史的职务方便，助他一臂之力。张瑞荫是个机灵人，他对于已经成型的、以袁世凯为首的北洋派和以张之洞为首的南洋派对峙局面看得清清楚楚，虽然他预想不到谁比谁强，难卜谁胜谁负，但有一点他清楚，只要卷进两洋之争，得一必失一。"如其得失各半，何不如跳出三界，坐山观虎斗。"昨天，他的族叔张之洞特地让其来京办事的刘典徽带给张瑞荫一信，嘱他"万万不可离开北京"，希望都察院能有自己的人，"说话方便"。所以，他才匆匆来找徐，想请他帮他"跳"出京城，去另寻一片桃源。

"菊公，你是知道的，像你我这样的书生，只求有一片静地，把自己学的那点东西献给朝廷，也就心满意足了，怎敢往旋涡里跳。"说这番话时，张瑞荫表现出文弱书生的无可奈何之情。

徐世昌动心了，他虽然也常做腾达梦，但却野心不大，并且素来持息事宁人态度，谁也不想得罪，什么样的朋友也不想失去。

"这样吧，我即专折上奏，请你随我去东北。"徐世昌以"熟悉奏稿"为名，向朝廷写了个报告，很快得到批准。这样，徐世昌便有一个文武双全的班子可以去东北了。

清制，外放督抚可以从户部预领交际费若干，以供沟通各种关系。徐世昌是督东三省的，东三省是被王朝视为发祥地，设了总督署，几乎等于陪都，徐世昌的交际费自然也是优厚的，他一下子就从户部预领了白银四十万两。四十万两白银到手，徐世昌神情竟然恍惚不安起来："怎么用呢？"他没有当过这么大的官，也没有用过这么大额的交际费，交际费该怎么用，他也不清楚。但他明白，作为东三省的"小皇上"，他绝不会给别人送"秋波"，不会拿着钱去买路，他的路会四通八达，别人只会向他投其所好。"那么，这四十万两白银，岂不是派不上用场了嘛，那就没有必要把它带到任上去了。"

徐世昌把银票捧到内宅，来到香淑居，坐在新纳的小妾沈蓉身旁，慢吞吞地喝着她为他沏的清茶，慢条斯理地说："佩菊——沈蓉到徐世昌身边之后，为了表明她进入了新生活，她请徐世昌为她起一个雅号。徐世昌号菊人，便信手拈了"佩菊"二字相赠——我就要动身去东北了，一时间你们还得留在北京，家里的事就要你多操心了。"二十三岁的沈蓉，直隶定兴的大家闺秀，酷爱唐诗宋词，又致志于丹青，崇拜着徐世昌的才华，甘心为他做妾。到徐府不久，便代替了徐世昌的原配，成为堂堂的主妇。沈蓉性格开朗，待人宽厚，对事热情，是一位里外均会应酬的贤内助。但是，在徐世昌面前，却既不骄纵又不鄙薄，大大方方做人，大大方方处事，甚得上上下下敬佩，连那位徐的原配夫人也识相地说："蓉妹妹，家里的事你只管统管起来，杀伐进退任凭你，我只跟着你享清福了。"沈蓉却坦诚而又风趣地说："好吧，你就垂帘听政好了，杀伐进退错了，你就再杀伐我！"

"看你说的，缩到背后，安闲我就自足了，还会无事生非？"那夫人说，"放心做你的事吧，你身后没有帘子，我也不去听什么政。"

现在，徐世昌要外放，家事还特地来安排她。沈蓉一阵舒心。但她还是说："家里还能有多大事？无非是上上下下的吃穿用住，也都是早已有规有矩的事，各尽职守，也就平安无事了，你只管走吧。即便有点小差小错，还有夫人坐镇呢。"

"她？！"徐世昌说，"自从你来了，她便偷得清闲，索性无所事事了。你别依靠她，她也不会撑你的腰，你也别想依赖靠山。"

"行，我理这个家就是了。"沈蓉还是说，"反正也没有多大的事。"

徐世昌这才把银票拿出来，微笑着放在沈蓉面前，说："佩菊，你把它收下，好好存着，没急事就别用它。"

沈蓉接过银票一看，先是一惊，粉红的脸蛋，顷刻便燥热起来。"天哪，四十万两？！哪里来这么大的一笔银子？"她冲着银票端详了半天，惊恐了半天，才说："五哥（徐世昌，字卜五，沈蓉娇气，称他五哥），哪来的这么多钱？"

"好好收着，别问那么多。"徐世昌摇摇头。

"五哥，我怕。"

"怕什么？"

"这钱……"

"光明正大！"徐世昌说，"你只管认真保存就是了。"

"不，你一定要对我说清楚。"沈蓉很任性，她面上猛添了怒色，"要不……"她把银票推给他。

徐世昌望望她认真的样子，只好说明了银票的来龙去脉，然后才说："这钱，带到东北也派不上用场，先放在家里吧。以后需要时，我再着人来取。"

"交际费你该拿去交际呢！怎么没有用呢？"

"别问那么多了，存着不丢失，就算你尽心了。"徐世昌知道爱妾尚不完全懂得官场上的门道，官场上哪里有上级为下级送礼行贿的事呢，都是攀高结贵。"我去东北便是东北的'皇上'，还会送礼求人办事？"这话只在心中，说是说不出口的。

沈蓉终于也明白了，微笑点头，将银票收下。但还是说："乍到东北，也别叫东北人看咱太小气了。该用的，也得大大方方。"徐世昌笑着点头。

东三省是一片既神奇又不安定的地方，因为是清王朝的发祥地，行政沿革优于内地各省。最早置将军府，其权力如京师，户礼兵刑工五部俱全；后改总督署，尽收各部权，统辖满汉旗民事务，各官将军"非旗人不能任"。旗人有优越感，优于汉人，有恃无恐，吏治不整，政务多有欺蒙，一片大好河山，早已弄得凋敝不堪。于是，日俄邻国，多次侵略，闹到连旗人官吏也无法立足，纷纷外逃。这样，朝廷才命汉人赵尔巽继任总督。怎奈疮痍已重，赵总督回天无术，东北依旧被人蚕食，日本人以大连为根据地，控制奉天至长春的铁路（名曰南满铁路）沿线警权；自南满线大石桥又有支线达营口，更有奉天至安东（曰安奉铁路）接鸭绿江连朝鲜，东北之煤炭、木材经该两路尽为之掠；俄国人也以哈尔滨为根据地，其铁路从长春至满洲里（曰东清线），将东北物资源源掠往俄国。

徐世昌到任之后，一切应酬从简，便开始了自己大刀阔斧的工作——他要努力做两个方面的事：一是改革官制；一是改变外交。

在翰林院和军机处那些清闲的岁月，给了五十三岁的徐世昌意外的收获，使得他尚无握权之前便深谙了官该怎么当。官场其实就是人场，"一朝天子一朝臣"，谁都改变不了这个事实，纵然你是一条龙，孤身一个，也施不了多大能耐。所以，徐世昌的改革官制，说到底，是把自己信得过的人拉到身边，派到要害处，为自己充门挡户！

东三省的官制改革雷厉风行地开始了，徐世昌是总督，统管东北全权，下设各省巡抚，省又设行台、司道，公署复设左右参赞；总督兼将军，巡抚兼副都统，道员兼参领，各县皆立巡警、劝学所、农会。一时间，奉天新政成了国中典范，连京师要人也争相仿照。官多了，钱多了，会堂、戏园、酒肆、娼馆，一下子百业都繁兴起来。国人都把这里赞为"由荒陋变繁庶"的新世界，就连大太监李莲英，也舍着脸皮把自己的侄儿李凤年送到东北，请徐世昌"多多关照"。徐世昌是得过李大太监好处的，李莲英又是慈禧面前的红人，袁世凯的盟兄弟，徐世昌自然另眼相待，虽然李凤年不学无术，徐世昌还是给了他一个"道员"的官位。这便是当时国内外有识之士的评语说的："外人振兴市政，在推广商业；中国振兴市政，在增设官僚。"

一日，徐世昌独坐督署，手捧香茶，闭目养神，正在暗自陶醉于升平的境况之中，他从北京带来的督署一等秘书官兼宪政调查局总办张瑞荫来到他面前。因为他们是莫逆之交，张见徐从不须禀报，任自坐立，无话不谈。张瑞荫在徐世昌身旁坐下，不待徐问便先开口："卜公好清闲哪，竟然独自'矮纸斜行闲作草，晴窗细乳戏分茶'起来了！"徐世昌听得人言，急忙坐起。见是张瑞荫，忙说："我可没有陆放翁那种闲散的心情，人家是'自置风炉北窗下，勒回睡思赋新诗'，我呢，难得有片时的喘息，也就心安了。"

"是的，东三省，万机待理，你是无心'戏分茶'的。"张瑞荫说，"有些事，我想同你细说说。"

"什么事？"徐世昌问，"当紧吗？"

"还是谈谈好。"

"那就请。"

"卜公，东北形势乐观不得呀！"

"你指什么？"

"东北原本吏治不修，旗人骄横，"张瑞荫说，"近来，司、道、局乃至乡镇新去官员，多无所事事，唯日征逐狎游，一些地方形势愈恶，不仅旗人会借口滋事，汉人也会不安分。百业繁兴，多为虚张，不可不引起警惕呀！"

徐世昌脸上顿时冷漠起来——

张瑞荫所言，徐世昌何尝不知，但却不得不视而不见。所有新人，无不是唯亲唯友，不给官做不行，给官做不好也得给；凡给官者，"月发百金，至薄亦五十金"。拿了钱，不干事，"敷衍新政"，岂能见效。徐世昌只得轻叹着说："东北形势，我岂能不知。但又不得不如此。诸公中饱之后，也许会好自为之。"

张瑞荫见徐世昌态度冷漠，也就不想多说了，只好环顾左右，起身告辞。徐世昌不挽留，但在送客时却心情沉重地说："张公，有句心里话不得不对你倾吐，世上最难的事莫过于做官，做官的难处，莫过于离乡背井，到外地做官。此景此情，愿阁下能够多多理解。"

"菊公不必再说了，我会理解你、同情你，更会支持你的。"说着，便从房中走了出去。徐世昌深深地舒了一口气，觉得精神轻松了许多。但是，他还是摇首叹息："官场险恶，又有什么办法呢？袁项城早年在天津也是这个办法呀！"

东北久为日俄两个帝国共分利益的地方，徐世昌在东北想推行联美以抑日俄的计划，免得自己在东北会成为"儿皇帝"。这个计划的第一步，则是想着先抓好铁路，即把沈阳铁路自盛京至郑家屯段逐渐由东蒙出长春达瑷珲，以与日本人控制的南满路抗衡。可是，徐世昌手里没有那么多财力呀，他修不成铁路。于是，他把刚刚新任奉天巡抚的唐绍仪找来，同他密谈此事。

"少川（唐绍仪字少川），东北的情况你是知道的，日俄两家互争权益。许多年来，东北人只能仰人鼻息，大步迈不得，大事办不得，我心里总是不太平静。"徐世昌心绪阴郁，说话的时候满脸的忧伤。

唐绍仪也是久居京中的官员，在外务、邮传、铁路等部门任职多年，也曾在天津海关任过海关道。是同治年间留美的学生，思想十分西化。来奉天任巡抚，也是徐世昌出于"联美抑日俄"总的思想指导下力荐的。唐虽然比徐小了八岁，但在倾向西方这点上却比徐有过之而无不及，一到东北，他就梦想实施以美代日俄的方针。徐世昌请他密谈，他早已心领神会。于是说："大人既已感到事态压抑，何不果断采取积极办法。"

"就为此事请少川来议商。"徐世昌说，"我想请奏由你去美国走一走。"

"赴美？！"唐绍仪有点惊讶——许多年来，他一直迷信西方。只可惜，身左身右多是倾日派，无容他的思绪得以如愿。说实在话，奉旨到奉天做巡抚，也不是他的心愿，他知道东三省在日本人势力范围之内，他无法施展抱负。徐世昌态度向美，令他心惊又兴奋。"只怕朝中有人梗阻吧。"

"我以密疏专奏，朝廷自然会准。"

"美国人可是既讲朋友，又看重利益的。"唐绍仪是怕空口白话，徒劳一趟。他跟美国人交往甚深，了解他们。

徐世昌笑了。"少川，你放心。东三省，日俄瓜分已久，利益已是外流的。美国人能来，我们当然不会让他们吃亏的，至少可以保持日俄水平。再者，我们还可以以东北税务和东北商业作保嘛。美国人来做生意总可以了吧。"

　　唐绍仪心中有了底，这才点头答应。徐世昌一封密奏，朝廷准奏。于是，唐绍仪以专使身份秘密去了美国。

　　唐绍仪去美，哪里瞒得住日本人，日本人毫不客气地向清政府提出抗议，着重声明"东北三省铁路绝不许他国人插手"；继而，以保证侨民安全为名，加强各商埠日商和日人杂居处的军事保护，经常寻衅闹事，辱我兵警，伤我商民。尤以吉林延吉为甚。徐世昌再奏，朝廷派陈昭常为吉林巡抚兼边务督办，吴禄贞为会办。然而，他们却无力抵挡日人骚扰，东北形势依旧严峻。

　　徐世昌眼睁睁地看着东北无治，十分焦急。在当年跟着袁世凯在小站编练新军时，了知了一些军队的情况，知道些军队的作用，于是，便转了个方向，想从强军入手，闹一片东北的大好形势。

　　东三省的军队原本都是旗人，最早战力还较强大。后来，旗人自傲，军纪松弛，至咸丰年间，已经"名实不符、盗贼日繁"了。以后，其将领虽旗汉更迭，军纪仍无明显提高。徐世昌来东北时，东北能够称为强劲之旅的，便是张作霖的奉天巡防队。徐世昌这个实实在在的科班进士，久居翰林之林的人，对于强盗出身的张作霖，自然没有放在眼中，整军的第一件事，他便想整垮这支军队。可是，徐世昌也明白，这个大强盗能够起来，能够有今天，就表明他不简单；不简单就不容易搞垮他。徐世昌锁着眉头，踱着步子，陷入了沉思……最后，他决定以礼相待召见他。

　　比徐世昌小二十岁的张作霖，虽然弃盗投官成了巡防队的前路统领，但那身"盗气"却依旧不灭，他怕官方有一天跟他算旧账，知道自己昔日干的那些打家劫舍，截路断山，绑架敲诈勾当，拣出一件就够杀头的。他怕。听说新任总督徐世昌单独召见他，心里便大惊："啊？！这个老翰林出身的总督难道要拿我示众，威压东北？"他瞪着大眼睛沉思片刻，便把他一同闯江湖的兄弟张景惠叫到面前，毫不掩饰地说："景惠，那个北京来的新总督徐世昌要见我，没有说什么事。我估摸着，凶多吉少。要是他妈拉个巴子存心害咱，怎么办呢？"

　　"会吗？"张景惠说，"这样的书生，只身来到东北，只怕躲咱还躲不利索，他敢对咱怎么样？"

　　"人心隔肚皮，不可不防！"张作霖说，"我看这样，咱们不去，等他上门来。"

"不行。"张景惠说，"若他真下决心害咱，躲是不行的。躲就给他借口了，他会说咱们'盗心不退，弃明转暗'了。"

"那咋办？"张作霖问。

"应召，去！"张景惠说。

"送死？"

"当然不能去送死。"张景惠说，"你明着应召去总督署，我暗着把兵调集过来；你没事回来拉倒，若他敢下毒手，我就兵发总督署，去救你。"

张作霖粗中有细，连忙摇头："不行。弄不准总督意图，不能动兵。我想，总督是文人，没带兵马来，他还不至于对我下手。防是要防点，只能暗防。你可以派几个便衣，混进总督署去，有事我用他们。"暗杀、绑架是张作霖一伙拿手的把戏，这方面的能人也多，一招手就会有一群。二人商定之后，张景惠去组织便衣，张作霖便独自整装朝总督署走去。

徐世昌在总督署的小客厅里会见张作霖。小客厅窗明几净，茶香烟茗，徐世昌便装免冠，笑容满面，迎张作霖于厅外，首先伸出双手。"雨亭，雨亭（张作霖字雨亭）……欢迎你，欢迎你！"

张作霖见此情景，已知并无杀机，心中一阵轻松，也笑咧咧地说，"总督大人，总督大人……"

二人对面坐下，徐世昌便开门见山地向他问起军队情况，并推心置腹地说："雨亭，东北的当务之急是强军。军强了，才能保土保民，才能抵御外辱。我请你来，是想听听你对这件事的高见。"

京城来的堂堂总督，如此器重他这个强盗出身的统领，这事让张作霖很是感动，再加上总督一个"请"字，又一个"高见"，张作霖的戒备之心早已消尽，并且也想以坦诚之情对待徐世昌。于是，爽直地说："大人如此器重作霖，作霖也把心掏给大人。东北是需要强军了。不是我轻视旗人，旗人的队伍打不得仗，他们只会搜刮民财，欺压民众。"他说着，望望徐世昌。见徐世昌点头颔首，又说："徐大人，不是说句发狂的话，东北的军队，非以汉人为主不可！日本人也好，俄国人也好，他们怕汉人不怕旗人，因为旗人腐败……"

"旗人可是皇上的亲族，"徐世昌说，"你不怕上怒？"

"大人你别误会，我不是犯上。我是实话实说。"张作霖说，"不信你到旗人中访访，他们也是这想法。谁犯上呢，还不全是为了东北，为了国家。

汉人也是中国人，总比受外国人气好。"

徐世昌心里一阵激动："人说张作霖是杀人不眨眼的红胡子，我看，这个红胡子倒有堂堂中国人的大气！"于是，便对他说："张统领的意见很好，咱们共同努力，把东北的军队强起来，以抵御外人！"

张作霖走了，徐世昌轻轻松松地躺在太师椅上，闭起目来勾画他的东三省建军计划——不久，一个新的军事布局便在东北形成：

奏调以曹锟为统制、卢永祥为统领的北洋第三镇驻长春；奏调王振畿混成旅驻奉天；

自编步兵两协，以王汝贤、潘矩楹为统领；立东三省督练公所於盛京；以田中玉为总参议，吴禄贞、傅良佐、刘之洁为参议；段祺勋为兵备处总办，管云程为参谋处总办，岳开先为教练处总办；又在吉林、黑龙江分设督练分处；

奏派张勋为淮军翼长，驻昌图；孟恩远为吉林翼长，倪嗣冲为黑龙江翼长；

设奉天防营营务处，以度支司张锡銮为总办；营务处分中、前、左、右、后五路，置统领分领，张作霖、马龙潭、吴俊升、冯麟阁等分别任统领……如此安排，东北防务基本上由北洋防军为主，兵勇渐多，土著而强，徐世昌决定在东北大展宏图，强化这片自己的版图！

第五章

袁世凯到河南养疴去了

　　跟随徐世昌到东北来做拳头使用的，是颐和园宿卫营统领张勋——徐世昌在小站帮袁世凯编练新军时收的门生。翰林收武夫为门生，该算徐世昌有远见。这不，现在派上用场了。动身去东北的时候，张勋把自己手中的亲兵挑选一些作为骨干，想着一到新任就把自己的人派到重要位置上去——二十多年的军营生涯，使这个放牛娃出身的武夫学到了不少官场上的本领，他懂得无论文武，都得有自己的帮派，亲兵亲将，是武官的护身符，不能不重视。果然，张勋到了奉天，被徐世昌任命为行营翼长，他便把北京带来的"哥儿们"都封了官，行营很快成了张勋的铁杆队伍。也该着张勋运气好，行营建成不久，奉天地方匪盗猖起，打家劫舍，抢官抢民，一时闹得人心惶惶。张勋手下有铁杆队伍了，便自动请缨，前往围剿。结果，出师大吉，旗开得胜：匪盗肃清了。徐世昌大喜，即奏朝廷，拟升任张勋为实缺提督，指挥奉天北部军事。

　　主政的慈禧太后本来就对张勋印象挺好，这次又剿匪有功，给他个实缺提督那是小事一桩。慈禧照准徐世昌的奏折，并且又法外施恩，允许张勋"专折奏事"。张勋，顷刻间成了东北大员，朝中名将。

　　张勋高升了，徐世昌把另一位亲信王怀庆派去接替了行营翼长——谁知这位翼长竟是一个贪财卖官的能手，凭着跟徐世昌的亲密关系，什么官都敢卖。一时间，奉天传言满天，说："要做官，找懋宣（王怀庆字懋宣）。"大权在手，卖官就卖官了，传言何碍！这是题外话，暂时放下。

张勋、王怀庆的事情都办妥帖了，徐世昌心里也觉得轻松了，他想好好休息几日，静静地思索一番，把东北的大政办它个好形势。孰料就在此时，朝中出了大事：这年阴历十月二十一日、二十二日两天，光绪皇帝和慈禧太后相继死了，溥仪以幼龄嗣位，醇亲王载沣摄政。对于这样一个翻天覆地的变化，徐世昌的思绪一下子陷入了慌乱之中——

醇亲王是袁世凯的死对头，徐世昌是袁世凯的死党，醇亲王掌权，袁世凯便不会有好日子过，袁世凯这棵大树倒了，徐世昌这样的"猢狲"又怎么能不散呢？一荣俱荣，一衰皆衰，这就是官场上的现实。徐世昌把张勋、王怀庆、张瑞荫拉到身边，安在重要位置上，也就是现实。他知于此道，乐于此道。现在，他又无可奈何地惧于此道了。"当初为什么不放宽视野，也向醇亲王这般人献献殷勤、送送'秋波'，今天也会有点后路。"可是，他奈何得太迟了，现在只好叹息而已。

就在徐世昌心神不定的时候，人报"一个叫李石曾的人来访"。徐世昌拿着侍从呈过来的名帖，竟猛然锁起了眉头。仿佛他不认识他，又仿佛他不想接见他。

李石曾是徐世昌的恩师老翰林李鸿藻的三公子，名煜瀛，字石曾，也算是徐世昌的好朋友了（他的二胞兄李符曾是徐世昌的盟兄弟），只是这些年生疏了。原因是，李石曾留学去了法国。"他怎么今天来了，难道与北京的政局有关？"老翰林李鸿藻是个深受皇室器重的人物，此人虽性格倔强，为人还是正直的，并且从不参与宫廷派系斗争。"他不至于得罪载沣，或不致受载沣宠爱而重用吧？"他特别说不清这位三公子眼下的身份和主张。因而，不知他贸然来访，居心何在？徐世昌虽然是李石曾的好朋友，但在官场上的具体事情上很少交往，而今天正是朝中易主、风云大变之际，接待他会不会招致意外？徐世昌生性圆通，遇事则想八面玲珑，左右逢源，在形势巨变之中，他只想稳坐高山观马啸，不想往旋涡里陷。因而，他不想见他，想借故推辞他。但转念又想："载沣恶项城，对我也不会喜欢。此时此刻，李石曾或从他老爹那里获得什么消息，念及旧情，前来送个退路的？徐世昌又觉得应该"留下余地，行可转圜"，免得日后出现左支右绌。所以，他还是传出一个"请"字。李石曾被请进总督署。

这是一位刚刚四十岁的人，高高的身材，方方正正的白皙脸膛，留着欧式的大披发，戴一副茶色、金边的眼镜，礼帽长衫，手中提一只小小的手提箱。他健步来到会客厅，对着迎接他的徐世昌深深一躬，叫了声"菊人兄"。

徐世昌忙迎上去，双手去扶，还了声"石曾弟"。然后又说："贤弟深造巴黎，一走数载，一定是知识大长了，愚兄无时不在惦记。"

"菊人兄荣膺东北三省，三省人民之幸，国家之幸！我特地来为兄祝贺！"

"多谢厚爱！"徐世昌又问，"令尊贵体康健，精神还好？"

"承蒙菊人兄惦记，家父一切均好。"

"符曾弟亦好？"

"二家兄也好。"李石曾说，"只是琐事缠身，不能前来看望。"寒暄之中，二人对面坐下，自有侍从献茶奉烟。应酬之后，徐世昌颇有心事地问："贤弟此来东北，必有大事见教。请问：是不是为愚兄安危而来？"

"不敢担此重任，"李石曾说，"但却有大事要与大兄相商。"

"是不是项城事变，有所牵连？"徐世昌还是不忘他同袁世凯的关系，还是不忘袁世凯与清廷的关系——载沣摄政了，载沣是清室中的激进派，也是顽固派，对民主共和，深恶痛绝，他觉得袁世凯不是个忠臣，有一天他会不支持朝廷而倾向共和的。载沣容不得袁世凯，自然，载沣也容不得他徐世昌。

李石曾却微笑着摇摇头，然后说："载沣，一个不足挂齿的人物。"

"这……"徐世昌有点吃惊，"此话……"

"我们把它清王朝全不放在眼中，何况一个醇亲王！"李石曾口气极大，简直就像革命党人在宣誓。

徐世昌又是一惊！他忐忑不安地问："贤弟莫非也是……"

李石曾还是微笑着，说："实话对大兄说了吧，小弟已入了同盟会，并且很受孙中山先生器重。此来见兄，就为此事。"

——原来这位大清翰林院学士的三公子在去法国留学之前，已经大受孙中山先生的思想影响，到了法国之后，受西方文化的影响，更倾向孙中山的主张，决心投身革命。在法国，凭着老爹翰林院大学士的关系，他与中国驻法公使孙宝琦关系十分密切。接触中，他发现孙宝琦曾搜获革命党人名册，便去劝孙"不要与革命党为敌，免得自找麻烦"。他对孙宝琦说："大人驻法已非一日了，西方世界远远超越东方，是世界进步的先锋、典范！中国的革命党就是借鉴西方的先进经验，而将要把中国引向先进的。请大人三思，切莫与革命党人为敌。”

孙宝琦被说动了心，于是，将革命党名册交给了李石曾，李石曾销毁之后告诉了革命党在法国的人士。此事很快传到孙中山先生耳中，孙先生甚喜，收李石曾为同盟会会员，并委以重任。李此次回国，便是奉孙先生命先来北京，相机策动革命的。当他得知徐世昌督东北了，匆匆赶来东北，想先在东北打开一个缺口。

徐世昌听了李石曾的介绍，心中震惊，但却很乱。他问：“贤弟既然受命而来，不知有何具体要求？”

李石曾说：“不瞒大兄说，革命形势已经势不可挡，不久将有翻天覆地之大举！请大兄在革命大潮到来时能够响应革命，待机宣布东北独立。那时，兄的后路将是极宽的。”

徐世昌听说要他响应革命，待机独立，他吓了一跳：“这不是背叛朝廷吗？！”他不能干。但是，李石曾的话，又确确实实令他心动，他又不想立即拒绝他。于是，便说：“贤弟所谈之事，事关重大，容我再思索一下。这几日你就在沈阳住下吧，沈阳故宫，也是一片圣地，可以玩玩。”

李石曾点头答应。

时已严冬，东北之白山黑水，早已银装素裹，冰封千里，古城沈阳，冰晶雪皑，寒气袭人。徐世昌派他的秘书吴笈孙负责款待和陪同李石曾参观沈阳故宫，参观文溯阁藏书馆——那里，藏着中国最完美无缺的《四库全书》，下高级馆子，摆出一副悠闲自在、参观游览的样子，以避人耳目。

对于李石曾的到来，对于李石曾带来的意见，徐世昌感到十分震动：作为大清王朝的封疆大吏，徐世昌不会倾向革命党的，他也不敢倾向革命党。“那岂不成了乱臣贼子？！”食君禄，报皇恩，他要做名垂青史的忠臣。但是，作为徐世昌个人，他虽然对革命党并无深刻的认识，对革命党的主张也不曾研究过，他却隐隐约约明白：民主、共和是一种潮流，是一种社会的趋向——无法阻挡的趋向。“万一革命党成功了，得了天下，那该是一种什么局面呢？”别看徐世昌对圣人的书读了不少，做忠臣的决心很大，也曾经发过誓言，但一想到清王朝彻底覆灭的那一天，想到改朝换代、天翻地覆的那个新局面，他仍然会为自己的命运和前途感到担心。“能拿着身家性命去换取一个忠臣孝子的名声吗？国和家连同性命都完蛋了，名声又有什么作用呢？"徐世昌熟知中国的历史，尤其熟知中国改朝换代的历史。当一个朝代已经到了自己的暮年，死亡是必然的，就像人老了一样，没病没灾，不用别人下毒手，他也会自然死去。朝代也是这样。这时候的忠臣，除了沽名钓誉之外，对他忠于的王朝是毫无裨益的。徐世昌并不欣赏那样的虚名。冥思苦想之后，他觉得李石曾的意见是很有远见、极有益的，他应该给他一个明白的回复。

可是，徐世昌毕竟是大清王朝东北三省的总督，封疆大吏，一片土地上的"小皇上"，这片土地又是王朝的发祥地，他获得这个位置不容易呀！万一革命党推不翻清王朝——他认定清王朝不是一时半会儿可以被推翻的。百足之虫，死而不僵！何况绵绵近三百年的王朝，要是轻而易举便可推倒，半个世纪中会有多少人起来推翻它呢，又有谁真的把它推翻了？推翻一个王朝不易呀，何况经历约三百载的清王朝！这么一想，徐世昌又狠狠地摇摇头。"革命党有多大力量，我还看不清楚，我都五十三四岁的人了，倘若革命党二十年还不能革命成功，我岂不老而无依靠了？！"徐世昌不敢迈大步，尤其不敢领首迈这个大步。

东北大地上又落了一场大雪，气候骤然冷了许多。早晨，雪停了，房舍、树木、街巷都蒙上了厚厚的白雪，整个世界除了一片白茫茫之外，再见不到一点异色，连阳光、天空也晶亮得耀眼。

徐世昌在总督署的小客厅里，备了一桌盛宴，既为李石曾接风又算为他送行，更多的还是想跟他谈心，谈谈他对时局的见解，谈谈他对李石曾建议的态度。宴会作陪的，除了吴笈孙之外，还有张瑞荫。然而，因为是关系徐世昌这个皇家的封疆大吏与想要推翻大清王朝的革命党之间的瓜葛，宴会自然还是充满着神秘色彩的，酒席间，既有开怀畅谈，说新叙旧的欢快场面，又有咬耳挤眉，窃窃私语的清冷动作；既有举杯共饮，又有心照不宣。最后，徐世昌伏过脸去，低声对李石曾说："贤弟，反抗清廷，我决不能为，但从今以后我决不与党人为难，请向孙先生致意。"

李石曾虽然感到意外，但也觉得"一个总督能表这样的态度，也算不错了"，于是，微笑点头，不再计较。

实在说，徐世昌表明态度"不反清"，也是内心话，"不与党人为敌"也算诚实，所以这般矛盾心态，实在是看到了大局尚无明显变化，自己不敢轻举妄动，这样表示了，也还是给自己留了后路。否则，何必"向孙先生致意"呢？如果说这些还算疑猜，那么徐世昌为李石曾送别更应称作内心"表白"了——他封了两千块银圆，亲自送给李石曾，"以供贤弟路上用"——徐世昌连朝廷给的交际费都不带分文来东北，且平时对任何人都一毛不拔。能以两千块银圆馈赠一个革命党人，不能说他不是"别有用心"！果然，后来（在辛亥革命时）袁世凯威胁清廷达成议和，实现共和时，徐世昌能够与他相为表里，便是此心的结果。这是后话，暂且放下。

载沣摄政之后，京城风云突变，宫廷内部也发生了分歧。

载沣是忌恨袁世凯及其党羽握有军政大权的汉人的，自然把目标对准他们。而刚刚升任内阁总理大臣的庆亲王奕劻则是支持袁世凯的，知道袁将受难，便偷偷地告诉他："新政将有不利于你的举动，最好赶快躲避一下。"

事发突然，袁世凯再无良策，决定即刻离开北京。此刻，做着京津铁路督办的是杨士聪，正是袁世凯最亲密的左膀右臂杨士骧（正任直隶总督）、杨士琦的八弟，也是袁世凯的崇拜者，袁让人给他捎了一个信，杨士聪秘密安排了一列专车，偷偷地把袁世凯送到了天津，住进了法租界的利顺德饭店。他原想在天津小住即逃往日本。这事被杨士骧知道了，杨觉得竟自逃走不妥，朝廷虽易主，尚无加害之意。他便派儿子去天津劝说："务必不要授人以柄，以免无法收拾"，劝袁"速回京理事"。

袁世凯想想，也觉私逃并非上策，遂接受了杨的建议，回到北京。

袁世凯回到北京，即接到"圣旨"，说他脚上患有重病，令其"回籍养疴"。

惶惶不安了多日的袁世凯，只落得一个"回籍养疴"，并无重大灾难，一块石头倒也落了地，遂带着几位姨太太由北京回到河南辉县暂住，"闭门思过"起来。

袁世凯下野了，徐世昌震惊了，他猜想着灾难不久便会临到他头上。于是，也不得不闭门沉思和认真检点自我了。

督理东三省，除任人唯亲地安排了大量的官佐之外，挥霍无度已成了他的家常便饭，而且上行下效。徐世昌为建筑自己的奉天公署竟用去库银三十万两，购置器具又用去库银十万两。奉天公署"宏壮华丽冠各省"，连亲王载涛自欧洲考察陆军归国经奉天时所见所闻后，也认为"是所有封疆之吏无法比拟"。然而，又有谁知道，奉天数十载积蓄的库银两千余万两早已告罄，其政治、外交也徒有虚张，日俄帝国之侵略有增无减，徐世昌不能不心惊胆战起来。于此，他不得不偷偷地跑回北京，跪倒在庆亲王奕劻脚下，求其帮助。

朝政更迭之后，人事变化颇大，载沣摄政，奕劻当了内阁总理大臣，袁世凯河南闲居之后，张之洞调任军机大臣。但张之洞明白，京畿乃至国中之武装主力，皆是袁世凯所属，袁不在了，能统率了武装的，一时难找。张之洞忽然想起了徐世昌——当初，徐世昌曾从西安专程去武汉谒张，一段旧情张之洞尚未忘却，想趁此还给徐一点情分，拟将徐世昌调来京城。于是，张之洞便匆匆忙忙地去找内阁总理大臣庆亲王奕劻。

也算得上无巧不成书了，庆亲王正虑着自己无由提出让徐世昌调回京城，张之洞却给他送来了"台阶"，他正可以名正言顺地做出决定。

"是的，张大人所料果然不错，袁慰亭虽"回籍养疴"去了，袁之所部尚无人能够照料得了。我也觉得只有徐菊人最合适。那就依张大人之意调徐来京吧。"奕劻却大皱起眉头——调一位这样的大员来京，总不能随便安排一个位置吧，让他做什么呢？

又是巧事，邮传部尚书陈璧被人弹劾，刚刚免了职，位子缺着。张之洞说："让徐菊人主邮传部岂不为好？"

奕劻是个昏庸贪鄙的人，加上徐世昌对他又献了一份颇重的殷勤，他早有安抚之意，哪里会不同意。何况徐世昌在东北也还是用心用力办了几件事，如改革东三省官制，兴办新政，训练新军，增开商埠，开设银行，修筑铁路，以图抵制日俄对东三省控制；另外，他还在东北倡办了森林学堂，植物研究所，农业试验场。尤其是为了保疆土与日本人据理交涉，使延吉地区主权得以保护，很受朝野称颂。奕劻便点头答应。又说："徐菊人是个久居翰林院的人，熟悉朝政，这两年治理东北又甚见成效，我看，还可以让他再兼着体仁阁大学士和任内阁协理大臣之位，以辅大政。"

张之洞正想送徐世昌一个顺水人情，也趁机奉承奕劻几句，忙说："如此安排，正表明亲王的爱才善任，徐世昌必会因自己有机施展才能而感激亲王。我会从中周旋，妥为安排的。"

徐世昌就要离开东三省了，接替他东三省总督职的是云贵总督锡良。朝廷事变，党派拼争，摄政亲王载沣又是个惯于培养死党、拉帮结派的人，多年来他对袁世凯的军权渐大十分忌恨。所以，摄政之后，袁世凯下野是必然的，袁的党羽渐渐失宠，并且渐渐被斥责，也是必然的。在此情况下，徐世昌不仅未受株连，反而由外任转为内调邮传部任尚书之外，还拜了大学士，又任命为内阁协理大臣。为此，朝野哗然，众人无不惊讶他升迁之速，认为"有清二百多年来前所未有"。随后，也便风雨齐来了，诸如东北人事，东北财经，东北外事，等等。一时间，"徐世昌督东北罪恶累累"之风刮浑了半边天。

掌管度支的亲王载泽，原本就对袁世凯、徐世昌心怀忌恨，听得传言，暗自高兴，决心找找徐世昌的"碴儿"，定他一个罪名，罢去他的官职。

那一天，载泽把来京受命的锡良叫到自己家中，厚厚地款待他一番，酒席宴上，转着弯儿对他说："大人去督理东北了，东北是圣朝的发祥地，一举一动，影响朝野，务盼大人能为国家社稷尽心。"

"承蒙圣恩，锡良一定鞠躬尽瘁，不辱圣命。"锡良诚诚恳恳地表白心计。

载泽见锡良还算听话，便把想说的话直叙出来。"有件事，想请大人放在心上。近些年来，东北形势很不理想，外夷频频入侵，官吏心态不净，常常是内外交困，官民抵触，能办好的事也办得一团漆黑。据说，徐督一任，也是百孔千疮，锡大人此去东北，务望察其浮支，如实相报。"

锡良明白了，他去东北除了总督政务之外，还有一项"察验前任"的任务——其实，这也是大清王朝官场惯用的伎俩了，无论尚书，督抚，新官上任，总会对前任的作作为为搜罗一番，张扬出去，弄得走了的官也灰溜溜，如此，也好显见自己的政绩。只有自己培养的接班人，才会另作他论。所以，许多人都热衷于培养接班人。锡良也是个不脱俗套的人，载泽一示意，他便真的打起"查考"徐世昌的算盘。

但是，锡良也是官场上一个老奸巨猾的人物，办起事来，环顾左右，尽量做到四面周到、八方满意。载泽的交代，他是记在心上了。可是，再想想，载泽只是一个亲王，执政掌权的，毕竟不是他而是载沣。对于一位离职的封疆大臣是褒是贬，不能只听某一位亲王的意见，而是要听听摄政王的意见。于是，在他向载沣辞别的时候，转着弯儿试探其对徐世昌的态度。"锡良要去东北了，东北乃圣朝发祥地，近年日俄近邻不睦，督抚频调，形势虽趋向好，但依然困难重重。闻听眼下东北财力十分拮据，政风也……不知锡良该如何处置？"

锡良的话虽然含含糊糊，载沣还是听明白了，他只微微笑着，并没有马上表示可否。

载沣是一位皇权思想极重的人，摄政之后先除了袁世凯，便是他壮大皇权的举措之一。除袁之后，还想彻底清理袁派。可是，载沣也明白，以袁世凯为首的汉人军权势力是十分庞大的，短时间彻底改变并不那么容易，弄不好，众怒齐拼，对他的皇权并不利。早日朝议统管京、津、保军权时，他便已有所觉察，那些从小站练兵发展而来的北洋军，除袁氏和他的骨干之外，朝中还无人统得了。在此时，抓一个袁氏圈内的人物来统领一下军队十分必要。这个人物，最理想的便是徐世昌。载沣正想利用徐世昌，锡良询问对徐的态度，摄政王不能不慎之再慎。

载沣沉思着，锡良也沉思着，载沣想着军权，想着稳定，锡良想着摄政王的进退，想着摄政王的取舍。沉默许久，载沣才说："徐世昌还是一位不错的人么，你去东北，我看可以恪守四个字。"

"请亲王明示。"锡良态度诚恳。

载沣站起身来，踱步到锡良面前，十分严肃地说："这四个字便是：萧规曹随。"

锡良立刻心领神会，说："锡良明白了，我会依示办事。"

一句"萧规曹随"，使徐世昌有条件安安稳稳离开东北来京。他——对摄政王平添了好感。

徐世昌离开东北回京，虽然可以走得平平安安，但是，一种危机感还是沉沉地压在心头。袁世凯的"回籍养疴"虽无大风浪，毕竟是一个信号，是袁氏势力的被限，甚至被杀的信号。他这个袁氏心腹，怎么能不兔死狐悲呢！再说，徐世昌在东北，并不是坦坦荡荡、光明磊落的，任人唯贤，安插亲信，挥霍库银，大造官邸，在东北该做的许多事情他均未做，耗费了国库那么多银子却不见地方好转，任何人奏他一本，他都会倒霉，何况新朝一些权贵又对他们如此不怀好意。徐世昌自知前程暗淡，"说不定回京便会步袁世凯的后尘，回家做顺民去了"。离开东北前，他把张瑞荫找到面前，秘密地向他倾吐了心事，然后说："张公，不是我防人心焦，形势所迫，不能不防呀！何去何从？尚望我公拿个意见。"

朝中事变，袁氏回籍，张瑞荫也是心中惶惶。早几天，他的女婿、李鸿章的长孙、被新朝恩定袭封侯爵的李国杰就急急忙忙地致函于他，怕他受到袁世凯、徐世昌连累而遭横祸，明明白白劝他说："醇邸深恶菊帅，大人最好竭力摆脱，早日回京为宜。"张瑞荫是个并未开缺的御史，回京自然还是可以去都察院任职；同时，他也明白李国杰跟清室亲贵关系极密，所谈情况甚为可信。可是，他同徐世昌的关系同样不一般，他不会为了自己的平安一走了之，何况，形势还没有发展到无路可退的地步。他还要思量思量。徐世昌诚心征求意见，首先令他心惊，他感到事态严重。沉思片刻，他对徐世昌说："北京事变，大人所虑自有道理；但据在下所判：醇亲王摄政，面临百废待兴，又知民心思定，恐一时不会大动杀机。以愚见，还是静心待变为好，以免意外。"

"可以速速回京？"徐世昌不安地问。

"最好回京。"张瑞荫点头。

"待我再想想。"

"公文已到，徐大人不必再犹豫。"张瑞荫说，"京中状况，只有在京中才可明察。我说大人当早回京。"

"好，听从你的，早日回京。"

说是要回京了，徐世昌心神还是不定，他怕一旦回到京中有变，自己没有后路可退。所以，送走了张瑞荫，他又把吴笈孙找来——早日，就是这位秘书代表他跟革命党人李石曾接触的。现在，不知为什么，他又想通过吴笈孙了解一下李石曾的去向——若无其事地问他："早些天离去的那个李石曾，走后有没有信来？""没有。"吴笈孙也若无其事地回答。

"咱们没有慢待他，他走了，该有个信给咱们。"

"好像他现在在北京吧。"

"知道详细住址吗？"

"不知道。"

"他的二胞兄符曾准会知道。"徐世昌说，"可不可以设法与符曾联络一下？"

听到这里，吴笈孙方才恍然大悟——他也明白，京中事变，徐氏不安；袁世凯"回籍养疴"了，他徐世昌要为自己觅一条退路。"菊帅毕竟是有远见之人，厚待李石曾，又赠路费，原来就是为的今日。"他忙说："咱们不是要回北京去了嘛，我看到京后准会找到他。即便一时见不到石曾先生，符曾也会有确实消息告诉你。你和符曾是盟兄弟，他会明白告知的。"

"我想这样，"徐世昌说，"你现在就先回北京，找着李石曾了，就对他说：承蒙他专程东北探望，我回京后一定去回拜，务请等候我。"

吴笈孙答应着，当晚便离开奉天回了北京。

第六章
奴才才是真正的才

北京的秋天，总在刮风；北京之风，总旋转起弥漫的尘沙，像是从地面到天空张起的一张黄澄澄、灰蒙蒙的网，连太阳也像是一个圆圆的球，缓缓有序地从东向西滑去，坠入西山后，就结束了一天。

因为皇帝和慈禧的谢世而引出的朝中大员更迭，一直还在延续着。惶惶不安的大臣们，依旧惶惶不安；自命高贵的旗人——尤其是那些亲王们，争权争利之风依旧昏天暗地。这些人的目光，渐渐投向邮传部，而舆论也杀向邮传部：

"邮传部是朝廷经济命脉，怎么能让一个汉人去执掌呢？""原尚书陈璧是怎样被罢的，钱权太大了，忘乎所以！"

"徐世昌督东三省两年就穷了东三省，再让他掌管邮传部，岂不很快就穷了朝廷！"

……邮传部，是光绪三十二年（1906）才增设的一个部，以尚书和左右侍郎为主官，监督执行有关路、航、邮、电的政令，把往日向无专门机构管理的交通行政、船政招商、税务总司、铁路电报等统一管理起来，是个实实惠惠的金银单位。朝廷上下，文武百官，无不把目光投向那里。东北归来的徐世昌，屁股尚未在椅子上坐稳，传言却早已盈耳，他暗暗地吃了一惊："我将要成为众矢之的了？！"

徐世昌是个喜欢过太平日子的人，是非躲得远远的，寻求八方有笑脸，他怎么愿意往旋涡里钻呢？于是，他同心腹商量之后，决定递一张辞呈给载沣，不当这个邮传部尚书。不想他的所有心腹，无一人赞成他这样做。主管路局的梁士诒有些激怒地说："菊帅，怎么能这样想呢？汉人大员都在江河日下之际，您能有邮传大任，得算汉人不幸中之大幸，争也得争到手，怎么能辞呢？"

将要作为梁士诒副手的叶恭绰也说："菊帅，邮传部尚书辞不得。众目所向，正表明邮传重要，让他们都向你高攀有什么不好？"

梁士诒又说："众矢之的并不可怕，可怕的是无人撑腰。要我看，现在就……"他把嘴巴附在徐世昌耳朵上，语声窃窃地说明了自己的"锦囊妙计"，然后说："别无他途，只有如此破釜沉舟了。"

徐世昌皱着眉头沉思片刻，一边点头一边说："却也是一步棋，或可走活全盘。"

深夜，徐世昌微服简从来到海军大臣、郡王载洵的家中，立即受到载洵的热情款待——载洵虽然只是瑞敏郡王的儿子，一个贝勒，但却袭了王位，且又是摄政王载沣的亲弟弟，眼看着就有大权到手。可是，此人人缘却不好，门庭早已冷落。徐世昌一个封疆大吏，邮传部尚书来访，令他十分惊喜。

徐世昌先开口："王爷，世昌要去邮传部了，如何开展工作，还请王爷赐教。"

载洵见徐世昌深夜微服来访，就明白他并非来公干的，"聆听赐教"显然是托词。所以，便微笑着说："徐大人也是在翰林院走动多年的人了，朝中事情，自然明察秋毫。既然来访，想是有什么事，你就直说吧，只要我能办的，一定尽心尽力。"

见此情形，徐世昌也不转弯抹角了，便说："王爷的为人，世昌素来敬仰之极；王爷的生活，世昌早也心中明白，早想孝敬，只是心有余而已。而今，承蒙朝廷厚爱，主事邮传，世昌最先想到的，便是王爷您。故而特地进府相告，今后世昌将按时着人为王爷送来小助，还请王爷笑纳。"

载洵听说徐世昌是来为他献媚的，心中自然高兴。但表面上还是装作惊讶，并且马上拒绝："徐大人厚意我领了。你能如此，我深表感谢。所说馈赠，万不敢当！"

"请王爷切莫误会，"徐世昌说，"世昌所做，完全来自薪俸，绝不敢取之库中。务请王爷释疑！"

"我还可以过得去，就不必了吧。"

"聊表心意，万望莫辞！"

载洵虽然缓缓摇首，却不再言语。

徐世昌心绪踏实了，便匆匆告别——之后，从上任邮传之日起，便每月给载洵秘密送去大洋一万五千元"以备零用"。不仅载洵，其实，载沣、奕劻等皇室要员，差不多都有同样一份馈赠；就连那桐也隔三差五的有一份。有此一举，徐世昌在邮传部倒是诸事顺畅，所想安排之人，一荐即准，亲信叶恭绰、龙建章、梁士诒、朱启钤等很快都做了邮传部重要部门的主宰。

徐世昌到邮传部任职了，他很自信能担任好这个角色，主政的亲王他几乎都周旋过了，部属各要司都换成了自己人，上上下下，得心应手，有什么事办不成呢？唯一放不下心的，是"回籍养疴"的他的少年朋友袁世凯。"他不该离开北京，不该离开中枢！"袁世凯毕竟下野了，他所编练的军队虽然原样不动，但不属他管了。徐世昌为之不平。此刻，他忽然想起了段祺瑞，"对，应该同'合肥'（段祺瑞合肥人）商量"。他急忙写了封密信，让人送到正担着北洋军第三镇统制的段祺瑞那里，希望他"速来京面议要事"。

段祺瑞尚未到京，庆亲王奕劻却匆匆来到邮传部，秘密地给徐世昌送了个人情，告诉他内阁拟委他弟弟世光为上海道，不日即将赴任。上海道，是天下肥缺，许多人谋还谋不到，送上门来，可见不一般。徐世昌明白，这是"烧香"获得的"报应"。然而，他却犯了嘀咕——

由督东北改任邮传，朝野已经议论纷纷，至今，他徐世昌尚未摸清摄政王对他是抱什么态度，最终自己会是什么样的归宿？庆亲王是不会怀恶意的，但自己毕竟处在众矢之的的处境，会不会有人借机大做文章，自己因"上海道"而身败？！徐世昌始终不敢高枕而眠，他深知官场险恶，时刻盘算用什么办法保身；况且，留在中枢的大臣，无不小心翼翼地待人处事。几天前，内阁拟让新任军机大臣张之洞的儿子张权为钦差大臣出使美国，张之洞硬是以"儿子资望太浅"而婉谢，最终，只委以参赞出国。事后，徐世昌曾当面问张之洞，"为什么不让令郎以钦差身份出使？"张之洞语重心长地说："我已经够众人瞩目的了，我不想让我的儿子因我获罪，我也不想让我的儿子因罪及我！要记住，高处不胜寒呀！"徐世昌大受震动，他也不想让其弟因他获罪，更不想让其弟因罪及他，何况，吕祖早已告知他，"光前裕后，昌大其门庭"。"有我这个封疆大吏，朝中重臣，徐氏门庭够光彩的了，不必再拖出一个弟弟卷进旋涡了。"于是，他备了一份厚礼，专到庆亲王府上，诚心诚意地替弟弟世光辞了上海道一职。奕劻深明徐世昌之意，也顺水推舟地说："既然你们兄弟如此谦让，也不好勉为其难了。"

段祺瑞秘密来京，没有去邮传部，只到徐世昌的私邸。徐世昌没有张张扬扬地款待，只在私宅里同他短谈——

段徐都是袁世凯的心腹，唯袁命是从。袁世凯下野了，袁世凯的"阴魂"却不散；袁世凯培养起来的队伍却还是他的。徐世昌问了问队伍的情况，对段祺瑞说："芝泉（段祺瑞字芝泉），现在是特殊时期，慰亭被黜，并非永无昭平。我想，军中事情，朝中事情，仍应及时告知于他。京中耳目众多，恐有不测，与慰亭之联系，今后当以你为主了。自然，京中情况我会及时告知。慰亭有何见示，亦可及时告我。"

段祺瑞与袁氏关系更不一般，朝廷黜袁，他早已愤愤不平，只是权衡利害，不便轻举妄动。徐氏所嘱，他自然心领神会。"菊帅所说，芝泉早有同感。至于与慰亭联系事，我早已安排妥当。"又说："军队之事，除慰亭之外，尚无谁可统调得了，各将领仍以慰亭是从。只是，如此景况，何日才会好转？芝泉心中十分焦急呀！"

"国家大事，切不可意气。"徐世昌说，"该吞声时，必吞声，以静待变。我觉得，事必有变，只是来早来迟之说。一旦事变，慰亭必会复出。到那时，一切都会随心而应了。"

徐世昌所说的"事必有变"，并非空穴来风，革命党人李石曾在沈阳已把"事变"情况向他做了通报，尽管他对于革命党人将有"大举"并不完全相信，可心里也总是慌慌的，认为孙先生之主张还是十分蛊惑人心的。所以，他曾向李石曾明白表示，不与党人为敌。现在，他倒据此断定国中"事必有变"了。

二人密谈有时，终于商定与袁相通办法，段祺瑞再三表示由他往返周旋。临别，段祺瑞把一台最先进的军用电台留给徐世昌。从此之后，朝中情况、军中情况，虽朝夕有异，还在河南的袁世凯却随时了如指掌，依旧随时发号施令。

徐世昌的邮传部，渐渐为亲贵们所青睐，他们都觉得徐世昌是个能办事的人——政局动荡，财政拮据，徐世昌不仅能够为朝廷提供相当的财资，而且还能向他们真诚可观地表达"忠心"，令他们一个个乐滋滋的，这该是十分难得的局面了。因而，徐世昌的"能人"形象也便在朝廷中树立起来。

徐世昌被委任邮传部尚书时，还曾有过委以体仁阁大学士兼任内阁协理大臣之议。议是议了，决也大体决了，只是尚未行文实施。原因就是摄政王尚未最后"画圈"。

醇亲王载沣，本来是朝中一个无足轻重的人物，他的父亲奕譞是清朝八代皇帝道光（旻宁）的第七子，生母是一位叫乌雅氏的贵人。最初，奕譞的日子还好过，几经咸丰、同治，到了光绪年间，慈禧垂帘听政，醇亲王便渐渐失宠了。本来，慈禧是利用他和恭亲王奕䜣杀了肃顺的，然后还把亲妹妹叶赫那拉氏嫁给了他。叶赫那拉氏死后关系坏了。据说是因为慈禧怀疑其妹死得不正常，并且强作主张把王府中所有最好的珠宝簪环都装进她妹妹的棺材中，不给他们留下一点好东西。

载沣是第二代醇亲王，生于光绪九年（1883），八岁承袭醇亲王爵位。这是一个缺乏深谋远虑的人，从小疏懒自乐，书房里自写了"有书有富贵，无事小神仙"对联，并在自己的团扇上录白居易诗"蜗牛角上争何事，石火光中寄此身。随富随贫且欢乐，不开口笑是痴人"作为自勉。虽然后来朝廷也给了他不少显赫的官位，比如阅兵大臣，正蓝旗总族长，正白旗汉军都统以及军机大臣。可他，总还是贪恋"无事小神仙"的生活。光绪皇帝和慈禧太后先后死了，他的长子溥仪做了皇帝（宣统），他被命为监国摄政王入朝理事。这个年仅二十七岁，平生"无事小神仙"的亲王一下子监国摄政了，还真有点儿"权不知怎么使"的味道。所以，事事小心，不迈大步。因而，徐世昌的大学士、内阁协理大臣便冷冷地放了下来。现在，邮传部"政绩"卓著了，受了厚赠的亲王们，渐渐想对徐世昌有所报答。先是作为内阁总理大臣的庆亲王奕劻，以长辈的语气对载沣说："徐世昌是个很贤能的人，又是一位能缩能伸的人。坐冷板凳许多年不气馁，付与重任尽心尽力，是个堪当大任的人。"

载沣监国，也想有点作为，只要不明白反他，或不是诚心同他为敌的人，他还是想拉到手下为他所用的。而对袁世凯，他是出于无奈，因为袁的权力（尤其是军权）实在太大了。载沣怕他权大了欺主，才把他赶得远远的。徐世昌不同，他是没有军权的人，又是个还算忠于朝廷的人，他想用他。再说，近日他的胞弟载洵及载涛、那桐等，都在他面前说了徐世昌许多好话，在载沣头脑中，早有一个"良好"的印象。奕劻这么一说，他便顺水推舟地问："徐世昌的事，好像已经议论过了，不是有个意见了么。"

"是有的。"奕劻说。

"怎么定的呢？"

"体仁阁大学士兼内阁协理大臣。"

"徐世昌的……"

"他是光绪十二年丙戌科的进士。"奕劻说，"入翰林院三年后，授职编修。"

"嗯！"载沣掰着手指算了算，说，"这么说，徐世昌在内廷也是走动二十多年的人了。"

"是的。"奕劻说，"二十多年勤勤恳恳，尤其总督东三省，时间虽短，颇有建树；掌邮传部以来，更是大刀阔斧，才华不凡。"

"好好，你们就抓紧授（大学士，协理大臣）职吧。"于是，徐世昌到邮传部不到半年，又连连高升。

由东北回到北京的徐世昌，不仅没有感到有危险，且连连高升，青云直上，他明白，这是自己会周旋的结果，"钱能通神，钱能买来平安！"既然钱能"通神"，自己手中又有钱，徐世昌便有些有恃无恐了。因而，为他打先锋的吴笈孙与革命党人的接触情况，他就不再放在心上；不仅不放在心上，还想从此不再谈及此事，免得受到牵连。

那一天，吴笈孙来到徐世昌的小客厅，想把他同李石曾的接触情况向他详细地汇报一下——他找到了那个同盟会会员，并把徐世昌的意思告诉了那人。李石曾很坦率地对吴笈孙说："我知道菊人兄是个有远见的，他能有目光看到革命党的影响和未来，愿意为自己留一条后路，我们十分欢迎。我们很希望菊人兄能做些对革命党力所能及的事，并且愿听到他对革命党的坦率意见。或有要求，我们一定办到。"最后，李石曾告诉他："想在北京再与他叙谈——希望事情能够向前发展。"

"既然李先生那里已经坦诚相告，菊帅还是应该表明态度的。"

"怎么表明呀？"徐世昌有点犹豫，"现在，京中情况有变，比预想的要好得多，咱们就得……"

徐世昌说的"京中情况有变"，明白地是指朝廷对他的连连升迁。因此，他就不想再冒着危险去找寻另一条路。吴笈孙对他此时的这种想法是了解和掌握住了，于是，试探地说："这样看来，李石曾那里咱们就可以丢开了。这样，也免得心挂两肠。"

吴笈孙要丢开李石曾的态度，令徐世昌一时沉默不语——徐世昌心里又产生了矛盾：朝廷对他的器重，使他觉得有了靠山，有了安全感，他不想自找危险；可是，李石曾的言语又重重地压在他心上；世界潮流、中国形势以及清王朝的"五脏六腑"，都令徐世昌不敢完全放心，万一形势突变了，革命党得天意，顺民心真的发展了，自己没有退步怎么行呢？如此想来，他又下不了决心与李石曾一刀两断。沉默有时，他又说："这些日子你避避吧，暂不与李石曾接触。"

"你不见他了？"——吴笈孙跟李石曾说过了，说徐世昌想见他。李石曾也答应了，只是等徐世昌定时间呢。

徐世昌摇摇头，说："我不见他。你也别见他。京城不是东北，朝廷耳目众多，传出话去，落了个串通叛党，咱们吃罪不起。"

"我跟李先生谈好了，"吴笈孙说，"他本说近日便回南方去见孙中山先生，为了等你，才南行缓期。不见……能好吗？"徐世昌锁眉了——

十九世纪末根深蒂固的中国封建社会，受到极大的冲击。伟大的革命先行者孙中山早在1894年就上书李鸿章，提出革新主张。他的主张被清王朝统治者拒绝了，便在檀香山组织兴中会，又在香港设立机关，准备起义。广州起义未成，孙先生于1900年派人至惠州三洲田发动起义；起义又失败了，孙先生只好远走海外。1905年他在日本领导兴中会联合华兴会和光复会，组成中国同盟，继续开展革命活动。同盟会的革命虽然只是星星之火，可是，在古老落后的中国，却产生了极大的震撼，中国的有识之士，渐渐倾心革命，走入革命。于是，中国从南方到北方，燃起了熊熊的革命烈火！大清王朝面对这场凶猛的烈火，朝野上下，一片震惊，而且革命的烈火和朝野的震惊正在日益扩大。就在这个时刻，徐世昌进退维谷，决定脚踏两只船。现在，朝廷虽然器重他了，革命之大潮依然震撼着他，他在效忠于王朝的同时，不得不为自己留一个退步。因而，他下不了与李石曾断绝关系的决心，可又怕朝廷怪罪于他。思索许久，才说："这样吧，万不得已时，你单独同李石曾谈吧。一切事宜，只说是你个人意见。他问及我，你告诉他我公务太忙，一时无法脱身，待日后有机会，我一定拜望他。"

吴笈孙明白了，这是徐世昌惯用的"八面光"手法，果然有一天事败了，他吴笈孙是替罪羊；成功了，他徐世昌自有宽阔后路。不过，既作为他人助手，吴笈孙也只好冒险行动了。

"请菊帅放心，我尽力把这个关系处理好就是了。"

徐世昌自东北回京，虽然青云直上，但心事重重，尤其是邮传部的事，他自己心中十分清楚，油水可观，风险极大。因而，他把部务多委托梁士诒、叶恭绰、龙建章等人去做；尤其是十分信赖叶、龙二人，事事所依，即便向诸亲王献殷勤，也是由二位代劳。所以，时人便有戏谑之言谓"邮传部为龙虎部"（龙，即龙建章之姓；虎，即叶恭绰之字玉虎）。徐世昌则把精力放在为自己树碑立传上去了——他要把自己在东北总督任上的业绩用文字留下来，写一部像模像样的大书《东三省政略》。为了完成这部巨著，他把他散闲的文友王树枏、傅增湘、王式通、闵尔昌、柯劭忞、吴廷燮等人都拉到身边，日夜兼程。之外，他和这些文友议商，待《东三省政略》完成之后，他还要主持撰写一部《清儒学案》和一部《大清畿辅先哲传》，还打算再编印《四存编》《颜李师承记》和《恕谷语录》。俨然他想以儒家占领晚清风骚。按说，编写出这些书籍，徐世昌还是有资格的，中过进士，做过翰林院编修，还兼做过国史馆协修，武英殿协修，都是层次颇高的文职。编写几本书还有什么难？！然而，徐世昌又实实在在是个胸中缺乏实学的人，他不得不拉扯一批刀笔手。

一天晚上，徐世昌把主笔编纂《东三省政略》的王树枏、王式通请到自己的小书房，特备了洞庭东山的碧螺春茶款待。徐世昌便装小帽，满面春风，一边亲自倒茶，一边乐哈哈地说："一位朋友从苏州来，带来一听地地道道的洞庭东山碧螺春。我知道两位对中国茶道颇有研究，忽然动意，想借茶谈道，也增增见识。希望两位多多见教。"

二王一听要"品茶论道"，猛然有些慌张——原来他们都是疏于此道的，并且不爱茶，连茶类也分不明白。门外论道，不是儒家之风。因而，王树枏先开了腔："不瞒菊帅说，论起茶来，我们二人都是门外汉，充其量能分得出清茶、香茶。倒是真想在菊帅面前增增见识。"

徐世昌笑着摇头。"这么说，我是强二位所难了。可是，两位也不必强我所难，我也是跟茶还没有交上朋友的人。只是这位送茶的朋友颇通茶经，我从他那里听来一二罢了。"

"听也是知识源泉之一。"王树枏有点奉承的口气说，"古人探知消息的办法，多半是听，《荀子·议兵》有云：'用十里之国，则将有百里之听。'鼓声入耳则全凭听，李商隐《无题》诗有句'嗟余听鼓应官去，走马兰台类转蓬'。本朝咸丰爷年间，有人把八旗风俗制度及官制、科举等事汇编成集，共十二卷，命名为《听雨丛谈》。可见听之绝非一般。"

王树枏书呆子气十足，腹中藏了不少"四书五经"或诗文词赋。然而，自己读书，却大多是鸭子食蜗牛一般，食而不知其味。这片奉承话连他自己也不知道说的得体不得体。

说来又巧，徐世昌虽然科举有成，又在翰林院走动多年，偏偏这方面的来去疏之太远，听了王树枏说了一串与"听"有关的事，都当成了对他的奉承。于是，微笑着说："我可不敢与古圣贤相比，枏公之誉，实在过当。"又说："枏公之学富，实在令我敬佩之极！"王树枏点头又摇头，捋须又闪眉。"罢哩，罢哩，在下腹中有多少墨水，还瞒得了菊帅吗？菊帅是何等的大家！不责我辈'班门弄斧'也算宽容了。我等倒是真的想听听有关名茶碧螺春的趣事。"

徐世昌醉翁之意不在酒，他请二位品茶的目的并非专为碧螺春扬名，而是想要交代一下把《东三省政略》写得更好一点，别亏待了自己。不过，既是因碧螺春引出的话题，徐世昌自然免不了要把"听来"的有关碧螺春诸事叙说一二，诸如产地、采制方法，因何取名以及有关趣闻。说到高兴处，也会入正题："此茶采制，技艺特别高超，一是摘得早，一是采得嫩，一是拣得净，每年春分前后开采，谷雨前后结束，以（清）明茶品质最名贵。通常是一芽一叶初展，芽长四厘米到六厘米，叶形卷如焦舌，称之为'焦舌'，制一斤约需六点八至七点四万颗叶芽。可见叶之幼嫩，采摘功夫之深。"徐世昌还想再说说关于碧螺春的传说，可忽然想到时间，想到正在撰写的《东三省政略》，忙改口说："不能再信口乱说了，论茶，我毕竟是外行，说实话，恐怕还得向二位请教呢！咱们还是谈点别的吧。"

徐世昌请茶，二位王先生已窥知其意，谈茶，自然是属于环顾左右的事。一直沉默着的王式通，觉得自己该说话了，于是，放下茶杯，淡淡地笑着，说："菊帅，这两日你一直太忙，我们有些事也想向你说说，怕影响你部里的事。今日闲聊，难得你有一点清闲，索性说说吧。"

"琐事冗冗，对两位招待多有不周，还请原谅。"徐世昌总是表现出一副礼贤下士的态度，"两位有话请讲。"

王式通说："当然还是'政略'方面的事了。有两件史实，还是请菊帅明示。"

"请讲。"

"其一，关于在东北铸造银圆、发行币钞之事，还望菊帅告知其背景和用意；"王式通说，"其二，关于南满铁路和安奉铁路的路权和路管问题，也想理明因此与日俄的关系，或说菊帅到任后如何与这两个侵略者抗衡的？"

王式通摆出问题，徐世昌皱起眉头——

徐世昌用心编纂《东三省政略》，其用意有二：一是表明自己文才，不失老翰林身份；二是要表明自己在东北的政绩。然而，这部宗旨是在记录其在东三省总督任上公牍式的辑存汇编，以事实为据，要秉笔直书的，而徐世昌在东北总督任上，虽然各方面呈现出一些繁兴，但是东北已经国库告罄，民不聊生；他想联美抵制日俄，也徒有空想；铁路权的争夺，也毫无效果。"政略"涉及铁路的问题，执笔者就难了。

徐世昌皱了阵子眉头，才说："两位当该明白，历来史都是胜利者所写，无论秦汉隋唐，皆然。我看，关键是执笔人。当然啦，时代在进步，本朝极圣明，不为亲者溢美，自是今天撰史者应遵之则。若论及东三省制币之事，我只可说，那是朝廷决策，我只是唯命是从，尽一份职务之责，或说执行圣命认真有余罢了。铁路之事我是独自做了主。强权侵占之久，迄今虽未收回国有，但利用大权却夺回许多，日俄军警之力在铁路两侧，也渐渐龟缩。如此，仍该算为国家争了光彩！"

二王一听，心中大白，忙说："菊帅所言极是，极是！此可谓编纂之大纲矣！我们会身体力行的。"

徐世昌仰面大笑，然后捧起杯，一边让茶，一边有韵有律地朗诵出了两句诗：

溢江江口是奴家，郎若闲时来吃茶。

王式通一愣神，望望王树枏。王树枏点头会意，略一皱眉，知道徐世昌是用的本朝书画怪人郑燮（板桥）《诗词十五首墨迹》中有关茶的"竹枝词"前两句。于是，捧起杯来，笑笑说："菊帅起步，我等紧跟了。只是补上板桥公全句而已。"说着，也有韵有律地朗诵出两句：

　　　黄土筑墙茅盖屋，门前一树紫荆花。

　　三人相对而笑，然后仰面饮茶。

第七章

武昌掀起了革命风暴

按照中国古代传下来的天干与地支循环相配的计年方法，地支中的亥是第十二位。即豕，即猪。亥怎么成为豕（猪）的呢？这是古人错误的附会，因为，篆文亥与豕相似，容易写错，就像古书上说的"书三写，鱼成鲁，虚成虎"一样。亥年，民间还有"末九年"之说，说是该换代了，由亥换子，由猪换鼠。此话可靠程度如何？未考。但是，到了1911年，即辛亥年，在中国确确实实改了朝，换了代——那就是以民主革命的先驱者孙中山先生领导的革命党向在中国统治几千年，根深蒂固的封建王朝敲响了丧钟，在中国开展了轰轰烈烈的民主运动。

辛亥年阴历八月十九日（西历10月10日），革命军在武昌举行了大起义，先后占领了武昌、汉口和汉阳三镇，全国各地立即响应，革命风暴，顷刻之间席卷全国，震惊了腐朽的清王朝。

正是春风得意的徐世昌，被武昌传来的炮声一下子惊呆了！他仰在太师椅上，皱起眉，闭上目，呼吸不均，心脏紧跳，像是猛然间患上了瘟疫，通身散架一般。侍从几次进来报事，他都摇手挥去。及至人报"铁路局总管梁士诒来见"，他才静静神，说了一个"请！"字。

梁士诒进来了，和梁一起来的还有秘书长吴笈孙。

"菊帅，武昌的事情知道了吗？"梁士诒一进门便直入"主题"。

"知道了。"徐世昌点点头。

"来势凶猛呀！"梁士诒狠狠地摇摇头，然后说："不知醇邸有何对策？"

"能有什么对策？"徐世昌说，"南方活动已日久，有对策早已施出。而今，疣已成痼，我看对策也难奏效。"

"不至于束手待毙吧？"吴笈孙说，"南方是没有实力的，武昌成不了气候。朝廷能让合肥出兵，我看即可平息。"

徐世昌本来是忧虑重重的，面对武昌起义之事，何去何从？他尚无主意。吴笈孙所提让段祺瑞出兵，倒是一个极好的意见，既可让段为朝廷建立功业，又可把武昌之义灭下来。可是，徐世昌就是不表示可否。原来他忽然想到了另一方面——

徐世昌的靠山是袁世凯，袁世凯被黜他早已心神不定，多经周折，才暗暗地通过段祺瑞"沟通"了袁世凯，使袁世凯"精神"依然控制着军队。只是，这种控制毕竟是有限度的，袁世凯还无法冠冕堂皇地对部队发号施令。因而，徐世昌便感到自己靠山不稳，曾经做过多方努力，想让袁世凯重新出山。比如，不久前朝廷决定徐世昌和那桐做协理大臣时，徐世昌便竭力推荐袁世凯，他一再对总理大臣奕劻和协理大臣那桐说："此席予居不称，唯慰亭才足胜任！"奕劻也觉此话有理，但却说："朋党嫌疑，不便论列，奈何？"那桐则说："是何难言之可耳！"宁愿自己辞职不干，也想让袁出山。但是，此议传至载沣，摄政王总是"严斥之"，大家也只得作罢。而今形势突变了，南方革命党在武昌武装起义了，朝廷必然要以武力扑灭之。而武装……徐世昌自然想到段祺瑞，想到袁世凯。这么一想，他反而有精神了。"好，就这么办！不让段祺瑞出兵；不得已而出兵，就慢慢悠悠。据此，逼迫朝廷重新起用袁世凯！"

这么思索之后，他就不焦不急地说："两位的意见，无疑是积极的。我想，朝廷也会这样想。只不过，我还有另外的考虑……"

"怎么说？"梁士诒问。

"我们不但不能让合肥出兵，即便出兵了，也不能决战！"

"这……这……"梁、吴二人同时惊讶。

"没有什么不妥。"徐世昌说，"战争固然是残酷的，但是，战争也是一种机遇。一场战争，往往会改变多方面的局势。两位不信，可以拭目以待。"

经徐世昌如此一提，梁、吴二人猛有所悟。三人相对一笑，结束了谈话。

当夜，徐世昌同吴笈孙又密谋良久。次日一大早，吴笈孙便简从便装匆匆赶往河南省彰德。

罢官之后的袁世凯，先在辉县"闭门思过"，到1909年5月，彰德北关外洹上村的住宅经大儿子袁克定重新修缮完毕，他才领着家眷搬过去。

彰德，虽是豫北平原，由于有一条洹河，这洹上村还是一片秀美的地方；再经整修，这高墙大院竟威武壮观起来。院如寨子，四角有炮楼，四合院两进，且还有"群房"供用人、马队（当地政府为他派两营马队护宅）居住，院外还辟有菜园、瓜园、果木园、桑园，还饲养了猪、羊、鸡、鸭之类家畜家禽。袁世凯的内宅又修了一座花园，叠石为山，花木果树成林；又将洹河水引入为池，池中种荷菱，养鱼虾。五十二岁的袁世凯像是看破了红尘一般，决心在这里颐养天年了，他把自己的花园命名为"养寿园"，常常领着妻妾、诗朋棋友在园里驾舟、听琴、下棋、消闲。他在《自题渔舟写真》诗中便写道：

　　身世萧然百不愁，烟蓑雨笠一渔舟；钓丝终日牵红蓼，好友同盟只白鸥。投饵我非关得失，吞钩鱼却有恩仇；回头多少中原事，老子掀须一笑休！

然而，袁世凯毕竟不是一位甘寂寞，"一笑休"的人，轰轰烈烈的往事记忆犹新，北洋六镇新军完整无损，虽然他从不放在眼中的芸芸众生都升官发财了，他却依旧不把他们放在眼中，并且还十分歧视他们。"有一天我非给他们点颜色看看不可！"徐世昌—段祺瑞这条"联络线"沟通之后，宫中和京中的事情他了如指掌，便开始做起了东山再起梦。他的诗才并不好，为了表述自己的心迹，他还是兴致勃勃地写了一首《和王介艇中丞游园原韵》的五言律诗：

　　乍赋归来句，林栖旧雨存；卅年醒尘梦，半亩辟荒园。雕倦青云路，鱼浮绿水源；漳洹犹觉浅，何处问江村？

这便明显地见他既有不甘寂寞的复杂心情，又有对清廷的不满情绪。他不会久在彰德隐居，他要待机而动，他才五十二岁，年富力强……

正在袁世凯踌躇满志的时候，吴笈孙匆匆来到彰德，一进洹上村，袁世凯便把他领进密室。他呼着他的雅号，乐哈哈地说："世绲，我把香茶、美酒备好多日了，阁下却姗姗来迟了呀！"

"袁大人知道我要来？！"吴笈孙迷惑不解地问。

"知道，知道！"袁世凯还是乐哈哈的。

"是菊帅告知您了？"吴问。

"谁也不用告知。"袁世凯说，"领过几天兵的人，对于天文地理、阴晴雨雪，总是会预测一二的。否则，不是成了瞎将军了嘛！"

"请问袁大人，你还预测到了什么？"

袁世凯把吴笈孙让到座上，亲手捧上香茶，自己坐在"陪座"上，也端起茶，然后，慢条斯理地说："武昌紧急了！武昌一紧，北京也紧；北京紧急了，朝廷紧急了，醇邸束手无策，只好倚重庆亲王；庆亲王无术，只好找到菊人。阁下一定是奉了菊人之命，来请我出山的。你说对呀不对？"

说这番话的时候，袁世凯平平静静，仿佛他仍在军机处理事，竟把形势分析得分毫不差。吴笈孙有点吃惊："莫非菊帅事前已派人来过洹上村？"——徐世昌通过段祺瑞密切袁世凯这条秘密线，吴笈孙是说不清楚的，所以，他猜想是徐的临时举动——吴笈孙猛然产生了不快："菊帅呀菊帅，世人皆知咱们是多年朋友，我为你膀臂多年，你同项城关系不应瞒我呀！这好，我奉命来洹，一言未出，项城倒是胸有成竹，我不是多此一举了嘛！"

不过，这个具有固始、保定双籍的员外郎，其性格毕竟谦谨，与徐世昌关系大不一般，不仅如家人子弟，连私事也多倚之。再思之，他觉得徐世昌不会瞒他行事。"我明白了，一定是袁项城智谋所致。"这么一想，心里又平静了。

"袁大人所言，一半是对了，其余一半却是错了。"吴笈孙故意卖了一个"关子"。

"啊？"袁世凯一惊，欢快的脸膛，顿时沉寂。

"大人分析形势，武昌形势是紧急了，这对了。"吴茇孙说，"但说我是奉菊帅命来请大人出山的，那是错了。"

"怎么说？"

"菊帅生怕大人匆匆出山，才让世绲前来相告。"

"不必出山？"

"不必匆匆出山。"

"菊人他……"

"武昌紧急，摄政王为用您，才会让您出山，并非器重您。"吴笈孙说，"菊帅的意思是，何不以其人之道还治其人之身！"

"利用朝廷？"

"对！"

"怎么利用？"

"朝廷迫于形势，起用您去领兵，至多官复原职，稍加恩宠。"吴笈孙说，"价码太低了。咱们就给他来个待价而沽！"

袁世凯一下子明白了——他本来也思索着趁机向朝廷讨价还价。可是，他是想出山之后占有位置再讨价。听了吴笈孙的意见，他觉得待价而沽比出去讨价好——于是，说："好，待价而沽，我不出山了！"

吴笈孙虽然面呈微笑，但却还是狠狠地摇头。

"袁大人，'待'可不是'坐以待毙'的待。万一朝廷无意起用您，那其不真的'待毙'了。我们要待而不等！"

"做什么事？"

"菊帅有两个打算……"

"请讲。"

"其一，要争取出山条件，使出山成为事实。否则，就没有'价'可讨了。"

"如何争取？"

"要抓住总理大臣奕劻，让他坚持'统帅三军，非袁莫属'。"

"这个……"袁世凯知道，他同奕劻关系虽然不错，但让他起这么大的劲，还没有把握。何况，奕劻并不是个勇气十足的人。

"这好办，"吴笈孙说，"您是了解庆亲王的，投其所好不就得了嘛。"

"好好，我知道了。"袁世凯恍然大悟，"二呢？"

"请急告段大人，行军莫急，更不必勇猛攻击……"

袁世凯拍拍桌子，站了起来。"知我者，菊人大兄也！"

"使命已完，告辞了。"吴笈孙不想久留。

袁世凯也怕隔墙有耳，便命人取了一纸重重的银票，一边送吴，一边说："烦世绌将此银票及早送给庆亲王，说我袁慰亭向他请安问候。"

武昌一直在紧张之中。

武昌城头炮响之后，慌张之中的北京，急急之中，决定派遣陆军大臣荫昌为"讨伐"统帅，率领冯国璋、段祺瑞两镇兵马南下。

荫昌虽做统帅，但知兵都是袁世凯编练的。所以，南下途中特地在彰德下车，专程到洹上村去拜访袁世凯，恭恭敬敬摆出一副"请教"的姿态，向袁世凯"问计"。袁世凯热情款待，至于其他的事情却软软地挡了过去。"久居乡野，对国事未敢置喙。"荫昌只好悻悻而去。荫昌走了，冯国璋到了洹上。

冯国璋、段祺瑞都是袁世凯的心腹，是袁氏培养的北洋新军的骨干。因而，北洋新军的进退，这些骨干依然听命于袁世凯。冯国璋来洹上，自然是请示进退的。袁世凯对冯国璋却不是"对国事未敢置喙"了，而是明明白白告诉他"慢慢走，等等看"六个字，使冯国璋心明眼亮，最后表示"照办"，然后退出洹上。

荫昌的讨伐军南下了，但并不积极；荫昌虽是前敌总司令，但却指挥不动军队。荫昌犯愁了——消息传到了北京。

北京惊慌了。就在这时，奕劻以总理大臣的身份来到宫中。

庆亲王奕劻，按辈分排，是摄政的醇亲王载沣的父辈。所以，奕劻见了载沣并不多俗套便开门见山地说："武昌前线形势依旧紧急，荫昌虽挥师南下，行动无力，转机不大。我看，还需另补措施。"

二十九岁的摄政王原本就不是什么明白人，武昌一役早已焦头烂额，束手无策。增补什么措施？他心中无数。"内阁有什么设想，可以提出来。"

"除了北线荫昌军队之外，我看应该加强湖广。"

"怎么加强？"

"派一得力大将，督湖广。"

"谁最适合呢？"

"袁世凯！"

"袁世凯？！"载沣惊讶了。

——袁世凯就是载沣的眼中钉。摄政之后他原本想杀了他，只是顾及各方影响，才给他个"回籍养病"的生路。他想这一辈子都不许袁世凯再入宫了。现在，把一个眼中钉放在生死前线，载沣心里很不情愿。

"还有没有合适的人选？"摄政王问。

"有。自然是有。"奕劻说，"但能够既左右地方，又能调动军队的人，并不多。"——奕劻要为袁世凯说话了。原因很简单，除了袁同奕劻本来就关系密切之外，主要还是此番银票的作用。那一天，吴笈孙洹上归来，就把银票交给了徐世昌。徐世昌趁着内阁无人转交给奕劻的。交银票时只说声"慰亭问候亲王"便不再详述。奕劻心中明白，默默放入怀中，微笑点首。回到府上一看，那数额竟大得令他咋舌！他明白了："袁慰亭不甘败北！"现在机会来了，奕劻自然不失时机。

奕劻提议袁世凯任两湖总督，既为袁世凯再出山找到了借口，又因为是去两湖而不是去京师，也为载沣避了嫌。再加上载沣所摄之政正在危难，他不能不同意。于是，一道"两湖总督"的任命书便发到了彰德。

一个被黜的官员，基本上官复旧职了，袁世凯应该如意了！可是，袁世凯的"待价"却更高，"圣旨"到彰德，他压下来默不作声。

京中又急了——武昌起义的革命军又北上了，目标就是对准京城——载沣找到奕劻，奕劻问计徐世昌，徐世昌坦率地笑了。"既然朝廷有意起用袁慰亭了，那是为了用他解救燃眉之兵燹，何不将兵权交他，让他负责个全权，日后有个长短，责任也好说。"这真有点儿逼宫了，却又逼得合情合理。

前方吃紧，荫昌无术，朝中大慌，内阁无强将，总理又力荐。最后，朝廷决定召回荫昌，改任袁世凯为钦差大臣，节制调遣水陆各军。谁知袁世凯仍旧不出山。

奕劻迷惑了。

徐世昌也迷惑了。

奕劻找到徐世昌，问计道："菊公，钦差大臣了，袁慰亭还是不出山，这却为何？"

"我也在纳闷。"徐世昌说。

"弓拉得太紧了，只怕……"内阁总理有点担心了。

徐世昌眉头紧锁，也有些担心——载沣这些旗人，本来是敌视汉人大臣的。让袁世凯去"养疴"，实际是一个排挤。现在复了原职，已经迫不得已了。再僵下去，将何以收场，结局会如何？徐世昌明白袁世凯一拒的心情，他也曾想到得跟朝廷讨讨价。可是，再拒，似乎有风险。"万一载沣变了脸，取消对袁的起用，那又如何？"他想了半天，说："王爷，我看只有这一步了，我代表你去彰德一趟，跟慰亭面谈一下，我不相信他会置朝廷上下于不顾而再三推辞。"奕劻想了想，说："也只有如此了。但请务必表白朝廷诚心，表明我等的期待。"

"我会妥当转达王爷美意的。"徐世昌对奕劻表了个诚心诚意。

徐世昌去彰德，便装简从，没有一点钦差的架子和声势。作为他个人，心绪还有点儿沉甸甸的。因为，他还没有明白袁世凯把弓拉得那么紧为什么？"到里边（朝中）来斗争不是比在外边斗争更好吗？慰亭原来也如此想，怎么变了？良机失去将如何是好？"

官场混迹也快三十年，徐世昌还是觉得自己做起事来那么左右环顾，他自认没有袁世凯那样的气魄和心胸，也没有段祺瑞那样的果敢和勇气；有时还觉得连梁士诒、叶恭绰和吴笈孙这些人的处世能力还不如。"唉，这大概就是书呆子气吧！"徐世昌来到了彰德。

彰德，豫北平原上的一座古城，是金代明昌三年（1192）改相州置彰德府的，治所在安阳，辖地很广，物产亦丰。而今，彰德已是晚秋，旷野的碧波消失了，高粱、谷子也都上了场；耕翻起来的土地期待着播下新的种子，树木上的叶子也渐渐脱落光了，大地一派焦色！几队雁群从空中飞过，发出阵阵离家的哀鸣，奔向南方。

徐世昌没有进城，他沿着洹河来到了洹上村。袁宅是高高的门楼，使所有来访者都不必问路。徐世昌朝着楼门走过去。

高门楼外静悄悄的。当徐世昌临近门槛时，有人突然出来阻挡。"干什么的？"

徐世昌淡淡地一笑："告诉你家主人，门外有贵客，让他出来迎。"侍卫一听口气，软了下来。"请问……"

"河南，徐菊人。"

"是不是北京内阁协理大臣徐大人？"

徐世昌一愣。"你怎么知道？"

"袁大人早有吩咐，说这几天京中的徐大人必到，务必好好侍候。徐大人，请，袁大人已在小书房敬候多时了。"

"啊？！"徐世昌很惊讶。

当侍从领着徐世昌来到小书房时，袁世凯果然立在门口相迎。"菊人兄，你终于来了！"

"慰亭，你怎么知道我会来？"徐世昌惊讶地问。

"'心有灵犀一点通'嘛！"袁世凯笑了，"昔日，咱们是三跪九叩地去朝圣；今天，朝廷是要把咱们当作座上宾的。两呼不到，我就猜想必有钦差上门；而这项重大又光荣的使命，自然非老兄莫属！所以，我觉得咱们相会在即。这不，你果然来了。"说着，仰面大笑起来。

"'天子呼来不上船'，你就不怕怪罪，反而还那么自信。"徐世昌说，"好一派心胸啊！"

"此一时彼一时，现在是天子要用咱们的时候，有点自信并不为过。"

二人寒暄着，捧着香茶，越觉舒心。

"慰亭，说说你的打算吧。"徐世昌想摸摸底。

"菊人兄，我历来是很崇敬你的。把你盼来了，说实话，我是很想听听你的意见，还是你先说说如何？"袁世凯表现得诚心诚意。

京城动身时，徐世昌只想动员袁世凯出山，到了朝中再讲其他条件。来到洹上，几句寒暄，徐世昌忽然开朗起来。"是的，朝廷危险，正是用人之际，如其出山后争条件倒不如争了条件之后再出山。这样，更为主动。"这么想了，但提什么条件，心中却无数。

徐世昌无论是志向和勇敢，都比袁世凯差一大截，"左右逢源"是他的处世哲学。武昌起义之后，他乘机为袁复出，是做了很大努力；但最终如何，他确实没想。现在，在袁世凯面前，在袁的追逼情况下，又是在朝廷面临危机的情况下，徐世昌似乎智、勇都猛增了，他壮着胆子说："慰亭，你想对了，出山得有个出山的说法，'勤王'也得有个勤王的前提。我看，你不能只听凭朝廷恩赐，得表明要求申奏，还得要朝廷答应才行。"

袁世凯知道徐世昌想出力了，便问："你看申奏什么呢？"

既然放开思想了，徐世昌就想往极高处想，为袁世凯争取一个最理想的结果。于是，说："摄政王是为挽救国难，才答应让你出山。这就是说'挽救国难'的担子要由你来承担。这副担子重呀！重担子得有重权来保证。解除革命党的危难，必须举国大动，军政合力，一个两湖总督、一个钦差大臣是办不了这件事的。我的想法，必须握有内阁全权方可挽救有望。下一步，应该争取阁权！这便是条件，是当务之急！"

袁世凯梦想了许多天（应该说梦想了许多年）的事被徐世昌一语道破，他真的想有内阁大权。既然这层纸被徐世昌戳破了，袁世凯也便不再遮掩。直接说："你这个设想很有道理。否则，我们上前线去了，一切事宜还得求内阁来办，甚至说句话还得去求陆军大臣。荫昌尚且办不顺，何况你我。"

说到这里，袁世凯竟然叹了声气，然后又缓了缓口气说："现在的内阁是以庆亲王为首的贵族内阁，庆亲王待咱们尚不错，此事一旦提出，会不会伤害了庆亲王？"

徐世昌笑了："此项申奏完全是为了国家、社稷。革命党若打进北京城，莫说庆亲王，岂不连大清朝也不存在了嘛！这事由我到内阁中去办吧，你只需等待好消息。"

徐世昌的洹上之行，原本是"动员"袁世凯"接旨"出山、挽救国难的；结果，他却同袁世凯一起，密谋了一场"索价而沽"的双簧戏。袁世凯通过徐世昌，又捎去一份厚礼转交给庆亲王、内阁总理大臣奕劻。

徐世昌从彰德回到北京，当晚就急急忙忙到了庆亲王府去见奕劻。当然是先奉上一份厚礼，随之又说了一串"请安""问候"的话，把个奕劻弄得昏昏然起来。然后，徐世昌才开口说"正题"。"王爷，此番去彰德见袁慰亭，我可真的看到了他对您的忠心，慰亭一再说，他的未来，无论什么出息，都是亲王您给的，他终生终世也报不完您的大恩大德！"

"不能这样说，"庆亲王忙摇头，"这些年来，袁慰亭对我也是有情有义、情深意笃的，我历来都把他看成亲兄弟。"奕劻停了片刻，又说："对于复出的事，慰亭有何想法？"

"王爷，"徐世昌有意把话岔开，"您觉得慰亭一旦出山，能不能彻底挽回大局？"

"能！"奕劻毫不犹豫地说。

"什么根据？"徐世昌问。

"国家的这支军队是袁慰亭一手培养的，有能力打败革命党；能指挥动这支军队的，也只有他袁慰亭。所以……"

"我还想问一句，王爷能信得过袁吗？"

"这怎么说的？"奕劻说，"不信他，我怎么会一再推荐他呢？"

"王爷如此信任慰亭，慰亭又如此效忠于你，在如此关键时刻，王爷如果能从朝廷安危和王爷自身长远并想，可不可以主动提议，给他更大一点权力。我大胆说一句，应该让他居在您这个位置上，替您办事。您呢，国家安稳了，您还不是坐享清福嘛！"徐世昌终于把话挑明了。

奕劻心中一跳："啊？袁世凯要当内阁总理，那我岂不要退出去？！"他不开口了，脸也一下子沉了下来。

徐世昌一看这模样，心里明白了：庆亲王不想让位子！他轻轻地笑笑，说："王爷，我也觉得这样做有点过分。可是，王爷想，前线形势之紧张，日加严重，开往前线的军队，无挽回大局的举动，原因就是没有人指挥得动。给袁慰亭国家最高权力，他会拼死挽回大局。他毕竟是朝廷的重臣，权力再大，还在朝廷一统之下。若是他不肯复出，战局无法挽转，朝廷危亡，一切消失。真正到了那时候，王爷想想，您还有什么？皇室还有什么？朝廷还有什么？舍个人总理大臣之位，保大清王朝全局，何轻何重？咱们都得想想。"

徐世昌这番话说得铿锵有力，奕劻听在心中，沉沉匐匐，他不能不认真地前后思索——

奕劻，七十四岁了，思绪沉沉迟迟，对事混混糊糊，虽在朝中长期高居大位（任过总理各国事务大臣，任过与八国联军议和全权大臣，外务部总理大臣还兼治过陆军部，现在又任着内阁总理大臣），但是，除了对外签订了卖国的《辛丑条约》，对内卖官纳贿，贪污腐败之外，却并无建树，只能算是靠着出身优越，占有亲王之位。武昌之义以后，他早就束手无策，把目光投向袁世凯，企盼他能力挽狂澜，扭转大局。现在，虽然袁想夺他的总理之位，心里不免挺不乐意，但一想想徐世昌的话，便觉得也不完全是蛊惑，似是千真万确的忠言。沉默好久之后，终于说："我老了，局面又那么严峻，你想得周到，我应该把位子让出来，由慰亭来坐。"

一听奕劻答应了，徐世昌十分高兴。"到底是朝廷重臣，王爷目光远大，心向国难。我想，这样做了，袁慰亭再无理由不出山，出山了，再无理由不奋战！中国形势不日将有地覆天翻之大变！"又说："时不可待，明早咱们即向军机和醇邸提出，以便对大局早采取挽救之策。如何？"

"好好，就这样做。"

第八章
南北还是以和为贵

武昌的惊世之举虽然震得京城摇摇晃晃，可是，对于摄政的醇亲王载沣，似乎没有多大震动，他先是皱皱眉，再是摇摇头，又是淡淡笑，最后，若无其事地走回家去。醇亲王府上上下下一片惊慌，见一家之主如此平静，连载沣的老娘也不甚解，正想诘问，载沣却笑嘻嘻地开了口："从此就好了，我也可以回家抱孩子了。"

老娘一听，十分生气，冲口骂了一句："真是一个没有志气的东西！"骂是骂了，但是，知子之心莫若母，老娘还是摇摇头作罢——不作罢又能怎么样，这个儿子本来就不是理国的那块料，从小好逸畏事，书房大书"无事小神仙""随富随贵且欢乐，不开口笑是痴人"的人，能去安邦治国平天下吗？！

武昌形势日紧，朝中事宜一切推给老叔庆亲王奕劻，这样，庆亲王的意见便可成为定局了。因而，袁世凯的"待价"实实惠惠地达到了目的——贵族内阁宣告结束，由袁世凯继任内阁总理大臣。袁世凯大摇大摆地回到北京，坐进内阁。

袁世凯到京的当天晚上，便屈尊独步来到东四五条铁匠营由唐绍仪赠给徐世昌的一幢府第，虔诚地拜谢这位童年时的好友为他出山所做的努力。"承蒙菊人兄大力相助，总算如愿以偿，今后该如何办事，还望菊人兄见教。"

为袁世凯送上香茶之后，徐世昌笑了："慰亭，我的事，只是为你复出，你复出了，如愿了，我的事就办成了，其余的事，都归你了，我想你是会办好的。"顿了片刻，又说："实在办起来有困难呢，你就不办；再不行，还政于贵胄，岂不轻闲！"

袁世凯笑了。"我还不至于无能到这种地步。"袁世凯站起身来，颇有些"胸有成竹"地说，"菊人兄，武昌的事，不足挂齿，让芝泉（段祺瑞）、华甫（冯国璋）他们去办好了，我想要对内阁加以改变。"

"怎么改变？"显然，徐世昌是不曾想过这事的。

"那桐不是咱们的人。"袁世凯说，"我想，今后内阁不再设协理大臣。"

乍听此语，徐世昌一惊，以为老友一登台就踢了自己。略一思索，明白了，原来袁世凯是想通过"清君侧"的手段，把自己信不过的人排除出去。很明显，协理大臣中的那桐不是袁氏圈中之人，袁世凯不想把他留在"卧榻之下"。徐世昌还是笑笑说："这个意见我十分赞同，那样，我也可以回乡抱娃子去了。"

"你？！——"袁世凯狠狠地摇摇头，"你回不了乡，你走了，我倚重谁？"

"你身边人多着呢。"

"各有用处。"袁世凯说，"内阁、军机均要用人；还有，按新制内阁总理有权统帅三军，也还得用人。"

"军队方面，更是人才济济。"徐世昌熟悉军情，从统帅部到各镇，基本上都是小站练兵的旧人，袁对他们不会存有疑心。所以，他又说："只是议了许久了，要设参谋部而未成决定，必要时组织起来就行了。"

原来，军事最高统帅部要设参谋部而未设，参谋总长一职由军谘大臣良弼充任。良弼是个不问军事之人，等于虚设。现在，袁世凯要统军了，良弼也不是袁氏圈中之人，今天谈及军事，袁氏自然有自己的打算。"参谋部不必急就，军谘大臣近年多变，载涛任过，毓朗任过，现在良弼也任着，只是良弼不问事，我也不想勉他所难。如此，军谘大臣，就非你莫属了。"

"难为我了吧。"

"人尽其用嘛！"

"那么，内阁这一摊子呢？"

"当务之急是南方军事。"袁世凯说，"把军队抓住，你到了军谘处，内阁就不去问他了。我想同你谈的，是咱们如何把当前这个局面稳下来，扭转它。"

人事都已圈定，局面自然由这些人去主宰，具体事情便好磋商了；再加上袁氏上任，前方军队听命，还有什么不好办事的呢？二人谈到深夜，袁世凯猛然间又叹息起来。

"菊人兄，我在彰德闲居两年，倒是对世界形势有所沉思；沉思之后，有所惊叹；惊叹之后，仍有沉思……"

徐世昌心里一沉："如此循环沉思，有何所见？"

袁世凯点点头："所思甚深！"

"愿闻一二。"

"民主、共和是当今潮流。"袁世凯说，"如此这般，大清王朝似有滞后了。"

"摄政王也曾提出立宪问题。"徐世昌说。

"那是在君主掌权下立宪。"袁世凯说，"中国实行不了立宪和宪政。据此，对于南方问题，我们必须思索出自己的一条新路，不能是以消灭为唯一目的。"

袁世凯说这番话的时候，心中早有更深远的预谋，他想利用民主革命的新潮流，对朝廷施加压力，攫取更大的权力——他有信心。此番出山，并非朝廷恩典，而完全是革命党所逼，有革命党存在，袁世凯战他不灭，他就可以据为条件，再向朝廷讨价。攫到什么程度？他尚未想准。

徐世昌虽未思索这件事，但他已为自己留下后路，东北接待李石曾和以后不时思念着李石曾，又表示不与革命党为敌，这都是后路。现在，即将上任的袁世凯突然提出此事，徐世昌犹觉他在东北走的那一步棋是走对了。于是，乘着袁世凯的话题，又有些自作聪明地说："慰亭，我历来敬佩你的远见！这一沉思，你思得大有远谋。俗话说，识时务者为俊杰！何为'时务'？时务——潮流也！是的，我们都是大清重臣，食君禄、报皇恩，天经地义。然而，我们毕竟又都是炎黄子孙，我们不能不为华夏祖国着想。大清王朝……大清王朝……"他本来想数说一番大清王朝的腐败，可他，还是收敛、纳默了。他只轻轻地叹息一下："咳……"

袁世凯完全明白了此时徐世昌的心情，他起身告别时，语重心长地对徐世昌说："菊人兄，此处所谈，务不可与外人道也！"

"菊人愿与慰亭共生死！"

袁世凯上台之后，京中形势大变：内阁果然取消了协理大臣，为了向庆亲王表示忠心，袁将其亲信、原阁丞华世奎留原职，并晋升为正二品，成为不是协理大臣的协理大臣。华世奎是徐世昌的同乡好友，素来敬重徐，一切仍唯徐之马首是瞻，辅阁事，便形成了唯徐一人了。徐世昌兼任了军谘大臣，代行军事统帅部参谋长之职，由此，开辟了清新军"无参谋长"之军事时代。一切调整完毕，清王朝的军政大权便完全落到了袁世凯之手。而徐世昌，则成为袁之下第一权人。

袁世凯复出之后，京汉线上的北洋军队突然勇猛起来，转瞬之间，汉口便回到了清军手中。

奇妙的是，汉口收复之后，远在长江下游的六朝古都南京却被革命军占领了！

其实，也不必奇怪，长江上发生的异变，完全是袁世凯精心导演的——冯国璋、段祺瑞两军南下，势如破竹，汉口收复，只需乘胜渡江，武昌即可拿下。可是，袁世凯却令前沿"暂停进击"，而对南京方面，除了张勋的少许军队之外，却"疏忽"得连兵也不派，以致收复汉口的同时竟失去了南京，这样，顿时造成了"长江危机"的局面，即：武汉吃紧，一时难以对付，南京又在紧逼。似乎国民革命军已成为燎原之火，势不可挡。

袁世凯稳坐钓鱼台了，由徐世昌把这个"危局"端给了摄政王载沣。

那一天，载沣正高枕无忧地在他的小书房看书。忽然，有人报"军谘大臣徐世昌求见"。载沣心里一惊："他这时来干什么？"

——袁世凯复出，载沣实在是万不得已。袁世凯讨了那么高的价，载沣答应了，更是万不得已，他早已怒上加怒，恨了又恨。"有一天，我非跟这个河南人算账不可！"载沣恨袁世凯，载沣对袁世凯的好朋友徐世昌也无好感，只是在汉大臣中找出比徐世昌更好的人一时也难，所以，器重徐世昌又是万不得已。"为了大清基业，为了小皇帝儿子，不忍也得忍。"忍是忍了，摄政王对袁世凯、徐世昌这些人，总是耿耿于怀的，不过，他又不能不接待他。载沣沉思片刻，才说："请。"

徐世昌来了，他向摄政王问候一番，然后坐在摄政王指定的位子上。

这一次来见摄政王，徐世昌觉得跟往日不一样，胆子壮了，气粗了，腰杆子挺得也直了，一扫昔日臣子朝拜天子那种自卑，那神志竟像是来向属下通报一件无可争议的事情一样。

是的，徐世昌觉得腰杆是硬了，满洲贵族萎枯了，他们要依靠汉人，依靠"异己"了，依靠的就是袁世凯，他是代表袁世凯来传达一件大事，而不是请准一件什么事。不过，徐世昌毕竟还是大清王朝的臣子，摄政王是个什么位置，他应该以什么礼节对待这个人，他还是清清楚楚的，并且不敢越规。

"王爷，有件大事，必须请王爷定夺。"徐世昌依旧谦谨地说，"所以，特来见王爷。"

比徐世昌年小一半的载沣，很清楚当前他和他的王朝的处境，他收敛了所有的威严，语气平易地说："徐大人，有话请讲，不必说什么请定，内阁有些事，你们是可以办好的，我放心。我尚顾虑的就是南方形势，很想听听你的意见。"

"我也是为此事而来。"徐世昌说。

"好，咱们想到一起了。"载沣说。

"仗不能再打了，打下去，了不得。"

"是的，仗不能再打下去了。"载沣重复着徐世昌的话，但他忽然想到怎样不打仗呢？胜利了，还是失败了？摄政王眨眨眼睛，又想："不会是失败，袁世凯复出之后还是出力的，听说仗打得很好。能赶走革命军，当然是好事。"于是，他又问："怎样个结局呢？"

徐世昌淡淡地一笑，说："事到如今，只有一步棋，那就是议和。"

"议和？！"载沣十分惊讶，"堂堂大清朝，去跟乱臣贼子议和？！"他瞪着眼睛问："怎么议和？汉口不是收回了嘛，乘胜前进，完全可以收复武昌。那样，形势十分利我！怎么能议和呢？为什么要议和呢？"载沣想到袁世凯手下的北洋军，想到这支军队的威力，他不能承受去议和这个事实。

徐世昌还是淡淡地微笑："单从武汉的形势，我们是不该跟南方议和，可是，形势远非武汉可定。汉口虽然已收复，南京又告陷落，南京冲要，倍于武汉。党人势大，国人受其蛊惑，人心浮动，军心更是不稳，议和是一时权宜之计，岂能忘恩于大清。期以三年，必败党人。若以天下为孤注，殷鉴不远，噬脐何及。"徐世昌说得振振有词，载沣听得迷迷糊糊，好在大权已交给袁世凯了，自己也准备回家抱娃子，索性随他去吧。沉默了半天，才说："你们看着办吧，只要袁慰亭觉得应该议和，你们就去议。"停了片刻，又说："只是，今后国体如何？事关重大，得好好商量。"

徐世昌忙说："那是一定要听王爷的，我们怎敢做主，更不敢有毁大清。"

摄政王把身子背过去，再不说话。

四十四岁的隆裕皇太后，仿照她姑妈慈禧的办法垂帘听政于宣统皇帝。然而，她却没有她姑妈那本事，天下事无容她问，朝中事她也插不上手，她只想守着这个小皇帝，企望他日后有出息，能够为爱新觉罗氏光宗耀祖，重振大清王朝的威风，她叶赫那拉氏也跟着光光彩彩。

隆裕是个喜欢清静的人，她不想周旋天下事。尊位确定之后，除了摄政王之外，她就想选一位德高望重的官员辅助小皇帝理政。太傅、太保辅政，历朝皆然，西周曾设，春秋后废，汉时又置，以后历代沿用，分太师、太傅、太保，为三公；后来又增设少师、少傅、少保，为三少。

让谁来做太保呢？隆裕思来想去，觉得旗人中没有一个能够担当此任的人——这种现象不是今天始了，入关之后，旗人便一代不如一代，年轻人吃老子、靠老子，不学无术；年老人倚老卖老，唯我独尊，不求上进，谁头脑里也不装国家社稷，不装朝廷百姓了。隆裕太后忽然想起了徐世昌。"这个人不错！"——她了解他一些情况，那是从她姑妈手里接过名册时知道的：进士出身，多年翰林，东三省总督。垂帘听政之后她见过这个人，邮传部大臣，内阁协理，稳稳重重，文质彬彬，是个治国安邦的重臣，可以信赖。于是，她命人把徐世昌找到后宫中来。

那一天，天低云暗，微风习习，隆冬的北方来风，刮得人有点面疼。徐世昌冠着正二品的朝服乘轿来到宫门，然后步行去见隆裕太后。

隆裕的内宫装饰得极为朴素，和她姑妈慈禧的相比，就像乡间一个绅士的小会客厅差不多，但气氛却十分严肃：隆裕坐在正位上，身边坐着小皇帝——一个只有三岁的孩子——溥仪，另旁坐着摄政王载沣。徐世昌行了跪拜大礼，又问了三位"吉祥"，然后，站起身来，但却垂着头。

隆裕望了望徐世昌，轻轻地吐出两个字："坐吧。"

"谢太后！"徐世昌在载沣下首坐下。然后向摄政王表示了个"欠身"致意。

载沣还以点首，然后说："徐大人，太后请你来，有件事想重托你，想你不会推辞的。"

徐世昌以为是跟南方和谈的事呢，因为他前天才跟载沣谈过此事，可能载沣向太后禀报了，太后心有异议，才把他叫来，提出否定意见的。忙说："日前同亲王所谈议和之事，也实在迫于诸多形势，我也是为朝廷，为百姓想了再想，思了再思，才同意袁大人的想法的。"

隆裕摇摇手，然后说："我不是说议和的事。议和的事，你们议定了，就去做好了，我只希望别失了大清体面，把战乱平息下来，让朝野有个安逸，也免得外人笑话。"

"臣知道了。"徐世昌答应着。

"徐世昌，我有件大事想重托你。"隆裕说，"皇上幼小，无法理事，但终究是要理政的，现在，极需一位德高望重的官员辅助他。你也算当今老臣了，朝廷十分信任你，我决定授你为'襄帝太傅衔太保'，你尽心辅佐皇上吧！"徐世昌虽然知道这个授任是虚牌子，皇上有他父亲载沣照料，另外还有他的老师陆润庠、陈宝琛授读，哪里还用得着他。但他还是说："谨遵圣命，一定尽心尽力！"

太傅衔太保本来就是个虚名，只不过有一点点儿荣誉感罢了。名定之后，徐世昌并没有"襄帝"什么。连帝自己尚且无事做，他要别人"襄"什么呢？所以，徐世昌依旧"襄"他的老友袁世凯去步步实行自己的计划。

袁世凯进京之后，徐世昌便一直是随着他的风在转舵。袁世凯同南方的议和原本打算让徐世昌作为总代表，徐世昌不干，他推荐了在东三省做总督时他手下的一个巡抚，又是盟兄弟的唐绍仪。唐绍仪离京前，袁世凯守着徐世昌对他明明白白地交代说："要让革命党知道，不是我们不跟他们打仗，也不是我们打不胜他们，而是为了国家、社稷，为了百姓的安居，这是前提。我们和谈的条件是：如果按照革命党的宣言，实行共和政体，那么，大总统一定由北京来派，说具体点，就是由我们来当；否则，就不能实现共和政体，而要实行君主立宪。"

唐绍仪感到肩上的担子"太重了"，但又不能不挑。"我一定尽心！"

唐绍仪跟孙中山是同乡，做天津海关道时便一心向上爬，无论在奉天巡抚任上还是在外务部侍郎任上，都挺会看上司的眼色。袁世凯同意他做和谈代表，而和谈的目的又是为争取当大总统，唐便美滋滋地想："和谈成功了，袁当总统了，国务总理肯定落到我头上。"于是，他下决心一定要谈判成功。

看起来，袁世凯、唐绍仪主张的南北议和，是非达目的不可了。这里，有一段曲折不能不谈谈：

就在袁世凯决心通过和平谈判来攫取大位的时候，南京前线出了毛病：现任江苏提督的张勋是个主战派，他在南京督兵抵抗革命军，结果，南京大败，他被迫退兵徐州、兖州。虽兵败了，张勋却不甘心，在徐州拆毁铁路，强占站房，不准火车载客运货，专备运兵之用，并积极招兵买马，准备反攻南京。这个打算当然与袁世凯的议和夺权相悖，不仅袁世凯不同意，唐绍仪也不同意。作为和谈总代表，唐绍仪便对袁世凯打了个小报告，建议袁世凯"杀了张勋，以免误了大事"。在这同时，主张议和的段祺瑞也知道张勋要战，"破坏议和"——段平时对张勋印象极坏，说他的部队军纪太坏，人员复杂，且与新军编制不合，也想除掉这支军队，现在，又见他违命主战，恐将来难以驾驭，于是，几乎在唐绍仪致袁密信的同时，段也致信袁，要他杀了张勋。

袁世凯在决心未定的情况下，此事被他的文案、秘书长阮忠枢知道了，心中大惊。阮忠枢是张勋的盟兄弟，平时关系甚密，有心救他，但又考虑力单言微，不一定有用。他知道小站练兵时徐世昌曾收张勋为门生，于是，便急去找徐世昌，报信之后，希望他能救张一把。

听了阮忠枢的情报之后，徐世昌皱起了眉：袁世凯抢权心盛，唐、段几成袁的左膀右臂，这两个人一动议，即便袁不想杀张也得杀。他焦急地说："斗瞻，事情这么急，你看咋办才好？"

"速速向袁为张讨情，替张申明忠心，别无他策。"

"如何申说？"

"代张表明，绝对忠袁。"

"事不宜迟，愿与斗公同往。"

徐、阮二人匆匆去见袁世凯。都是知心，不必转弯，阮忠枢倒是忠义肝胆，对袁说："张勋为人，说实话，不骗人，虽鲁莽粗率，却是个血性汉子，和三国时候的张飞一样。宫保（指袁世凯）不欲成大事则已，欲成大事，不能少这个人，还得用他。"

徐世昌也说："张勋对慰亭忠心耿耿，我可以劝他放弃决战，听从你的命令就是了。"

袁世凯处在用人之际，也是不想草率就杀大员的。锁眉想了想，说："绍轩性直，但粗鲁，有时会误事。菊人兄既有意劝说，当然是件好事，那就劳兄大驾了。请兄告知绍轩，我还是十分信赖他的，只是请他顾全大局。"

"我现在就南下，一定会有好消息！"

北京一直在动动荡荡，徐世昌的心情也一直在动动荡荡。议和的事情早已成为朝野议论的中心，恭亲王溥伟、肃亲王善耆等贵族和一些效忠清室的汉人权贵，无不极力反对议和。反对议和，反对袁世凯的同时，自然谴责徐世昌。有人说："清廷对得起徐世昌了，连连高升重用，还授予太傅衔太保，应该效忠清室，怎么还主张和南方议和呢？"一些贵族朝臣唯恐兵力不足，提议办理团练加以补充。

跟随徐世昌去东北的张瑞荫已经回到御史原任去了，他和同乡李符曾等就想创办团练。李同徐世昌是知己，便找徐想同陆军部通融一下，拨点枪支。徐正急于南行，不仅不肯帮助，还劝张说："受党人蛊惑，人心浮动，枪支发下，恐为党人所利用。党人是乌合之众，急之则合力以图我，缓之即自相攻伐。议和是一时权宜，欲取姑与。因循固然足以误国，操之过急更足以偾事。你们要记住，朴仁山（福建将军）在福建因为不善于应付，措置失当，被革命军打死，死得很惨，应当引以为鉴。"

徐世昌这么一说，朋友的心都冷了，有人便觉得他也要脱离朝廷了。

兼着津浦铁路督办大臣的徐世昌秘密南下徐州。他一到徐州，就被张勋接入密室。老师光临，自然盛情款待——但张勋却还是多了一个心眼，口中不说，心中也在想："北京日紧，徐师匆匆来徐州干什么？"

"老师到徐州来事先没告知，学生连迎也不曾，想必事太急了吧？"张勋说着，在他面前团团打转，表现得十分殷勤。

"绍轩，"徐世昌亲切地呼着他的雅号，说，"有些事我怕传误了，非专来一趟面谈不可。当前形势十分复杂呀！你的处境也很困难，这一点，我是清楚的……"

张勋不悲观，他乐哈哈地说："我的形势是不利，我被从南京赶出来了，那不是革命军太强，而是我没有做好准备，把他们估计错了，我不怕，我在徐州准备一下，过不了几天就反攻，我会收回南京的。"徐世昌笑笑，摇摇头："绍轩，你忠于清室，我与宫保同具此心，唯目前党人势盛，人心受其蛊惑，其势不可以力敌。宫保通权达变，与党人言和，假以时日，必败党人。若以一朝之忿而乱大谋，无以对宫保，即无以报清室。语云：'识时务者为俊杰。'吾弟任重道远，愿三思而后行。"

张勋听了徐世昌的话，虽觉与自己所思所想相距太远，但对"假以时日，必败党人"之语，还是能够接受的，于是说："老师远来指教，弟子勋一定遵照老师的话，扶保宫保。"

徐世昌知道此行大功告成，便笑着说："绍轩果然识得大体！是否即电北京，表白心迹？"

张勋点头答应，立即对袁世凯发出电报，文称："拥护宫保的共和民国。"

徐世昌在徐州没有久留，他怕夜长梦多，京中发生异变，便匆匆赶回北京。袁世凯很满意徐世昌的徐州之行，他认为收服一个武将比收服一群文人都有作用，便对徐说："徐州之行，有劳菊人兄了，兄可在家好好休息几日，改天我再请你议事。"

徐世昌回到他的东四五条铁匠营家中，真想好好休息几日。自从他到彰德动员袁世凯复出起，两个多月来，他几乎无一日好好休息。两个月来，发生在国中、京中的事以及发生在他身边的事，都是他未曾始料的。袁世凯说复出就复出了，不是官复旧职，而是独揽国权！"这不是做梦吧？"朝廷如此重用他了，该算得上"皇恩浩荡"了！可是，袁世凯偏偏不乘胜前进，追灭"穷寇"，而是借机议和……一想到议和，徐世昌就对自己常常挂在口头的话有所怀疑。"难道袁慰亭真的会'假以时日，必败党人'吗？败党人不必假以时日，现在就可以，为什么偏偏要等待呢？"这样的问题自然不需别人回答，徐世昌心中明明白白，袁世凯之所以这样做，就是要做民国总统。

一想到袁世凯要做民国总统，徐世昌心里陡然有点慌张："果然有一天国家实行民主共和，袁世凯做大总统了，那么清朝怎么说，小皇上怎么说？国中不能有二主呀！就像国中不能有君主、民主两个政体同时存在一样，必有一个要废黜的。"想到这些，再想想袁世凯，徐世昌有点怕了——

徐世昌同袁世凯的交往，已经四十余年了，相互十分了解。这些年的官场交往，徐世昌对袁世凯更加了解了：他仰慕袁的心胸，知道他是个办大事的人，拿得起，放得下。但是，徐世昌也担心，他觉得袁世凯太重武夫、轻文才了，身边智谋人太少，平时很少有人向他进谏诤言和良策。可袁呢，并未觉察，却还一味地声称："宁用不通之学生，不用虚名之文士。"他真怕有一天袁氏握了大权，会独断专行，成了孤家寡人。

徐世昌心事沉沉。他毕竟是袁世凯的好朋友，他不想让好朋友倒在独断专行上，他想在这方面为朋友出一把力。但是，他也有些顾虑："袁慰亭能不能把心胸也往这方面放一放？"徐世昌在家中没有静心地休息，他要助朋友一臂之力，于是把他的属下能人秘密叫至家中，要为袁出出良谋：梁士诒到铁匠营徐宅来了；叶恭绰到铁匠营徐宅来了；龙建章、朱启钤、钱能训、吴笈孙、周树模等先先后后都来到了铁匠营徐宅。徐世昌备上香茶、好酒，他们谈论起袁氏的"国家大事"……

第九章
到青岛闲蹲去了

天下形势之变化，犹如季节之更迭一样，该热即热，该冷即冷。春天来了，万物萌生；秋天来了，黄叶纷飞；隆冬一到，大地便冰天雪地。任何英雄豪杰，都无法改变这种自然规律，并且，谁妄图背道，粉身碎骨的将是妄图者自己！

辛亥之役以后，风风雨雨地延续了二百九十五年（即从1616年清建国到1911年武昌起义）的清王朝，几乎再也无法安静了。袁世凯从彰德回到北京，朝廷本来想让他安定局面的，结果，局面更乱了！乱了不到一百天，北洋军的主要将领四十余人在段祺瑞的领衔下竟向朝廷发了一通"请立共和政体"的进谏书，小皇帝没有办法，摄政王没有办法，垂帘听政的隆裕太后也没有办法，他们只争取了所谓的"对清室优待条件"之后，于1912年2月12日向天下宣布"清帝逊位"的诏书，结束了封建王朝在中国的统治。

清帝退位了，国人自然高兴，举国欢腾，全民愉悦，天空蔚蓝，阳光灿烂！

中国最高兴的人应该算是袁世凯。

袁世凯是清王朝的内阁总理大臣，中国无论是个什么样儿，都得在王朝的基础上演变，王朝的代表人物都黯然失色了（小皇帝本来就没有掌权，摄政王的权都交给内阁袁世凯了，隆裕是听政不问政的女人），充门挡户的"王朝"代表，自然落到袁世凯头上。袁世凯一夜间成为中国临时的极权人物，他能不最最高兴？！

兴高采烈的袁世凯，当然忘不了徐世昌。当年力荐袁为两广总督的是徐世昌，助袁组织内阁的是徐世昌，把兵权归属内阁的也是徐世昌，清室退位之后大权独归袁氏，还是徐世昌周旋的……没有徐氏为他鞍前马后活动，袁世凯怎能如此顺利腾达！现在，大权在握了，怎样才能把权握好，袁世凯自然还得依靠徐世昌。

清帝逊位的第二天，袁世凯把徐世昌请到面前，心事重重地说："菊人兄，如今是咱们掌管天下了，担子很重呀！能为我分心的，除兄之外，也无几人，还望兄一如既往，说做自如。慰亭拜托了。"

"'国家兴亡，匹夫有责'，何况我等。"徐世昌说，"中国之事，并非你一家一人之事，我怎么会袖手旁观呢！放心吧，该做什么，我会做好的。"

"现在，南方的事情固然十分重要，但是，那是好办的，因为事在明处。议和可以解决，求之不得，议和不成，也没有多了不得的事，无非干戈再起，到那时候，咱们的力量并不弱于南方，还怕他们！"袁世凯情绪十分欢快，对待国事，和往日一样，胸有成竹，并没有把革命党当成劲敌。观其态度，若不是拿革命党作为向清室进逼的"由头"，任何时候，只要他一声令下，就可以把孙中山这伙人消灭。不过，袁世凯在谈到失去光彩的清室的时候，竟流露出明显的惧色——他毕竟是清王朝的臣子，远的不说，从小站练兵起，十五六年以来，他每次入朝，都是垂首肃立、恭敬叩拜的，何尝敢仰面望望"天颜"；爱新觉罗氏那个三岁的孩子登基，他也同样是俯首"三呼"的。现在，虽然清帝下诏退位了，那种惯性威严并未消失殆尽，就像死虎一样，那牙齿还是让人害怕的。袁世凯怕下野的清帝阴魂不散，怕那些清帝的孝子贤孙会卷土重来，大搞复辟，他知道，在中国笃信"皇上"的人还是大有人在的。"万一小皇帝一声令下，再加上八方响应，这可比革命党厉害！"这是袁世凯最不放心的地方。清帝退位之后，是为他们制定了优待条件，但是，那比清室当初享受的要差多了，他们能满足吗？为上述种种，袁世凯对徐世昌说："让人心里不安的，还是京中，宫中！菊人兄，我想同你商量的，就是这事。"

"京中宫中还有什么事？"徐世昌有点不解。

"百足之虫，死而不僵！"袁世凯说，"宫中万不可大意。你应该知道，来自内部的危险是最大的危险！"

徐世昌明白了，袁世凯怕清室贵胄联合反他。便问："既然如此，不知有何打算？"

"正是要与菊人兄商量之事。"袁世凯说，"我想请兄做一些能够做的事。"

"请讲。"

"我们毕竟都是清室臣子，"袁世凯说，"绝不可做落井下石的事。我想这样，宫中请你多照料，当然是以照料为主，你住在宫中了，宫中有些事也就可以随时知道了，就这个意思，你明白吗？"

徐世昌点点头，心里是明白了："要我暗中监视他们，注意那些遗臣和旗族的活动。"于是说："这样做最好，我是太傅衔太保，出入宫中，也是顺理成章的事，这事就交给我吧。"

袁世凯点点头，又深深地叹声气，说："这也是不得已而为之。乡俚有云：害人之心不可有，防人之心不可无。就这意思吧。"

徐世昌是忠心扶袁的，他作为袁的代表住进宫中，可是，徐世昌又是受过皇恩的，他尚不敢对皇室过于锋芒太露。到皇室的第一天，他就去拜刚刚谢任的前内阁总理大臣奕劻，他为他带去一听河南名茶——信阳毛尖。他把茶叶放到亲王面前时说："王爷，这是被北宋大诗人苏东坡称之为'淮南茶，信阳第一'的信阳毛尖茶，又称'豫毛峰'。有位朋友刚从豫南车云山捎来，是四月中旬新采的一等好茶。王爷知道，我素无茶癖，所以携来送给王爷品赏。"

退出政坛的奕劻，正体味着生活的冷酷和世态的炎凉，忽有旧臣来访，自然精神为之大振。"菊公呀，难得你没把我忘了，我便心满意足了，何敢再受你的厚赠呀！"

"茶酒烟都是消遣物，说不得厚薄，只算对王爷表点心意罢了。"徐世昌说，"王爷何必放在心上。"

"怎么不重？"奕劻说，"是茶中的极品呢！听说，信阳毛尖是由一位姑娘化作的画眉鸟，历尽千辛万苦，翻过了九十九座大山，跨过了九十九条大江，在一个古树参天的老林里采的种子，送到信阳车云山坡，才有了今天的好茶的，可不是极品！"

"中国茶文化极为丰富。"徐世昌说，"总括起来，无非是一个'情'字和一个'趣'字，落底下来，人化了。说起茶的人化，我倒想起了一首前人的诗：

积雪犹封蒙顶树，

惊雷未发建溪春。

中州地暖萌芽早，

入贡宜先百物新。

细想想，还不是情趣皆浓。"

"没有记错的话，这首诗该是北宋政治家、号醉翁的欧阳修之作吧？这个人也称得是个茶癖，仕途四十年，最后说'吾年向老世味薄，所好未衰惟饮茶'，真够意思！"

徐世昌听奕劻应酬自如，心里一惊。印象之中，庆亲王是个不学无术的人，今日竟如此博学，不能不惊人！他哪里知道，这位亲王随着皇上逊位之后实在无所事事了，偶尔翻翻典籍，赶巧碰上了欧阳修，今日方卖得一个"高价"。应酬一过，奕劻猛然不安："徐世昌此时送茶入宫，不是来尽孝心的吧？"于是，他转了话题："菊人公，今日进宫，怕不是只为送茶吧？你我莫逆之交，有话但请说。"

徐世昌微微一笑，说："也无更要紧事，皇帝退位了，这是大势所迫，慰亭理政，也是暂时，何况，我们都是受恩于大清的，不敢忘情。因而，慰亭嘱我住在宫中，有事也好及时照应。"

袁世凯待庆亲王并不薄，徐世昌如此说，奕劻自然相信，便说："慰亭和你们的忠心，天日可表，我可以把这番美意转知太后和皇上；尤其是菊人你到宫中来，正可以多多教诲皇上，太后也是极盼如此的。"

如此这般，徐世昌便冠冕堂皇地住进了宫中。

"照应"清室是假，监视宫中情况是真。徐世昌现实身份是袁政府的成员，又是军谘大臣，"朝廷命官"已是过眼烟云，何况朝廷无朝政可理了。于是，他在那个已经清清冷冷的皇宫中，却精神饱满地注视着来来往往并不众多的客人。此刻的徐世昌，并没有觉得自己在做一件不磊落的事，一心要为自己的少小知己效力，可他哪里知道，朝野上下已开始另眼看待他了。

徐世昌在宫廷里"秘密"地工作了几天，心里陡然不安起来。如此做事，似乎与他的素志不相符："堂堂的国家栋梁，怎可行此灰暗之举！"有一件事，令他情生悲痛。

一位叫李国杰的人，奉命的钦差大臣外驻比利时，由于生活不俭，又常去柏林、巴黎悠游，亏欠公款数万，未获外务部资助，一时无法解困。袁世凯执政后，念及是文忠公李鸿章嫡孙，汇了四万大洋去。李还所欠外债后尚有余存，故回国致谢，并向袁请示"想进宫向隆裕太后及皇上请安"，袁答应了。李国杰入宫之后去铁匠营拜见徐世昌。寒暄之后，徐世昌竟对李国杰说："你前天入宫请安哭了，还说了一些话。"

李一听，心中大惊，急问："徐大人，你怎么知道的？"

徐世昌笑了："以你这个身份，你的左右前后能没有几位随从！这两天，谁请你吃饭，你和谁见面，说了些什么，我都知道。如果你不是李文忠公之嫡孙，咱们怕是不会有今日之会面。"

李国杰毛骨悚然！知道自己近清室而得罪了袁徐，便偷偷地逃往上海隐居。

后来，此事徐世昌觉察到了，自觉做了一件不光彩的事，极感内疚，有意脱离此境。不久，袁世凯做了临时大总统，一些清廷显贵及清室显宦先后离京寄居青岛。徐世昌也步其后尘，和弟弟世光一起，移住青岛。这是1912年3月之后的事。

青岛，一座美丽的海滨城市。青山，碧海，绿树，红楼，像是装点在山东半岛南部胶州湾岸畔的一只大花篮！再加上气候的春暖夏凉，青岛早已成为国中著名的旅游、安逸胜地，官僚、商贾、文人、雅士，纷纷前来消闲。

和徐世昌一前一后来到青岛的，除了恭亲王、肃亲王之外，清廷遗宦中有张人骏、周馥、劳乃宣、吕海寰，一批移居大连，积极活动复清的宗社党骨干人物，也常常来青岛。一时间，青岛成了失意客活动的中心。青岛不是国家的政治要地，青岛也不是兵争所在，尽管南北中国都在硝烟四起，青岛却一直风平浪静，即便多了一群昔日呼风唤雨的英雄豪杰，而今的他们也大多只能望海长叹了！徐世昌到了青岛，猛然间便觉得这个城市有些冷气袭人。"我到青岛来干什么？"他自问，却又不能自答。五十八岁的徐世昌，自东三省归来，已经在辉县、天津营屋置产，做了归宿的准备。此次离京，既不去祖宗生息的天津，又不去少时游钓的辉县，之所以匆匆跑到胶州湾，实在出于不得已：若去辉县，恐河南大局未定，发生意外；若去天津，又怕靠京城太近，难以摆脱袁世凯的烦扰。到青岛又干什么呢？徐世昌茫然了，由茫然而陷入了烦躁不安。

徐世昌到青岛的当天晚上，庆亲王奕劻的儿子载振来访。因为督东三省的问题，徐世昌跟载振有过瓜葛。说真话，那一次载振纳的杨翠喜，多少受了徐世昌的关照，才免了慈禧一场追究，载振多少有点感激他。现在，他们又"同是天涯沦落人"，来访，自然是灵犀相通的，所以，徐世昌热情接待了他。

"刚到青岛，尚未来得及去拜，"徐世昌说，"承蒙光顾，十分感激。"

"感激什么？大家跑到海边来清闲无事，难得看看海，聊聊天，也算是乐事了。"载振一派轻松神态，"家父告知徐大人来青岛，要我来看看，顺便问问有什么需要帮助的事没有？住处若困难，可以到我们的房子里住。还有，就是想问问你，你在宫中住的日子，有什么事要说没有？大家都知道你对清室的忠心，在今天情况下，企望你能多多关照。"载振的话说得诚诚恳恳——此人往日虽然常常言过其实，言不由衷，今天却是一派真诚，大约是环境改变了他的态度。

对于清室贵族，徐世昌是忠心可表的，虽然他对袁世凯有深厚感情，他还是不忍心离开皇上。到青岛来，几乎是为了表明"不忘清室""不与民国合作"之意，让世人不至于骂他是"贰臣"。和所有王朝贵胄大臣一样，徐世昌在青岛也早有别居，只是比起庆亲王奕劻，他的别居太不足挂齿了——奕劻的青岛房舍据说至少也价值白银四十万两！所以，载振邀他到他老子房子里去住，完全是真心话，徐世昌感激得几乎流泪，至于载振询问他对失宠的清室还有什么要求，也就不多介意了。他望望载振，说："我弟世光亦在青岛，生活倒还如意，王爷的美意，我心领了，就不到府上打扰了。我兄弟长年分离，各忙各的，难得有时间在一起谈谈。"

载振本来只是礼节性的探访，见徐无意谈宫中事，寒暄之后，便起身告辞了。

载振走后，徐世昌忽然有了心事："他只是出于礼节应酬吗？像是有心事，却又不愿说出，有什么心事呢？"徐世昌猜想不出，好在来日方长，以后慢慢说罢。

几天之后，吴笈孙从北京匆匆来到青岛。

吴笈孙带来袁世凯给徐世昌的亲笔信。吴笈孙交信的时候，颇带些伤感地说："菊帅，您离京这些天，项城真有些失魂落魄。他说，'什么事情也无心做，做什么事也无头无绪'，真盼着您早日回去，替他分心。"

徐世昌一边看信，一边说："世绵，慰亭的心事，我能体谅。可是，我想请慰亭和你们诸位也能体谅我的心呀！"说这话时，他侧目看看吴笈孙，见他并无明显反应，又说："我不同于慰亭呀！他有自己天高的理想，这个理想已经逐步实现；他还要实现他更大的理想——国体共和了，他成为正式大总统，值得。我呢？大清王朝的进士，襄帝太傅衔太保，朝廷重臣，算是皇恩浩荡！将来黄土掩体，我得有面目去见先帝。你是知道的，皇帝逊位之后，我便扮演了一个大叛逆的角色，成了皇室的监视人，我真怕后人诅骂我是叛臣。唉，转眼就六十岁的人了，再有官，也做不了几天了，何况心力交瘁，只想安度晚年了。"徐世昌既悲伤又无奈，说话的时候，两眼还充盈着晶莹的泪花，仿佛看破了红尘，决心遁入佛门了。

吴笈孙是徐世昌的心腹，徐世昌想什么，吴笈孙还是摸得透的。他是清室重臣，清室名存实亡了，徐世昌当然会有个"保洁"的思想，不得不说一些"忠贞不贰"的话。然而，吴笈孙也知道，徐世昌并不是一位见权不动心的人，平素八面玲珑，左右逢源，都是为了利己发展，何况，他又是袁世凯最得力的助手，为了袁的腾达费尽心机，袁有今天，徐的功劳第一，难道他徐世昌单单是为朋友的前程吗？果然是那样，连军谘大臣也不必接受，何况又去旧宫中走一遭呢？所以，吴笈孙还是笑笑说："菊帅的为人，自然是光明磊落、有口皆碑的，无论是朝是野，所论皆然。不过，菊帅也应明白，项城所以会有今天，人为是其一，同时也得天命。大清朝政不振，黎民遭灾，逊位让国，这便是潮流。菊帅是精通国史的，心中自然明明白白。留得一身清，固然可以流芳千古，可是，那又于事有何补呢？于倒悬之民有何益呢……"吴笈孙还想再"延伸"下去，说一通"识时务者为俊杰"的话。可是，他猛然想到站在自己对面的，不是别人，正是他昔日每每"聆听教诲"的师长，顶头上司，于是，他收敛了，改口说："其实，世绸所明白的道理，无一不是从菊帅的教诲中所得，世绸感到极有道理，才重述一二，还不知道说的是否得体，要请菊帅指点呢。"

退隐青岛，应该说是徐世昌沽名的权宜之举。李国杰之突然出走，使他极为震惊，他想："若是世人知道是我监视密告所逼，我有何面目直对青天黄土！清帝是逊位了，太后、摄政王、小皇上人都在，无论满汉各族旧臣都还留着长长的辫子，上上下下瓜葛自然犹密，我若处处监视，岂不处处树敌？！"徐世昌有自己的处世哲学，明哲保身的道理他早已运用自如。但是，在今天，在青山碧海的青岛，吴笈孙虽然语多学舌，他听起来却颇有感触。"是的，在保皇还是扶袁问题上，是要三思而行；沽名与务实不可兼得；

做寓公固然清清悠悠，但毕生心血又是为了什么？"徐世昌心情颇烦乱，"避乱"之外，仍存有重重的一层"恋栈"。他叹息一声，对吴笈孙说："世缃，你的意思自有卓见，我也能诚服，只是，刚出京城，心绪不静，许多事想理理。这样，你回京去告诉慰亭，对于他的厚意我领了，请他给我时间，容我冷静地思索一番，何去何从，我自会决定。"

"项城无意勉强，但企盼之心，还望能体谅。"吴笈孙说完话便匆匆告辞。隐居青岛的徐世昌，并非看破红尘，从此遁入空门，而是他避险求稳，以静待动。徐世昌老谋深算，平生不贸然行一件事，几十年官场生涯，更练得他眼观六路、耳听八方，冷冷热热都把握得分寸妥当，他现在所以不尽心帮袁世凯，是因为他尚未测定袁世凯的结局。清室是无望复辟了，袁世凯只是个临时大总统，南方革命党方兴未艾，前程未卜，鹿死谁手，国事尚难定夺，所以，即便袁世凯让他做内阁总理，他也绝不会受命。离京前，徐世昌特地把周树模叫到自己家中，关起门来，面对面地对他说："少朴（周树模，字少朴，甘肃天门人），有些事我考虑了许多日子，还是拿不定主意，想想，只有和你商量了，我知道你会推心置腹。"

周树模与徐世昌是同年举人，只是比他晚中进士两年，徐是光绪丙戌科进士，周是己丑科进士，他们却都是蹲过翰林院的。有一点不同的是，徐世昌由翰林转军事发迹，而周树模由翰林擢御史，曾做出洋考察政治大臣随员（也就是那一次徐世昌因爆炸案未能成行的随员一职由周顶替了），回来后即授江苏提学使；徐世昌督东三省时，把周带到东北，先是奉天左参赞，后是黑龙江巡抚，与徐世昌由浅入深，成了莫逆之交。徐世昌回京，宣统元年（1909）周树模亦回京被授平政院院长，成为徐世昌、袁世凯的心腹。周树模是个勤廉忠鲠，心地坦荡的人，他相貌端庄，尤善言辞，是徐世昌最贴心的人之一。听了徐的问话，他说："菊帅，北京形势尚难见眉目，你虽与慰亭如同手足，但必须为你，也为慰亭留下退步。慰亭已做临时总统，南方和谈也有专人，我觉得，你应找个僻静处，静养一段，窥视一下形势，倒比卷入动荡为好。"

"我也有此想，只是去处未定。"

"当然是离政治远一点好了。"周树模说，"京津都不行。也不必去东北。我看……"

徐世昌点点头："太偏僻了，我又怕看不到事情。"

"不必太偏僻。"周树模说,"海滨青岛就不错。你若去了,我也可以随往。"

……徐世昌到青岛来了。来到青岛,他才知道清室遗老还有那么多人也来了。他谨慎起来,他怕袁世凯等人说他"追随王室太紧了",于是,他对载振也是冷冷地接待一下。其实,事情也不是那么简单,载振走后,徐世昌再三思索,载振一定有事,而且十分紧要,否则,他是不会匆匆来访的。载振不是那种容易冲动的人,他要办的事,都必须深思熟虑,才去行动。"他不会是为清谈几句前来吧?难道与肃亲王在大连搞的企图复辟清朝的宗社党有关?"徐世昌早已了知,一些王公贵族正在积极组织宗社党,"果然与宗社党有牵连,我该怎么办呢?"此刻,徐世昌想到了周树模,"若是少朴在青岛就好了。"

事有凑巧,只隔了一天,周树模便来到了青岛,并且很快来到徐世昌住处。

"我已经盼望你多日了。"徐世昌把周树模领进客厅,开门见山地说,"正想捎个信,让你来一趟呢。"

"你匆匆离京,我陡然有点失落。"周树模说,"便匆匆赶来了。"二人对坐饮茶,徐世昌还是直来直去。"我本来还想在京中看些时日,岂料形势变化太快,又那么出人意料,看来,我是跟不上形势了。与其在京毫无头绪地随风,倒不如躲进一片清闲处,静观一番,也许会看出个来龙去脉,所以,匆匆离京了。"

"菊帅所说的'毫无头绪',不知指的是宫中还是内阁?"

"宫中已无多少事值得挂齿了,"徐世昌说,"我说的,是指南方和北方。当然,这两方也都或多或少关系着宫中,都关乎着我们的去从,这也是促使我出京的原因。"

"菊帅跟项城还是相识相知的。"周树模仿佛看明了徐世昌的心底,"你对项城的决策,应该有个恰当评说。"

"都是大清重臣,我有点担心……"

"大可不必!"周树模说,"历朝历代,都是一朝取代一朝,成者王侯败者流寇。项城却是独树一帜,不仅宫室依旧是皇家的宫室,还专门为他们的生活制定了优待条例,这是很得人心的,也是一个文明进步之举!我看,仅这一点,完全可以彪炳史籍……"

周树模的倾袁情绪,一时间竟让徐世昌有点费解。想当初,他们在东北相依相助时，对大清朝是何等的倾心。周在黑龙江巡抚任上，体现皇恩，爱民如子，深得人民敬之。周树模离任时，倾城出送，修建坊公署，题曰："还我使君！"那时候，他是多么的为朝廷尽报忠心呀！今日所言，似乎另是一人。徐世昌锁眉闭口，一时不知该怎么说才好。

周树模虽与徐为莫逆之交，视徐为兄弟，但多出于敬其人品道德，而对袁世凯，却更敬其心胸，敬其大丈夫气概，迫使清帝逊位，自己争当总统，徐世昌就不敢那样做，这一点，徐尚未能觉察。周树模此来青岛，虽非奉命，却也实在有些为了"说项"。他见徐世昌沉默不语，便知徐世昌在犹豫，于是再说："菊帅，你昔日也说过，'朝政迂腐了，一时尚无能人力挽'。既然已经迂腐的朝政，那就非革新不可！你瞧，孙中山能够一呼百应的，就是他有心标新立异，与其让孙中山革命成功了，倒不如由袁项城进行变革，我们毕竟同袁的关系远远亲于孙。孙中山果然统领了中国，成了共和国的总统，对于我们这样的王朝遗臣，不会像我们今天待皇室那样，还有个'优待条例'，历来都是'一朝天子一朝臣'呀！当务之急，是扶袁成功！"

——徐世昌离京时，周树模还劝他"静养一段，窥视一下形势"，而今，俨然以明朗态度劝徐助袁，似乎变化太大了，令人不解；其实，事出有因，并不奇怪。徐世昌走了，袁世凯顿感失落："我如此重用信赖他，为何不辞而别了？"再三思索，无头无绪，这才把周树模找到面前，问了个长短清楚。袁世凯叹息了，他颇为伤感地说："少朴呀，你该知道，我对菊人素以长兄敬之，决心甘苦与共。我若一事无成，那就诸事免谈；若是天怜我辈，尚有出息，我当然不敢忘了菊人兄和诸位。形势很明白，革命党就是要推翻王朝，建立新政，我们先下手有何不可？！请少朴务必将我此心告知菊人，让他体谅！"因为有此一举，周竟动了心，才有青岛之行，才有今日全新的态度。

周树模不愧是能言之士，他把袁、孙的得失与他们的瓜瓜葛葛说得入情入理，这一点，竟然打动了徐世昌。他虽然还是锁眉闭口，心里却在翻腾："是呀！清朝是不可救药了，与其被他人接过去，倒不如自己去接！"

徐世昌是个很自信的人，虑事周到，做事也周到，与周树模相处多年，知其才干，更相信其谋多智足。"少朴，你的话是对的，共和是潮流，与其由别人办共和，还不如咱们自己办共和，不就是一个政体的问题嘛，我相信慰亭有能力办好。"

"菊帅有远见，少朴愿为之效力！"

周树模离开青岛的那一天，徐世昌破例厚赠一番，并让其弟世光为之送行，也是这一天，载振让人来拜，说是"恭亲王溥伟要访"。徐世昌心里一惊——他知道，溥伟是宗社党的首领，正在大连组织宗社党，以复清。"他来拜，肯定是拉我入宗社党的。"思索片刻，他对载振的来人说："近日身体欠佳，不便待客。"以此，拒绝了溥伟的来访。

第十章
云雾中就任国务卿

徐世昌之遁居青岛，事前袁世凯是知道的，他虽然不同意他去，但又觉不可勉留。几十年相处，难道袁世凯不了解徐世昌？了解，了解得十分清楚，知道他是个只能平静做事而不敢冒一点风险的人。徐世昌离京前两天，袁世凯还派亲信赵秉钧去挽留，但是，赵却带回徐的这样一段话："凡事当求一稳，今日百事不稳，总统、总理徒负虚名耳。苟能稳也，一知事亦可乐，奚必高官大爵哉！"

袁世凯无可奈何了，他让赵秉钧代他去为徐送行，并且带去一句话："俟我把这一起浑小子拿了，再预备着迎接老大哥！"这就向徐表明，待一些异己分子清除完了，还得让老大哥回京稳稳当当地做官。

徐世昌在青岛住了两年，虽非度日如年，却也是每天焦焦虑虑——他要了解天下事呀！他特别想知道北京，知道他的盟弟袁世凯那里发生的事变。

北京的变化也真够快够大的：1912年3月袁世凯就任中华民国临时大总统，建立了北京政府；1913年他派人杀了国民党人宋教仁，10月迫使国会选举其为正式总统；正式总统一上任，就把国会解散了，把《临时约法》也撕毁了，他实行了独裁专制。袁世凯有气魄，专制不久，要彻底改变一切，于是，便把握有执政全权的国务院改为政事堂，把内阁总理改为国务卿。国务卿这个大位，袁世凯知唯徐世昌才可担当！这是1914年春天的事。

袁世凯决定让徐世昌当国务卿，便再派吴笈孙去青岛相邀。吴去青岛之前，袁世凯把他叫到面前，有声有情地说："世绌，拜托了，此番去青岛，务必请菊人兄出山。请你告诉他，京城一派春光明媚！慰亭心绪唯不安的，是身边少了个菊人兄长。菊人兄不在，我食无味，睡难酣，心神无定！请菊人兄以国事、以私谊，都要出来助我一臂之力！"

吴笈孙心中早已有数，知道徐世昌并不是一位看破红尘的人，两年的冷静思考和大势所趋的袁氏天下，加之多人劝说，此时正是徐氏出山的大好时机。所以，他对袁说："菊帅跟大总统（时人得称袁为大总统了）情同手足，国务大任敬重相托，菊帅绝不会推辞，请大总统放心，不日菊帅便可到京。"

吴笈孙匆匆赶往青岛，把一切事宜对徐世昌说了个明白，然后拿出袁世凯的亲笔信，说："菊帅，项城已是焦头烂额，急盼你为他分忧，请你务必体谅他的苦心！"

徐世昌一边看信，一边说："有今天这个局面，也实实地难为慰亭了，此种为国家社稷之精神，天地也会怜之。好，我马上返京，助他一臂之力！"

徐世昌要回北京的消息被他的次妻王夫人先知道了，王夫人告诉了弟弟徐世光，让他"千万拦住他，不许他去北京"。

世光同哥哥世昌是同科举人，虽然他比哥哥的名次前排三十位，到头来还是没有哥哥出息，总在哥哥的影响下做事，这便应了当年琉璃厂求占吕祖的话："光前裕后，昌大其门庭。"但是，这位弟弟却是个性情爽直，办事利索的人，自己要办的事，谁也阻不住；自己不想办的事，谁也拖不动。听了嫂子的话，他毫不含糊地说："我不能让他去！去北京干什么？一定是吴笈孙那个勾命鬼又来拖大哥。"

是日晚上，徐世光破例地要陪大哥吃饭，并且破例地主动倒上两杯酒——昔日，这兄弟俩不常在一起进餐，觉得拘束，无话可说；更不在一起喝酒，徐世昌对酒很戒备，生怕酒多误事；徐世光虽好饮几杯，但却从不在哥哥面前贪杯，今日此举，颇似反常。"世光，你今天怎么啦？"徐世昌端起杯，心神不安地问。

"没有怎么样？"徐世光答。

"怎么忽然喝起酒来了？"

"闲来没事，以酒开心。"

"不是吧，你好像有心事！"

"哥，我想问你，"徐世光说，"吴笈孙又来了，是吗？"

"来了，怎么样？"

"他一定想把你拉走。"徐世光说，"我知道，他肯定是奉袁慰亭的命来的。哥，你对他怎么说的呢？"

"没说什么。"徐世昌说，"你问这些干什么？"

"哥，你不能到北京去。"徐世光的话说得很坚决。

徐世昌只用不耐烦的眼神望了望弟弟，再没有说话，可是，他那目光却是十分严肃的。同时，他把酒杯推了推，表示不喝酒，便再不说话。

徐世光见哥哥不说话了，知道哥哥有心去京当官，他心里一沉："袁世凯的官当得当不得呀？"世光不是不想让哥哥去当官，是怕官不好当："大家都是大清臣子，大清尚未僵死，旧臣急不可待他从，不用说后人，连当代人也会诅骂。"不久前，徐世昌还在家人面前说过"不背清廷，不做贰臣"的话，徐世光觉得哥哥不该动摇。于是，自己捧起杯来，喝尽了杯中酒，说："哥，你以前对我说的（对清室）一时权宜，不忘清室的那些话，言犹在耳，才两年多，你忘了吗？你现在要去北京，要做民国的官，这怎么行呢？太后和皇帝封你太傅衔太保，隆恩殊遇，有清一代，能有几人？！议和之际，你屈从袁氏，已为世人所不谅，今党人已败，你若再为袁效力，盖棺论定，将何以见先太后先皇于地下？"说话时，世光有点儿激动，声音颤抖，头手有点儿摇动，两眼也含着晶莹的泪花，仿佛哥哥此次赴京当的是叛逆的官，是刀山火海，家人将要与他永别。

徐世昌心里很矛盾，他是在家人面前表示过"不做贰臣"的话，可是，如今那种不渝的忠心，却距现实显得那么遥远了，"大清还能死灰复燃吗？果然革命党一统天下了……"徐世昌真怕由革命党来换大清的朝代。他不去表明自己的态度，他不去回答弟弟的问话；他觉得自己想做的事，也许今天弟弟不理解，但长远之后，弟弟还是会理解的，并且还是会赞成的，所以，徐世昌一直默默不语。

世光是敬重哥哥的，话都说完了，也不想再过于为难哥哥，因此，只管自己一杯一杯不声不响地喝酒。兄弟俩直坐到东方发白，徐世昌终于拿出手绢轻轻地抹着泪水。徐世光推去酒杯，默默地走了出去。

徐世昌离开了青岛，坐上去北京的火车，去接受袁大总统给他的国务卿高位。

徐世昌，六十岁了，人还不见老，头发乌黑，双目炯炯，走起路来还有些虎势，然而，在他的精神世界，却蕴藏着无人，也无法探测的秘密。官场太五彩夺目了，但是，官场又太险恶了！徐世昌虽然没有那样的大起大落，他却目睹过形形色色"今嫌纱帽小，明日成囚徒"的景况。

列车在飞奔。

徐世昌的思绪也在飞奔。

在青岛，他是处于"宁为袁夺权，也不让权落孙中山手"的激奋中，拒绝规劝，毅然出山；当坐在飞奔的列车上，他又处于另一种激奋，处于"袁氏天下究竟会是一个什么样的天下？"的迷惑之中。"五十而知天命"，徐世昌已经六十了，六十岁的人应该知道自己的去从了，不会遇事慌慌张张，他是有这个能力的。现在不同，他是去面对一个泱泱大国的兴衰，对待亿万黎民的生死存亡，一失足不是个人的千古恨，而是国家兴亡。徐世昌是个读过圣贤书的人，三岁的娃娃都懂得"国家兴亡，匹夫有责"，难道他这么知书达理的人不懂？！

徐世昌在天津下了火车，他想小住一二日，那里是祖宗生活过的地方，有他的宅院和亲人；天津更有他许多朋友和部下，他想同他们接触一下，听听他们对时局的"高见"。

徐世昌毕竟是内定了的袁政府的"宰相"，虽未公诸于世，世人却大多已知，官场更是人人皆知。他一到天津，直隶省民政长刘若曾就设宴于聚和成饭庄为他接风洗尘，并且邀了严修、华世奎、内务司司长高凌霨等作陪。宴席一派官场应酬，套话奉承话说了一大堆，人人都蒙上了一层面纱——一层装腔作势的面纱。酒过三巡，华世奎有点儿激动了，他捧起杯，站起身，未敬酒先开腔："大哥，你去北京干什么？"

这种明知故问，颇有些责难。徐世昌只是一愣，并没有回话——华世奎是徐世昌的同乡好友，二人又同在翰林院工作多年，且都是庆亲王内阁的协理大臣。袁世凯复出掌了内阁，不再设协理大臣了，华仍留任阁丞，阶为正二品，而徐世昌以军谘大臣帮助内阁总理理政。华世奎看清了袁是对他不信任，便毅然离职，闲居天津。现在，他向徐首先发难了，徐无言以对，原因是，徐确实对华说过，"不做贰臣，不为民国政府效力"的话。

华世奎是个性子爽直的人，见徐世昌无言以对，心有不悦，乘着酒兴，又问："大哥，两年以前，你在北京怎么对我说的，我并没有忘，你怎么忘了呢？现在，你要做姓袁的官去了，这是为什么呢？"华的连连追问，徐只好垂首不答。宴席一度冷清、窘迫。

做东的刘若曾感到难堪，忙站起身，和解似的说："菊帅即便出山，也不过是为国民服务，不算做官。"说话时同时举起杯，又笑着说："来，咱们干杯！"

杯中酒是干了，华世奎却并未作罢，他放下杯时又说："不算做官，这不过是一句冠冕堂皇的话，事实还是为的做官。"

徐世昌感到十分窘迫，再不言语，勉强终席，不欢而散。徐世昌回到家中，还在闷闷不乐地想："这些人为什么对做袁世凯的官那么反感？难道袁世凯比孙中山更坏？"

——华世奎责问徐世昌一事不胫而走，整个天津卫都沸沸扬扬。此刻，高凌霨出于息事，也想向徐献媚，故在人前面后常以"当事人"口气解释说："华璧臣（华世奎号璧臣）的用意不是如此，只是话未说尽即被仲老（刘若曾字仲鲁，故称仲老）岔开。其实，华是想说：'菊老到北京当袁公的宰相，怎么竟忘了我呢？我也要去的呀！'"闻者无不大笑，谴者则说："此乃欲盖弥彰，不圆其说也！"

徐世昌终于到了北京。

徐世昌毕竟是在官场久混的人，知道官场上虚实真假，如何应酬，到京后便给袁世凯上了一封"谢辞书"，故作姿态地说了一通"时艰责重，年衰力绌，钜任难胜"等情，"恳请收回成命"。

袁世凯接到这份"辞呈"之后，先是一惊："徐菊人到北京来了，又不愿任职。果然不愿任职，在青岛不来，一封信不就完了，不必来京，这是为什么？"再看看那份辞呈，竟发现了有此表白："比岁养疴海滨，息影邱樊，世情久已淡忘。"袁世凯明白了，这是徐世昌为自己昔日"矢志效忠清室"的诺言打的掩盖，他淡淡地笑了："前清遗臣，有几个不表过矢志效忠的，那是形式，都当成真的，人还有活路？愚，愚！"再想想，又明白了："这是官场应酬，菊人兄用此术对我，错了！"想着，把墨迹未干的"辞呈"推到一边去，展纸挥笔，作了一则"批复"性的回信，命人"火速送与徐国务卿启"。徐世昌展信一看，见是：

> 时艰事棘，正赖老成硕望，综划全局，用功邦基。所翼宏抒伟谟，克臻郅治，本大总统有厚望焉！

一唱一和，正表明袁、徐多年互为表里之真谛。难怪当年有一媒体一针见血地述道：

> 袁、徐于少年时，原为布衣昆弟之交，而文武殊途，不易趋于辙。适世凯练兵小站，世昌以翰院参戎幕，遂奠合作之始基，自是际会风云，各致通显，外而封圻，内管枢密，地丑德齐，权位相埒，同为亡清之功臣。入民国后，时移势迁，职分亦殊，而彼此于往复呈批中，一再婉转陈词，以示僚属之恭谨，一则情意周浃，不忘故人之礼敬，此皆近代公文书中所罕见者也。

徐世昌于 1915 年 5 月 2 日正式就职政事堂国务卿。

袁世凯请徐世昌出来做国务卿，是要把琐碎政务、官吏黜涉诸事都交由他来主管的，而袁自己，则可集中全力专主外交和对付革命党人，而徐世昌便一举在一人之下，万众之上。于是，他第一步便付诸自己的"施政纲领"，发布一系列政令——然而，人们一看便知，徐世昌所做的，大体上是沿袭了前清旧制，行政、军事、人事、财政、礼制，都袭前不变，其中一条值得玩味：凡文武官吏在清所任大小官职，一律列入履历，与在民国的经历同样视为资历。徐氏大权在握，一声令出，地动山摇：政事堂内之各部院，外之将军、巡抚、按院，一时间皆换成袁、徐之亲信，他们对中央极表服从；加之陆军的段祺瑞，参谋部的陈宧，更是袁、徐的心腹；东三省旧吏纷纷入京，各占要位。徐世昌进入了最是春风得意的岁月。

徐世昌毕竟又是从清室官阶走过来的，他熟悉的，都是旧制，所行所为，无不流露出遗老尾巴。于是，从京城到地方，微词四起，多有责难。徐世昌有些慌神儿，思之再三，也无良策，最后，他决定把政事堂办公室命名为"后乐堂"，亲题匾额，高高挂起，取意于"先天下之忧而忧，后天下之乐而乐"，以示其虽就显位，但不是来做官的！

做了国务卿之后的徐世昌，为了袁的统治，是费尽了心机的，每天按时到设于含和殿后遐瞩楼的政事堂办公，各部公事，一切须经国务卿核准，各部长谒见大总统时，必要国务卿在座。国务卿比大总统还忙。当年一家京报曾作过这样的报道：

> 国务卿之忙冗，实不减于前清兼管部之军机大臣。据可靠消

息，徐相国每日起身甚早，八钟后盥漱洗完毕，至九钟乃至总统府，至十钟入谒总统，议论国事，十一钟到政事堂办公，十二钟午膳，下午二钟休息，至三、五钟再起办公，直继续至十钟前后，日以为常云云。

徐世昌虽然如此鞠躬尽瘁，但袁世凯对政事堂的控制却十分严密，使徐难有所为。徐世昌暗下里对知己们说："往日阁员入阁之初，多所发表，而实质上则多一事不能行。今大乱之后，唯求休息，余既未敢多言，择其可行者行之，不可行者勿行，行而有成效者善也，否者即恶也，视其结果何如耳！会纵讥予无所表见，余决不辞，或者各方面所以必须余出主意，即在此无所表见之中。"徐世昌说的大真话，别人听了他的"无所表见"之论，似乎看透了他"无为而治"的心地，最后，不能不说一句："徐世昌，天下最大的滑头！"

做了国务卿的徐世昌，并没有能够像他表白的那样，"先天下之忧而忧，后天下之乐而乐"，"无为而治"也并非那么容易，就是他自认定的"无忧虑"的袁氏天下，也很不平静。很多预想不到的事，都接踵而至，徐世昌这个"宰相"甚至连"辅佐大总统，还是辅佐新皇帝"也说不清楚。

清帝逊位之后，大权归袁，这是无异议的事。但是，怎么个归法？袁氏内部有分歧：领衔进谏共和的段祺瑞，主张举袁为民主共和总统；而作为袁氏义子的段芝贵，则主张由袁世凯代清称帝。争论不休，他们去找徐世昌。

那时候，徐世昌的内阁协理大臣刚刚"谢去"，军谘大臣的纱帽尚未罩顶，他本来可以推给袁世凯，一了百了。可是，袁世凯的复出是他极力操纵，又是他亲去彰德密谈的，他自信对袁氏的相知，所以，毫不犹豫地表示了态度："民主顺时，姑应取之。"后来，徐世昌把此意见告诉了梁士诒，梁也说他回答得"好！"后来，徐世昌避居青岛时，他的亲信周馥却毫不含糊地对他说："（二次革命平定）从此慰亭得行其志矣！"徐世昌惊讶地问："志者何也？"周说："大位也！"那时候，徐世昌只轻轻地摇摇头，就把此事放到脑后去了。

徐世昌出任国务卿之后，是"顺时民主"还是"即大位"之议，又渐起议论，他不知此风源在何处。袁世凯虽已任大总统，各省革命党反对甚烈，虽屡遭失败而依然前赴后继；袁氏的北洋军内部，也更见裂痕，连冯国璋也不同意帝制。但是，东邻日本却日见活跃，阴谋以帝制为饵，劝袁世凯"天与人归，宜速正大位"。有一天，连载振也打出他父亲奕劻的旗号，劝袁称帝。

对于喧嚣尘上的"帝制"种种，徐世昌半信半疑：他不相信袁世凯要当皇帝，"他是个聪明人，反对帝制，已是国人的共同心愿，当大总统已经够了，何必再冒天下之大不韪呢？"然而，徐世昌也了解袁世凯的另一面，"此人志向极大，大得深不可测。志向大的人未免野心也大，他熟悉皇权，仰慕皇权。九五之尊是比大总统威风，何况还可以世袭，为袁氏子孙闹一个千秋大业，不能不说是一种魔力般的诱惑"。孰是孰非，徐世昌看不准，因而，也无法流露所倾。既然袁世凯把掌国大任都交给他了，他得对得起袁世凯，何况是布衣昆弟之交。徐世昌决定去面见袁世凯，把此事问个清楚。

徐世昌弹冠整衣之后，却又抬不动脚步了。"不必多此一举了。"他心里明白，袁世凯是个十分刚愎自用的人，他想要办的事，没有人能够阻止得了的；他不想做的事，也没有人能把他拖出来去做。何必探什么真假呢？徐世昌就地踱步一阵，终未动身。

徐世昌没有动身，袁世凯的大儿子袁克定一瘸一拐地匆匆来找徐世昌。"徐伯，我想你哩，来看你。"

徐世昌对他笑笑，说："你坐吧。"又说："这些时忙什么了，不见你啦。"

"徐伯，我能忙什么？"袁克定说，"还不全是'家务事'。"

徐世昌笑了，心想："你小子忙什么，我全知道。武昌之役以后，你老子做的事哪一件少了你？迫清帝退位，南北议和，为老子争总统，你积极着呢。是的，是'家务事'，你小子又在忙着老子的帝制了吧？"徐世昌听到风言风语了，知道这小子极热衷帝制。"云台（袁克定字云台），我问问你，这些日子你在做什么？做得怎样了？能对徐伯说说吗？"

"徐伯，看你说的。"袁克定是在徐世昌面前长大的，依旧孩子气很足，"我啥事敢瞒徐伯了？我哪里有那么大的胆子！"

"那好，你来找徐伯啥事？说吧。"

——袁克定是帝制最积极的分子。因为帝制对他利益最大：老子当皇帝了，他当然是太子；老子死了，大位还不得传给他，今天老子争皇帝，其实就是为他争的。昨日深夜，他去拜访奕劻父子（他同载振关系极好），三天前，载振劝袁行帝制，袁世凯有点怒色地摇着手说："你让我做皇帝，你为什么不让你老子做皇帝？"载振说："恐贻宗人笑。"袁说："我不独畏贻旧同僚官笑乎？"载振惭愧而出，他依旧建议克定促其帝制。袁克定虽积极，唯因老爹态度不明，并不敢直言，他知道，老爹是听徐世昌的话的，所以，匆匆跑来见徐。在徐世昌的追问下，袁克定说明了来意，然后说："徐伯，我大爷（袁克定对袁世凯不称爹或父，而是叫大爷）最听你的话，我想，只有你对他说了，他才会下决心，不知徐伯你对这件事什么意见？"

徐世昌听了袁克定的诉说之后，依旧笑着，但却笑得冷呵呵的，半天才说："帝制不帝制，我不阻止，亦不赞成，听诸君好自为之。"说罢，背过身去，任袁克定如何絮叨，他再不说话。

袁克定一见这情形，知道徐世昌不会明白支持他了，又说了些闲话，告退了。

袁克定走了，徐世昌陷入了沉思："袁慰亭要搞帝制，已成公开的秘密，我该怎么办呢？"

袁世凯病了，在中南海居仁堂家中养病——从彰德回来，做了内阁总理大臣，后来做了临时大总统，他都一直住在铁狮子胡同陆军部里，直到不久前清室让出了中南海，袁世凯才搬进居仁堂。袁世凯返京之后，东兴楼发生过爆炸案件；搬进中南海之后又发生了有人朝院中扔炸弹事件（未爆炸），他知道有人想暗算他了，再不出院子，养病也在家中。徐世昌要去探病，他匆匆赶往中南海。

袁世凯的事情太多了，国事、家事、内事、外事，事事缠身；千头万绪的事情当中，当皇帝还是当总统成了最大的事。难哪！不当皇帝，权位不极；要当皇帝，各方掣肘。怎么办呢？袁世凯是人，是血肉之躯。"千愁万愁人自老"——千愁万愁人也自病。他病倒了！

中南海在故宫西侧，明清时和北海并称西苑，也叫西海子，为禁苑。按地域，中南海分为南海、北海和中海，这里原本是金代离宫——万宁宫——所在，元建大都时划入"大内"。园内湖面开阔，殿台楼阁布置有序，是皇家著名的园林。袁世凯把这里作为他的总统府，从此，成为国家最高的权力机关所在，不过，徐世昌进来的时候，整个中南海却静得声息皆无。

袁世凯办公兼卧室的居仁堂，同样静悄悄。徐世昌被领进来的时候，袁世凯正坐在床边，他身旁，除了儿子袁克定之外，还有他的属员袁乃宽。袁世凯见徐世昌进来，忙起身道："菊人兄，你怎么来了？"

"听说你身体不适，我来看看你。"徐世昌说。

"点点小病，何必放在心上。"

"'千里长堤，溃于蚁穴'，病小也小视不得！"

袁世凯笑了，用轻松的口气说："人生不能无疾病，生死殊不自料！以予自问，虽才不足望古并世，似无居予右者。然，任事凡四年，志未尽展，设我去位，代任者虽已预举，其名藏之，然而，其才力或尚逊于予。中国后来安危，正难预卜耳！"说这番话时，袁世凯的神志由轻而沉，双眉也渐渐锁了起来。

徐世昌见状，心里一惊："刚刚还说是小病，怎么一忽儿又惦记起身后事来了，难道他真的知道自己不行了？"徐世昌正想进言劝说安慰，袁乃宽却急急答话，语急如注，明明白白地劝他早立大位，改行帝制。徐世昌不再开口了，因为他对袁克定说过，"不阻止，亦不赞成"的话，现在，还说什么呢？

袁乃宽的话，颇动袁世凯的心，刚刚锁起的眉，仿佛也要舒展开来；面上渐渐露出了笑意。不过，袁世凯还是没有十分乐观。袁乃宽把奉承话、劝进话都说完了，袁世凯倒是沉默了——他没有言语，却把目光转向徐世昌，似乎在问："菊人兄意下如何？"

徐世昌不想说话，也没有话说，他和袁世凯对视一下，便匆匆地垂下头。

袁世凯一见徐世昌垂首不语，便知对此事并不支持。他冷冷地收敛一下思绪，说："这个事情不要再谈它了，也不是一日两日、三言五语说得了的，以后再说吧。"说着，伸了一个懒腰，又打了一个哈欠。

徐世昌明白这是"端茶送客"，便站起身，笑着说："慰亭，你好好静养，改天我再来看你。"

袁世凯也勉强站起身来，说："你的事情多，就不必亲来了，我会让人告诉你病情的，没有多大事。"转脸又对儿子说："克定，你去送送徐伯。"

袁克定站起身，刚要退出送客，袁世凯又说："克定，你徐伯会品茶，昨日湖南一位客人送来两听黄竹白毫，说是茶中极品，我不知好坏，也无品茶兴致，你拿给徐伯吧，无事时，请你徐伯品品。"

徐世昌说："先谢谢美意。再说，我对茶也是门外汉，能品此极品，也算有幸了。"

第十一章
皇帝宰相都是短命鬼

袁世凯没有听从各方劝阻，更不顾及天下人反对，终于于1915年12月12日申令自己登帝位，13日在中南海居仁堂接受百官朝贺，预定于1916年元旦登基。

中国又出现了皇帝——洪宪皇帝袁世凯。

徐世昌病了。

徐世昌已经许多天不进政事堂理事了。他对外说自己患了一种很讨厌的病：全身不适，疲倦无力，每日傍晚和入夜便发低热，睡倒床上出汗，有时衣服浸湿，并有衰竭感，近日加重了，出现咳嗽不止，还咯黏液痰。昨天早晨，一阵咳嗽之后，咯出的痰中还夹带血丝，请医生看看，说他是患了肺结核病。

徐世昌患了肺病，便给袁世凯递了一份辞呈，说明病情，"请准去职治疗"。

袁世凯正是用人之际，徐世昌又同他关系不一般，哪能让他走。于是，派大员去探病，同时退回了"辞呈"，告诉他"好好休息，安心治病"。

袁世凯挽留徐世昌的事，儿子袁克定知道了。许多日子以来，袁克定正因为徐不支持帝制而有点恼恨他，便匆匆走到老爹面前，说："大爷，徐伯既然已经决心愿为清室遗臣，你就成全他吧，何必强人所难！"袁世凯瞪了儿子一眼，本想大声斥他几句，"你懂个屁！"可却没有出口，只挥挥手让他去了。袁世凯明白，争得徐世昌支持他的帝制，且能为帝制效力，等于征服了千军万马！能有徐世昌这个抵得上千军万马的人为他效力，他的帝位才能坐牢！

就在袁世凯极力挽留徐世昌的时候，京城忽然谣言四起，说："段祺瑞将举起义旗，讨伐帝制。"还说"为段氏主谋的，便是袁世凯的'宰相'徐世昌"！袁世凯不相信这个谣言。"段芝泉、徐菊人是我多年知心好友，他们怎么会起来反我呢？果有意见，他们是会善意地面谈的。"然而，他又想："传言不无道理，中南海居仁堂百官朝贺时，不光徐世昌不到，段祺瑞也未到。段祺瑞不来朝贺，说明他不承认、不支持帝制，不支持就要反对。反对——举兵讨伐……"袁世凯有些心惊了："假若段徐合谋反我，比什么敌人都厉害，我肯定斗不过他们。再说，自己人反对我，防不胜防，我不能坐以待毙，我要……"要怎么样？他一时竟想不出对策。无论段祺瑞还是徐世昌，他们都是袁世凯多年来最亲信的人，素来言听计从，唯独在帝制问题上，这两个人都是极端反对的。袁世凯征求过段祺瑞的意见，段祺瑞不仅不表示赞同，连陆军部的班也不去上了，索性躲了起来；袁世凯把徐世昌找到面前，问他"知道外间（对帝制）传言吗"？徐世昌明明知道，却再三摇头。袁世凯颇为动怒地说："外间宣传日久，你哪能不知道呢？"徐世昌也不示弱，大声反驳："知之为知之，不知为不知。"袁世凯再让儿子去试探，他竟说了句"听诸君好自为之"的话。现在好，要养病辞官不干了。袁世凯猛然觉得"段徐联合反帝制"的谣言并非空穴来风。他心跳了，害怕了，不能让老虎躺在身边！袁世凯终于答应了徐世昌"病辞"，并派专人前往慰藉，传过话说："菊人兄就在天津养病吧，一来是我有事可以请教，二来也免得为党人暗算。"

徐世昌离开政事堂了，他亲笔题的《后乐堂》匾额并没有带走。不过，他没有听袁世凯的规劝回天津，而只是回到坐落在东四五条铁匠营自己的北京家中。

袁世凯成为中华帝国的皇帝了，定年号"洪宪"。这一年，袁世凯五十八岁。

黄袍加身的袁世凯，春风得意，昏昏然然，成为称孤道寡的"真龙天子"。昏然了几天之后，忽然对徐世昌这个旧友又怀念起来。相交已久，相助极大，自己成了九五之尊，朋友这个位置怎么安排呢？让他做"洪宪"的官，他肯定不干；让他做"洪宪"的臣民，袁世凯又觉说不过去。闷坐居仁堂好久，总觉得应该给这位"布衣昆弟"点什么冠戴才好，要不，人家不是会说他太负义了吗？给什么呢？思来想去，决定将徐世昌和其他三位"两朝元老"赵尔巽、李经羲和张謇并封为"嵩山四友"。这是什么样的待遇？各有说法：袁世凯在加封的申令上说"自古创业之主，类皆眷怀故旧，略分言情。布衣昆季之欢，太白客星之奏"，似乎表明是"其喻予怀"的。赵、李、张三人则默不作声，但也不领封，更不"谢恩"；徐世昌十分冷漠地对他人说："所谓'嵩山四友'，即永不叙用之意。"所以，他也推谢了。大约是袁世凯觉得"赏赐"低了，对不起朋友，加封申令之后，又由政事堂颁布优礼诸条，免"嵩山四友"称臣跪拜；赏乘期舆，至内宫换乘肩舆；皇帝临朝时，四友在勤政等殿，得设矮几以坐；每人年赏金两万元；赏各种朝服，等等。徐世昌一切都淡然，推谢不变，回到铁匠营家中，便自题"谈风月馆"一匾，悬于书斋，下决心赋闲，不问政治。

徐世昌的东四五条铁匠营私宅，是唐绍仪以重价购置，并进行了华丽装饰之后赠送给徐世昌的，是为了报答这位东三省总督任上"关照"他这位巡抚的酬谢，也是为向这位盟兄献殷勤的表示，这是一座上等的北京四合院。徐世昌挂出了"谈风月馆"的匾额即是向世人告诫：我这里只谈风花雪月了，志同者欢迎，恕不接待政客！徐世昌历来以"文人"自居，功名之外，素以诗文风雅为点缀。他的字写得还可以，最早作馆阁书体，中年写苏黄，平生最厌碑文体，从不临摹；想习画，却一直不入门。他很喜欢置瓷藏砚，尤喜收藏端砚，之外，还常常和友人一起吟诗著文，有一大群诗文朋友。

说起徐氏的学问，仔细品来，却也平平。时人评他：只学了点俗学，对于正儿八经的儒文却研究不深；少年时只学了点八比试帖小楷，很少习学律赋，只能写些四六排偶，为贺吊笺启，后来入了翰林院，才开始读研点古近体诗。他有一位所谓的诗友叫徐花农，杭州人，曾对人谈起徐的诗文，只用了五个字——"拙俗不足道"。他在翰林院将近十年，绝无文诗誉乡人。当时的人把翰林院的编修分列为八红八黑（红者有才学之士，黑者是拙俗之辈），徐世昌则是八黑之一。到奉天做了总督，章疏文牍也都是僚属所稿，偶尔与文友和诗对联，大多是庸浅仅能谐韵。

徐世昌在自己的"谈风月馆"没有等到文友来同他谈风说月，第一个来访的，却是武将之首的段祺瑞。段祺瑞微服简从，叩开铁匠营徐宅大门时，竟被内侍阻拦；徐世昌不得已出迎时，却不认识了。"芝泉，你怎么这个模样了？"

段祺瑞说："菊帅印象中的芝泉是个武夫。现在，无兵领了，成了平民百姓，连故人也不相识了。"二人相对笑了。

徐世昌和段祺瑞，是被时人称为袁世凯的"文武膀臂"的。但是，帝制议起，这两个人都和袁离心离德了：段祺瑞放着陆军总长不干，到西山"休息"了，徐世昌以"肺病"辞退了国务卿，现在，这两个人都算"在野"了。大约是出于"灵犀相通"，在野的陆军总长才匆匆赶来拜访在野的政事堂国务卿。二人对坐，香茶应酬，似乎都有许多话要说，但却又都不开口——比徐世昌小了整整十岁的段祺瑞，自从1896年被袁世凯从北洋军械局调到天津小站新建陆军任炮队统带兼随营学堂监督起，就跟袁世凯结下了生死之缘，并且随着袁的"水涨"在"船高"，被称为袁世凯手下龙虎狗"三杰"中的"虎"杰。袁保举了他，他为袁立下过汗马功劳，远的不说，武昌之役以后，他就为袁的复出、夺位立了奇功。武昌起义，他被朝廷从江苏江浦江北提督加侍郎任上调回北京，任第二军军统、署湖广总督兼任第一军军统又兼领湖北前线各军，让他去平息"武昌之乱"。可他，为了袁世凯的复出，就是按兵不动，这就为袁取得内阁总理大臣立了功劳；1912年1月，又是段祺瑞领衔率北洋四十二名将领联名电请清帝退位，实行共和，又为袁夺总统大位立了功劳；袁世凯在镇压"二次革命"中，又是段祺瑞为他打了先锋，袁世凯没有忘了他，"二次革命"之后，便让他署理湖北都督兼领河南都督；1914年6月又授予将军府建威上将军兼管将军府事务。此刻，袁世凯梦般地醒悟了，觉得段军权太大了，他将无法控制，于是，将军府之外，袁世凯又成立一个以自己为首的"海陆军大元帅统率办事处"，把陆军大权收到自己手中。段祺瑞失宠了，他只是袁氏"海陆军大元帅统率办事处"的一个办事员，他心里凉了。袁世凯大肆活动帝制，使军权旁落的段祺瑞十分反感，因而，便借故"有病"不理军事，其境况，和徐世昌有极其相似处。

"芝泉，"徐世昌以主人身份先开了腔，"这一段身体还好吧？"

"一身轻了，百病皆无。"段祺瑞微笑。

"西山是个好地方，我也想到那里去住住。"徐世昌捧起茶，没有喝，忽然想叙说西山之美了，"听说是三面青峰环抱，南面敞向平原，林木茂密，野草清香，奇石嶙峋，泉水清清，还有八座古庙分布在翠微、平坡、卢师三山之间，真是个诱人的地方！"

段祺瑞笑了："'天下名山僧占多！'和尚们都会享清福，我也想当和尚。"

"只怕你的尘缘未了，还需享几日官场上的福吧。"

"离开皇帝了，我再也不愿对谁'三呼万岁'了！"

徐世昌知道"文章"已经进入了"主题"，且二人又是"同病相怜"，便毫不忌讳地说："项城不听劝阻，决心帝制，是走了一着错棋，我看，他会因此一败涂地的。所以，我宁愿步你的后尘……"

"菊帅，你是项城的'宰相'，一人之下万人之上，只有你影响我辈，你怎么会步我的后尘呢？"

"怕什么？大不了'永不叙用'。"徐世昌说，"我已领教了，恩封为'嵩山四友'，且年赏金两万！据此，看来是不会株连你什么大事了。"

"高官厚禄都不要了，还剩一条小命，我也不怕了。"说着，仰面一笑。笑后又说："菊帅，我来找你，是有心事……"

"请直说。"

"我不为我自己担心，我为项城担心。"段祺瑞很坦率，"帝制是不可为的，无论世界潮流，无论国人人心所向，帝制都是逆流。我们同袁项城毕竟都是多年至交，回避得一时，不能回避得了根本问题。"

"你的意思……"

"还得劝。"

"有用吗？"徐世昌说，"已成事实，挽回已不可能。"

"只怕凶多吉少。"

"那是咎由自取！"

"痛心也在于此。"段祺瑞说，"我们总不能眼睁睁看着他这样走下去。"

徐世昌自然忘不了昔日的提携关照，忘不了昔日的情深意笃。他点着头说："也许有一天他会猛醒，他能听进去善言。"

"我也这样想。到那一日，我们还是朋友，还是得要相依相靠！"徐世昌微微点头。

段祺瑞又坐了片刻，告辞了，徐世昌送到门外，点头分手。

——段祺瑞的突然来访，并不突然，他和徐世昌先后离开袁世凯，其实，都是做做样子。段祺瑞因军权被削，借故抵制帝制，躲进西山，他心里对袁不满。此番主动来到徐府，初衷却是联徐继续抵制袁，让袁知道"孤家寡人是不好做的"。走在路上，他又动摇了，他觉得袁世凯待他还是比别的人厚，所以，他来了个急转弯，表露出继续支持袁。

徐世昌跟袁世凯并无削权的纠葛。徐的谢辞国务卿，完全是怕帝制影响。段祺瑞的到来和他所表的态度，先是令徐心惊，他以为他是来约他反帝反袁的，那样，他将婉言谢绝，及至听了段的表白，心中又惊，段依旧保袁。"帝制人心不顺，只怕劳而无功，会落得半世臭名。"他想推辞，但又碍于情面，只好说个"也有一天"的模棱两可的话。段祺瑞走了，徐世昌还在想："难道这个段合肥是为袁的未来担心而来的？他到底为了什么呢？军权、政权……"徐世昌展不开眉，就地踱着步子。好久，终于将此事放下了："明儿'谈风月馆'有个诗会，我还是准备章句吧！"

当了洪宪皇帝的袁世凯，并不能以他的极权在国中发号施令。而且，举国上下，反帝护国、反袁护国运动，一夜间便形成大势；同时，袁世凯认为是可靠力量的自己人，如四川督军陈宧、湖南督军汤芗铭等竟然宣布独立了，并且还发出了"讨袁通电"。树未倒，猢狲就散了！袁世凯知道帝制不行了，匆匆宣布"撤销帝制"，还当他的大总统——袁世凯只当了八十三天的洪宪皇帝，便自生自灭了。这是 1916 年 3 月 22 日，北京城正是冬去未去，春来未来之际，但北京人却觉得冬去了，春来了！

八十三天皇帝梦，使袁世凯的头脑猛然清醒了，他觉得真正同他贴心的，还是徐世昌，还是段祺瑞。于是，在宣布撤销帝制的当天，便恢复了徐世昌国务卿职和段祺瑞陆军总长职。

徐世昌是因为"不同意帝制"而离开国务卿位置的，现在，袁世凯撤销帝制了，徐世昌自然不再在铁匠营"谈风说月"了，他装束一番——辛亥之后，徐世昌是最早剪去发辫的，并且率先穿起了燕尾服，革履行杖，连宴客都是食西餐、奏西乐，俨然以新派自居，老官僚们见了，还以为他是新党呢！——匆匆回到政事堂，又去忙他的"国务"。

徐世昌是没有参与帝制的，落得一身干净，一片美誉，因而，复任国务卿，也是最有资格、理所当然的事情。此刻，袁世凯不当皇帝了，但护国运动仍然高潮迭起，徐世昌想以他的身份和威望从中调解，他哪里知道，不仅北洋各派不支持他，更遭到反袁势力的反对。徐世昌此刻才知，"今天的国务卿比往日的国务卿更难当了"。他坐在政事堂焦急起来。就在他焦急不安之际，与他交往甚深，又同是"嵩山四友"之一的张謇，从原籍南通给他发来一封电报，一语点破了他焦急之症结：

> 公于帝论勃兴之时，洁身而退，及睹时局颠危，慨然出山，取
> 消帝制自任以天之重，风谊卓然，谁不钦仰。夫今日海内，洹上故
> 旧，缔交最久，相信尤深，故公之爱洹上也，自较下走为尤挚。

帝制取消，但是，护国反袁运动却依旧风起云涌，独立之风也越刮越凶。袁世凯发愁了，他闷在居仁堂，终日不言不语，心中愤愤地想："你们不是不同意帝制嘛，我把帝制取消了，大总统可是你们选的呀，你们还要'护国'，到底又护的什么国？"徐世昌也发愁，他在政事堂同样终日不语。一个月前，国人还把他比作东汉时的严光，说他宁可不做"谏议大夫"也要隐于"富春山"。而今，他不是又回来了嘛，依旧是袁世凯的支柱，国人自然另有评说。徐世昌不怕评说，他怕诸方诸事不能妥帖，怕再出乱子。徐世昌仍想为袁氏天下效力，他想把实力握紧，以应付危局。

徐世昌第一个想到的人是段祺瑞，他放心地点点头。段祺瑞铁匠营的一席谈话，表明他对袁的不渝忠心，而今，袁世凯又把陆军部交还他了，可以放心。他想到的第二个人是冯国璋。虽然在"北洋三杰"之中他只排第三——狗，但是，守户还是少不了的，何况，他现任着江苏督军，手下有一支强劲之旅，前年收复被张勋失去的南京就是他。徐世昌想："如果此人也能同段一样对袁忠心不贰，就不怕天下之乱了。"于是，徐世昌复职当日，即给冯国璋发去一封急电：

> 元首（指袁世凯）以息事宁人为念，取消帝制，若有不体此
> 意，恣谋独立者，皆自绝生成，应予诛伐。而我同袍亦应努力同心
> 共卫中央。

徐世昌虽然心机费尽，袁氏天下依旧乱成一团：云南蔡锷起义，已是燎原之势；陈宧、汤芗铭的川、湘独立，影响整个大西南；未几，贵州也叛了，川军刘存厚也叛了。北京派遣曹锟、张敬尧、冯玉祥等征讨，胜负互见，效果不大；陆荣廷请命讨滇，结果竟然反戈打起袁世凯的龙觐光来了……时局千疮百疾，徐世昌束手无策了。他不得不匆匆赶到中南海居仁

堂，见了袁世凯，涕泪交流地说："慰亭，请你原谅大哥无能吧，目下之乱，我实在是平定无术了，但请辞退。"袁世凯也看到时局之严重，原本打算率亲兵南征，但又恐顾此失彼。现在，"相国"又要辞去，如此乱局可如何办呢？他锁眉半日，才说："局势如此，你们皆可一走了之，我呢？我向哪里去呢？"

望着袁世凯那副忧伤凄楚的样子，徐世昌心软了："是的，大家都走了，袁慰亭怎么办？"沉默片刻，说："我并不想一走了之，实在是指挥调度无所能。目前前沿各将，大多为芝泉所部，我想，若能让芝泉以陆长兼组内阁，冀平南乱，恐不为难。"

袁世凯想了想，也是再无他途了，便点点头，"只得如此了"。于是，徐世昌在复任国务卿仅仅三十天，便又谢了职。

不过，袁世凯虽然公布了由段祺瑞组阁，段祺瑞却并未走马上任，他怕袁世凯再设一个圈套，令他无退路。又是一个晚上，他再到铁匠营。徐世昌见段祺瑞与前次判若两人，便知袁世凯翻云覆雨在他心上的影响，于是说："时局亟宜收拾，慰亭再无他意，芝泉应速速就职，力挽时艰。"

段祺瑞说："菊帅把大任让芝泉了，芝泉自应为知己两肋插刀。可是，芝泉也甚盼菊帅能够不离内阁，我也好随时聆教。"

徐世昌摇着头说："不在其位，不谋其政了。何况，凭你芝泉之才干，何虑局势不能平定。我在你身旁，反而掣肘，加之多病在身，我也想好好休养了。"停了片刻，又说："芝泉此番就任内阁，务必切记，北洋团体不可涣散。北洋团体之固，才能保慰亭威信，才能释民党夙嫌！一旦北洋分裂了，慰亭和我们都会窘迫。"

"菊帅教诲，芝泉都记下了。"段祺瑞说，"日后遇到疑难，我将及时前来聆教。"

徐世昌未表可否，心里却想："我将迅速离京了，再来也找不着了。"果然，国务卿位置让给段祺瑞之后，徐世昌的铁匠营私宅便再不开门。徐世昌再次谢任回到家中，他真想永不入仕，苦守田园了。官场已冷了，他自己又无奇嗜好，连饮食也从不计较，更注意节欲。因为没有儿子，他纳过两房小妾，但仍无子嗣，家人再劝其纳妾，他便摇头拒绝了。这次回到家，他想守着家人安度晚年。

回家的这天晚上，徐世昌和家人一起吃了晚饭——这是许多年没有的团聚了，他因为工作忙，总是单独就餐——特别把妻妾和女儿留下来，对他们说："今天气候很宜人，月亮也好，咱们谈谈家常话好不好？"

连饭都不常在一起吃，家人畅谈的时间当然更少，情感上似乎也疏远了，能有这个相聚的机会，大家当然高兴。首先是小妾沈蓉拍着巴掌响应："好，好！一家人总得高高兴兴过日子，终天默不作声，就像谁欠谁二百钱似的，我早憋得肚子鼓了！"

夫人陈氏是位贤淑的东方女性，平时少语，见丈夫心地轻松、欢快，也说："老爷不做官了，往后谈心的日子多呢，把憋在肚里的话都说出来吧，免得以后憋成病了。"

刚刚十岁的女儿徐蕙拍着小手说："天天赏月，天天谈心，多好呀！"

徐世昌平生做人沉沉默默，从无疾言遽色，连句玩笑话也不爱说，终日严肃着脸膛，沉迟的目光，仿佛有万重心事压在心头，即便家人、随员有做错事的，他也从不责骂一句。现在，是他主动提出要同家人赏月谈心，自然要改变态度。于是，微笑着说："家人团聚，谈心就是谈心里高兴的事，可不能作为'出气'谈心。心里有气的，可以另选场合谈，我不做霸主，什么都可以谈。"说得大家都点头微笑。

久不相聚谈心的家人，一旦聚在一起，要谈心了，还多不习惯呢。再说，从何谈起？谁心里也没有数。几句话之后，相聚的家人竟都沉默了。月光如霜，轻风徐徐；树梢摇曳，竹影晃动，四合院中静悄悄，小餐厅里静悄悄，静悄得令人烦躁不安。徐世昌此刻才醒悟：家庭的欢快也并非那么容易寻求的。他也感到窒息，感到烦躁。于是，笑着说："沉默地生活日久了，一下子打破，并不那么容易，以后慢慢改变吧。"

一家之主摆出一副"罢战息兵"之态，大家都觉得挺不舒服。多么难得的机会呀，怎么一声不响便去了，以后怎么再聚？！还是沈蓉壮着胆子开了腔："这么好的月光，不赏多可惜！全家人拢在一起了，怎么能没话说呢？我先出个题，请大家做做文章，不就活跃了。"

"出题，做文章？"徐世昌摇摇手，"罢了，罢了。搞那种儒气沉沉的气氛做什么。"

"我的题还没有出出来，老爷便说'儒气沉沉'，你怎么知道我出儒气的题？"沈蓉不服气地说。

沈蓉自嫁到徐家之后，便和另一位小妾一起开了个家塾，请了名儒，而今，诗词文章也都精通不少。徐世昌还以为她想趁机露露才华呢，一听她反驳，便又说："好好，我倒要领教一番你那个不儒气的题目。"

沈蓉理了理垂在额前的刘海，说："我的第一个题是：咱们徐宅当前最大、最该办的事情是什么？请大家都说说。"

这倒是一个看来实在又大得无边无际的问题，连徐世昌也有点瞠目结舌。大家沉思一阵子，先后开口，有说卸官以后归乡的，也有说雇人在京经商的，也有说去海滨青岛养老的，也有说去辉县养牛的，也有说全家出动游山玩水的……沈蓉一个个地都摇头否认。

徐世昌笑了。"主考官大人出了个偏题，众学子无法应答，甘愿退场，是不是请主考官把答案透露一二？"沈蓉笑了。"这也算不得偏题，人人心上都有，只是不愿明白说罢了。"

"你说嘛！"

"很简单，"沈蓉站起身来，清清嗓子，说，"咱们宅上当前最大的事就是少个儿子！该怎么办？大家可以想办法了。"

一说此事，全家人都沉默了。是的，徐世昌一妻二妾只生了两个女儿，后继无人，可不是一门中最大的事！可是，徐世昌生性孤僻，厌于纳妾，虽早有人提，他却一再拒绝。现在，这个爱妾又提出来了，他还是一如既往，立刻摇手："罢啦，罢啦！小蓉的这片苦心，我领了，我谢谢你。纳妾生儿的事，再别提它了，没有再提的必要。现在，普天下都在民主共和，女性地位同时提高，不久之后，男女便会同权，我想，我的女儿们一个个都会有出息的。有别的话题就说，没有别的话题就各自回房休息。"

一场难得的家人团聚，就这样草草结束了，但是，所有的人心上都压着一块石头。中国毕竟是中国，"不孝有三，无后为大"的思想笼罩着千千万万的家庭——包括皇室、宗亲、文武百官，徐世昌不是不想，而是诸多比家事更大的事压着他，使他无暇去办这事。

纳妾生儿的事放下了，徐世昌倒是决定了另一件事：率领全家离开北京，移居河南辉县。

第十二章

他要做和平鸽

回到河南辉县的徐世昌，行囊尚未打开，即接到袁世凯飞电："病笃，速来京！"

袁世凯病了。帝制失败，使他愁愤致疾，一病不起，他要召这位布衣昆弟交代后事了。

徐世昌连夜返回北京，直奔居仁堂。

北京中南海的居仁堂，静悄悄，那些侍卫也仿佛全是泥塑木雕一般，树木花草也纹丝儿不动。徐世昌迈着沉重的脚步走上楼去，走向袁世凯的卧室。

几位医生正在为袁世凯诊断，陪视的家人和官员垂首立在一侧。徐世昌进来，大家都把目光投向他，不约而同地喊一声"菊帅！"徐世昌走近病床，俯下身去，轻轻地叫一声："慰亭。"

袁世凯睁开疲惫的双眼，看见是徐世昌，精神一振，想坐起，徐世昌忙用手按扶他："别动！"袁世凯深深地叹息一声，微微地把目闭上，片刻之后，又睁开眼，然后伸出手朝着众人挥了挥，示意他们出去！

家人和官员们都退出去了，最后，医生也退出去了。袁世凯伸出双手，紧紧握住徐世昌的手，只顾摇晃，一语不出；徐世昌也紧紧握住他的手。袁世凯的眼角，汩汩地流出两行泪水。徐世昌也感到眼角湿润。

好久好久，袁世凯才睁开泪眼，上气不接下气地说："不听兄言，致有今日。"

徐世昌知道袁世凯这病不轻，一边劝慰，一边询问："慰亭，这里就咱哥俩了，有什么要说的，请直说，相信大哥会办好。"

袁世凯微微点首，静静神，才说："菊人兄，多拜托了。国事任宋卿（黎元洪字宋卿）和芝泉为之，唯家事，恐儿子辈处分不当，敢以托兄，并请兄主持我的丧事。"说罢，又闭上眼睛，泪水激流。

徐世昌握着袁世凯的手，只管点头——徐世昌跟袁世凯的关系太不一般了，别看他平时对家人和朋友无疾言遽色，但对袁世凯的儿子们却庄严教诫，一本正经；袁克定等晚辈虽然都举止骄恣，狂荡无度，唯对徐世昌执礼甚恭。袁家事无巨细，多求教于他，他也总是知无不言。上一年，袁世凯的二儿子克文南游，一次费洋近六十万，气得徐世昌操杖叩其胫，袁克文只得老老实实跪地认罪。所以，袁世凯弥留之际竟向他"托孤"。徐世昌答应了袁世凯。袁世凯欣慰地点点头，闭上眼睛再不说话。

反袁运动此伏彼起，独立之省，从南到北。袁世凯病情日渐加重，种种坏消息却不管他病不病接踵传来。当他听到他的亲信陈宧、陈裕时和汤芗铭也背他而去时，痛心疾首，大声呼叫，口吐鲜血而死。这是 1916 年 6 月 6 日晨 6 时，袁世凯时年五十八岁。

袁世凯的葬仪是由徐世昌主持的，此时，黎元洪继任大总统，段祺瑞任国务院总理。由国务院拨款五十万银圆为治丧费，按照帝王殡殓仪式通令文武机关下半旗二十七天，文武官吏及军队服丧（臂围黑纱），并停止宴会二十七天，停止民间音乐、演戏七天。最后，将他安葬在河南彰德洹上村。袁世凯的丧事办完之后，徐世昌再不想到北京去了，他觉得那里是一片特别"严寒"的地带。"像袁慰亭这样呼风唤雨的人物，最后都会丧生在风狂雨骤之中，我辈又能如何？！"他回到了辉县，回到了百泉山下那片有竹有水的村庄。卫诗"瞻彼淇奥，绿竹猗猗"，咏歌水竹之盛，却皆擅其胜。他在那里移渠辟涂，建桥浚池，造屋盖舍，自命村名为"水竹村"，自撰雅号曰"水竹村人"，还自镌了一枚蓝田玉的闲章，铭文为"芒鞋布袜从今始"，表示要在这片田野里永做布衣百姓了。这时，徐世昌已经六十二岁。

——在中国近现代的军队史上，有一支很奇特的军队，它不是以国家、政权或领袖人物命名，而是以它的组织者官衔命名，那就是北洋军。

北洋军是以袁世凯任直隶总督兼北洋大臣时，在北京设练兵处编成的六镇军队。在这之前，袁世凯奉命在天津小站编练新军，成立武卫右军总部。袁世凯升任直隶总督（1902年）后，将这支军队编为常备军一镇，有步兵队十二营，炮队两营，马队四营，工程、辎重各一营，共有近二万人；次年，袁世凯又奏请成立"京旗常备军"，并且编为六个镇，六镇首领皆出自小站，这便形成了以袁世凯为首的北洋军阀集团。段祺瑞、冯国璋、曹锟、吴佩孚、孙传芳等领兵将领都是袁世凯一脉相承的骨干，他们把持中央，割据地方；再后来，便形成了以段祺瑞为首的皖系军阀集团，以冯国璋、曹锟为首的直系军阀集团；大盗张作霖在东北被招安之后，势力渐大，又形成了奉系军阀集团，加入北洋系列，其他将领便围绕这三大派进进出出。袁世凯健在时，无论皖直还是奉，他们都是一个"祖宗"，谁也不敢放肆；袁世凯死了，群龙无首，为争霸主，搅扰政坛，一时间风云迭起，战火纷飞！

徐世昌是袁世凯的布衣昆弟，从小站练兵起，便是袁世凯的得力助手，人称军师，在北洋集团中，享有极高威信。袁世凯死了，徐世昌成了北洋集团"影子"领袖——他不参与任何一派，也不左右任何一派，但任何一派都奉他为神明。这就使得我们的故事有了丰富的"续篇"。

袁世凯死后，继任大总统的是黎元洪，段祺瑞是内阁总理。黎元洪，字宋卿，湖北黄陂人，北洋水师学堂毕业，随德国教官在湖北训练新军，由管带、统带擢升二十一混成旅统领，武昌起义后被迫出任军政府鄂军大都督，南京临时政府成立时当选为副总统，袁世凯篡政后，他伙同袁一起镇压革命党。1914年袁世凯解散国会，设参政院，他被任命为院长（议长），袁死后，黎由副总统升任大总统。在北洋集团看来，黎元洪只能算是一个无名小辈，武昌地利给了他发迹的条件，使他当上了总统。但是，一贯自命北洋主将、袁世凯最贴心的人段祺瑞，何尝把他放在眼中，搭班不久，黎元洪的总统府便和段祺瑞的国务院发生了矛盾，而且裂痕愈来愈大。到了1916年11月，矛盾激化了，"府、院"将要发生一场激战——

内务总长孙洪伊，为黎之亲信，以阁员身份在总统府指挥一切；国务院秘书长徐树铮，为"合肥魂"，本来就附段瞧不起黎元洪，哪里容得下孙洪伊指手画脚，正预谋除掉孙。此时，京中发生一件事：中国银行为兑现，借到美金五百万元，言明按九一交款，未与五国银行团商量。这件事被孙洪伊漏泄传了出去，报纸一发表，五国银行团来函抗议。这样，原先中国银行票价仅四五折左右，消息一泄，票价涨到八折以上，金融市场顷刻大乱。徐树铮得到情报，立即大肆宣扬，说："孙洪伊先以贱价收买中票，利用泄密涨价借获厚利，损公利己。"段祺瑞便认定此人不能共事，"去孙之意甚决"。因为这件事，徐树铮和孙洪伊在阁议时互相冲突，大闹一场。问题摆到大总统黎元洪面前了，黎元洪犯了愁。此刻，他想起了清闲在辉县的徐世昌："菊帅德高望重，只有请他出来调解，方能息事。"

黎元洪把现任着京汉铁路局副局长的徐世昌的堂弟徐世章找到面前，说明了"府院矛盾"和徐孙冲突之后，说："新政刚建，府院不和，怎能理事治国呢？烦请阁下去辉县，请菊帅出面调停，平息冲突，安心理政。"

徐世章怕请不出堂兄，于是说："家兄离京，只为清静，恐怕他懒理政务了，何况是纷争。"

黎元洪苦求似的说："事态严峻，务请细说，我想，菊帅不会袖手旁观的，带去我的恳切请求，务请菊帅来京调停。"徐世章去辉县了……

回到辉县水竹村的徐世昌，并没有"芒鞋布袜从今始"，他的心没有平静下来。说实在的，他不甘心这样离开官场，他觉得他的官运还长着呢！"袁世凯是死了，天下已属北洋派，能够左右北洋派的并无几人，我还算一份！"他知道，他不属于段祺瑞的皖系，也不属于冯国璋的直系；他虽然做过东三省总督，但张作霖却不是他的嫡属，他更不算奉系。不过，无论是皖系的段祺瑞、直系的冯国璋还是奉系的张作霖，谁都敬重他徐世昌几分，他徐世昌在紧要时刻还是可以说出有分量的话，他们还得听从！

正在徐世昌心绪飘飘然的时候，堂弟世章来了，他有点惊讶："你，你怎么来了？"

徐世章笑笑，把黎元洪的亲笔信拿出来，一边交给堂兄，一边说："五哥，黄陂的日子不好过，收拾不了啦，请你帮帮他。"

"我？！……"徐世昌匆匆看完了信，把信放下，淡淡地一笑。"段芝泉怎么会听黎宋卿的。当初慰亭就安排错了。我去北京，芝泉会听我的吗？再说，这两人的关系，究竟孰是孰非，也难判得准呀！"他来回踱着步子，把头也垂了下来。见堂兄犹豫不决，徐世章又说："五哥，据我所判断，此事十有八九芝泉有责。"

"为什么？"徐世昌问。

"请你想想，黄陂这个总统，是各方形势把他促上去的。凭实力，谁也争不过段芝泉，袁项城死了，段芝泉老子天下第一，他怎么会把黄陂放在眼里；加上身边有个唯恐天下不乱的徐树铮，他们会不向黄陂发难？！"

"孙洪伊也不该把借款的事漏出去，这不是授人以把柄嘛。"

"漏泄借款故属不该，"徐世章说，"要说孙洪伊借机抬价，以饱私囊，恐怕是言过其实，或是欲加之罪了。"

"你的意见呢？"

"从中调停，各自让步。"

"各打四十大板？"徐世昌说，"只怕黄陂答应，合肥也不会答应。"

"五哥这点影响还是有的。"徐世章说，"合肥还能不给五哥这个面子？"

徐世昌点点头。"好，那我就去京城一趟。"

徐世昌动身的时候又犹豫了。"段祺瑞万一有恃无恐，不听调停怎么办？"徐世昌是了解段祺瑞的，此人常常以实力论优劣。他徐世昌虽有影响，却并无实力做后盾，说话有分量吗？思索许久，他决定借助直系势力扩大一点影响，为自己撑撑腰。从辉县动身前，徐世昌给曹锟发了个急电，说进京途中去保定"拜见珊帅"。

此时的曹锟，正是春风得意：他不仅被袁世凯晋封为一等伯爵，虎威将军，还任直隶督军，成为北方一霸，正要笼络人心的时候，接到他所崇敬的徐世昌的电报，便决定在保定隆重欢迎这位北洋军的军师。

保定车站，一片欢腾。戎装整齐的曹锟，站在排列整齐的队伍面前，敬候着徐世昌专车的到来。

专车抵站，鼓乐齐鸣。曹锟迎上车去，执弟子礼于徐世昌，一边深深鞠躬，一边说："仲珊（曹锟字仲珊）恭迎老师！"

"仲珊，仲珊！"徐世昌忙站起，双手去扶，"你我至交，何必如此！"

"老师光临保定，仲珊十分荣幸，站下已列队敬候，请老师下车阅兵。"

徐世昌正盼着直系能够为他壮壮胆子，提高身价，一听说要他下车阅兵，欣喜若狂。可是，在他站起身要下车时，还是说："仲珊，不必打扰弟兄们了吧，大家都十分辛苦，我也不便久留，免了吧。"

"队伍已集齐，只需老师一见，并不费时，还是请老师赏光吧。"

徐世昌终于走下车来，走向那队列好的队伍……

阅兵完了，曹锟陪徐世昌上了检阅台，把徐世昌向他的官兵做了完全溢美的履历介绍，然后，大声说："徐公历官中外，文武兼资，道德文章，冠冕群伦。愿率袍泽，追随徐公之后，为民国造福！"

讲毕，带头鼓起掌来，一时间，台上台下，掌声震天，欢声震天，好不热闹！

阅兵完了，徐世昌又被请到密室，说是宴请，其实是一场密谈……

徐世昌到北京，更是一番隆重：黎元洪率总统府全体，段祺瑞率国务院全体，再加上军人、商民、新旧党成员，北京简直是倾城而动；徐世昌俨然成了天神！徐到京后，即马不停蹄进入调解。

——对于北京的"府院之争"，在辉县动身时，徐世昌便有个调解"初稿"，他想见黎元洪时提醒他"身边有非人"，自应注意；见段祺瑞时，告诉他"对事太自信"，容易破情感。"如果大家都循此不改，必致病国。"然后再建议对孙洪伊和徐树铮的处置问题。

那一日，盛大的欢迎仪式之后，徐世昌便先进了总统府，以超然的口气对黎元洪说："宋卿，你居高位了，心态也应高，一切都要以国事为重，再说，还要记住，万万不可轻信非人之蛊惑。此次矛盾挑起，虽然徐树铮有扩大事态之举，孙洪伊也确有弊处，你应该先对孙有个态度，而后我也好去见芝泉。"

"菊帅所言极是，我已注意到了。"黎元洪说，"只是这态度……"

徐世昌是黎元洪请来调解矛盾的，他自然愿意听他的"调解"意见。

徐世昌本来想表明个意见："调孙洪伊去农商部，总统府事不须过问了。"可是，话到嘴边又收回去了，他怕这个意见段祺瑞不答应，果然那样，自己岂不没有退步了。于是说："态度，可以再商量，我只想问你，你对徐树铮意见如何？"

黎元洪心里一动："徐菊人果然滑头，做事缜密。"于是说："徐树铮，菊帅不是不知的，有言说他是'合肥魂''小扇子军师'，左右着芝泉一切，是个惯于搬弄是非的人，我看，大用不得。"

徐世昌又去国务院见段祺瑞，对他说："芝泉，慰亭是做了一件欠妥当的事，临去不该把人事做了这样的安排。但我想，他也有他的难处，黎宋卿副总统，是南北方共举的，法条又有明文，当该他继任……"

"菊帅，"段祺瑞不等他把话说完，便开了口，"芝泉从无争位之念，一切均以国事为重，甘心做好国务工作。"

徐世昌知道段祺瑞说的假话，北洋之天下，袁世凯殁了，最有资格掌大权的，就是他段祺瑞。原先，袁世凯也有意图，想让他当大总统——袁对徐说过。但是，帝制自为之后，国人反袁浪高，袁世凯怕事态扩大，才不得不"依法"让黎继任大总统。这样一个决定，段祺瑞是不服的，任国务总理也是勉为的。徐世昌虽然出京了，京中事他还是了如指掌的：段祺瑞做了国务总理之后，常常越权办事，根本就不把黎元洪这个大总统放在心上。现在，徐世昌怎么信他"甘心做好国务工作"呢？不过，徐世昌是不愿戳破这层纸的，他还是说："这我相信。我和芝泉相处并非一日了，怎么能不了解你呢？我只是说，有些事虽然合法了，但却不合情，也不合理，望你看待这些不合情、不合理之事时，要心胸放远。要知道那是暂时的，是会变的。"

段祺瑞跟徐世昌相处有些年头了，但并不相知，他觉得此人太腐，呆气太足，处事又太圆滑，不敢升落，只是由于袁世凯的关系，他不得不敬重他。现在，徐世昌以"调人"身份来京，段祺瑞本想给他点压力，通过他给黎元洪点眼色看看，一件意外的事使他吃惊：曹锟如此隆重在保定招待他，说明这个书呆子背后不空虚，他的意见还得当成分量对待。于是，甚表谦虚地说："菊帅所言极是，芝泉会受教的，只是，此次矛盾，事确有因。借款事闹到五国银行抗议，国内币值动荡，影响大呀！"

"这我明白。"徐世昌说，"那个孙洪伊不该这样做，对此人是必处理的，你看，怎么个处理法呢？"

段祺瑞对孙正在恼火，当然想彻底为好。他说："这个人每每挑起北洋军人内衅，是个害群之马，万万不可委以大任了。"

事情都明白了，黎段的态度也清楚了，徐世昌便向矛盾双方提出建议，最后双方决定：免孙洪伊内务总长职，让徐树铮自动请辞国务院秘书长。府院矛盾于是得到缓解。

"府院之争"的局面缓和了，徐世昌超然于各派势力之上的特殊地位一下子确定下来。于是，府院各方均极力挽留徐世昌，想让他在京担些重任。徐世昌更"超然"了，他对各方说："我是为息争而来，早有声言：不受职掌，不入政界，调停就绪，即还乡里。"

黎元洪、段祺瑞心里都明白，府院矛盾只是暂缓而并未消除，他们都想把徐留下，维持和局，徐世昌也想趁机树树自己的权威。于是，在力辞和力挽的拉锯中，徐世昌决定到天津暂住。

暂居天津的徐世昌，并非是为了清静，而是想看看形势。他知道，"府院之争"并未消除，事态发展，还难卜吉凶。"若再有变，凭着自己的超然之势，调停周旋，还得由我！"徐世昌是很自信的，因为他对当前形势看得最透。

形势果然在起着巨大变化——

一方面，随着袁世凯洪宪帝制的失败，社会上泛起了一股"正统"思潮，一些旧势力和复辟派毫不隐讳地怀恋起旧主来了。张勋便是一个代表人物，他蠢蠢欲动，要为大清复辟。各派军阀头目把自己的争权也放在复辟这一点上。在军阀各派势力的默许和怂恿下，张勋终于将复辟付诸实施——在徐州连连召开复辟会议。

另一方面，府院矛盾激化，黎元洪竟下总统令，免了段祺瑞国务总理职，段躲到天津抗命。

形势恶化了，张勋、倪嗣冲等人联合直系、奉系各督军要组织以"驱黎"为目的的督军团。这个督军团议推清江为提督、袁世凯嫡系将领雷振春为团长。雷振春自觉声望不够，不足以号召各方，于是，又和张勋、倪嗣冲商量，议定成立陆海军大元帅府，拥护徐世昌为大元帅，元帅府暂设徐州，与北京黎元洪对抗。雷、张等人找到徐世昌的堂弟徐世良，让他去天津将这个计划告诉徐世昌，征其同意。

在天津的徐世昌，并没有闲居，他对各方情况十分关心，恋旧潮流一起，他便十分兴奋。早在袁世凯办丧事时，北洋各派头目借致祭的机会就在徐世昌的主持下密议过复辟之事。他到天津不久（即1917年1月），在一次宴请各界政要的演说中便强调"应将优待清室条件载入宪法"，以表示"不忘清室禅养之美德"。徐世昌的态度为各军阀所赞颂。为张勋复辟出谋划策的阮忠枢，就明白无误地写信给张勋，对他说："倒黎（元洪）排冯（国璋），即可拥戴东海（徐世昌）。如东海得居首席一二年，将内政整理，国务略定，再由东海之手，归还旧主（宣统），其势由顺而易。"

徐世良的到来，给了徐世昌极大鼓舞，那个陆海军大元帅也十分吸引他。就在他急欲接受的时候，皖系骨干分子徐树铮、王揖唐匆匆赶来。

见到徐世昌，徐树铮便开门见山地说："菊帅，听说有人在活动组织陆海军大元帅府一事，还想请菊帅出来主持，属实吗？"

徐树铮是段祺瑞的亲信，足智多谋，徐世昌十分了解他。他知道徐树铮正在天津赋闲，被免了国务总理的段祺瑞亦在天津，二人必定在一起，徐树铮来访，或可代表段祺瑞。因而，徐世昌也不便隐瞒他们，便如实说了张勋、倪嗣冲来天津的事。然后说："办督军团也好，组织陆海军大元帅府也好，也只是在议中，尚未定局。他们有个意见拥我做陆海军大元帅，我没有答应，也是在议中。这不，我正想同芝泉商量一下，他是多年管军队的，他一定有好的见解。"又说："你们来了，很好，那就先听听你们的意见吧。"徐世昌态度很坦诚，没有流露贪权之态。

徐树铮笑着说："现在有些人想借着合肥被免之事活动驱黎。我看，没有必要动这样的干戈，黎也不值得一驱。按法度，明年将要实行总统大选，与其今日匆匆忙忙准备干戈，倒不如放到明年再说。"

徐世昌轻轻地点点头。王揖唐也说："大元帅是一个空洞的名义，若以此行使职权，指挥各实力派，就容易和各方面抵触，势必树敌多而骑虎难下。我替老师打算，与其今年屈就大元帅，何不等着明年总统竞选时竞选总统呢？以老师北洋前辈的声望，各方对之都有好感，当选总统绝无问题。"

这段话，打动了徐世昌的心。说真话，袁世凯死了之后，若不是考虑各方矛盾，徐世昌真想争个大总统当当。他很自信，在北洋势力中，他比黎元洪影响大得多，比冯国璋影响也大，他能争得到。现在，黎元洪不识相地排挤段祺瑞，自然招惹得北洋派不满，乘机活动总统竞选，他还是自信有把握的。不过，徐世昌还是要点假面子，他推辞着说："我倒无心去竞争这个大总统位子，何况，真正活动起来，也不是那么容易，比如经费问题……"

王揖唐忙说："至于联络和招待议员等所需的一切费用，不用老师操心，我可以设法在盐务方面筹拨。"

王揖唐，名赓，皖人，进士授主事留学日本士官学校，曾经跟随徐世昌到东北任吉林省督练分处参议兼兵备总办，后保至道员。民国以来，以包办党政事致富约二百万，后一度任吉林巡按使，因卖荒地取财被督军孟恩远所阻，辞职回京，投靠段祺瑞，为徐世昌所器重，成为心腹之一。此番来劝，虽然明显的是为段祺瑞维护军政大权，但其理由却还是可行的，何况又是那么认真。所以，徐世昌还是接受了劝阻，说："既然二位有如此高见，我看，大元帅一事也就不再提了吧，也请二位做做各方面的工作，无论是督军团还是大元帅府，都不必提它了，劳而无用，反而会引起各方面注意。"

天津，不是个平静的地方，由于许多官僚、政客、失意军人都在此"闲居"，这里有许多暗流在激荡，许多事波及全国，影响中枢。

1917年5月的一天，徐树铮偷偷地来到徐世昌公寓，向他提出了张勋在徐州召开督军会议的事，徐世昌很惊讶："不是不再组织督军团了嘛，张绍轩又在干什么？"

徐树铮说："是不组织督军团了，张绍轩要领衔为清帝复辟。"

"胡闹！这怎么行呢？"徐世昌摇首阻止，"告诉他，现在不是时候，不能干。"

"我看，也无什么大妨碍。"

"你怎么这样说呢？"徐世昌说，"你问过芝泉吗？他会同意吗？"

"问过了。"徐树铮说，"合肥是同意的，并且决定由我代表他去徐州参加会议。"

"这……"徐世昌迷惑了，他背过身，再不说话。

——即将在徐州召开的督军会议，应该说是以徐树铮为代表的皖系军阀的一个阴谋。张勋，是一个忠于清室、梦想复辟的急先锋。自1916年6月起，先后在徐州召开了三次各省督军会议，议论复辟问题，唯因段祺瑞的皖系系统督军态度不明，会议未能形成决议，因而，复辟事便暂时放了下来。府院矛盾激化之后，段祺瑞被免去了国务总理职来天津赋闲，但却不忘报复。就在此时，徐树铮生怕夜长梦多，出了一个"借刀杀人"的驱黎办法，那就是支持张勋复辟——皇帝复位，总统必下野；然后，段祺瑞反复辟，重建共和，大权自然回来，因此，对复辟一直冷漠的皖系军阀，突然间就积极起来了。徐树铮还怕徐州会议再无结果，因而，主动去接近张勋的秘书长万绳栻，极力唆使万在张面前鼓动复辟。现在，他又来动员徐世昌，请他出来促成此事。

徐树铮素来敬重徐世昌，这个计谋他也不瞒徐世昌。"菊帅，这也是不得已而为之。否则，黄陂还会使用权术，别人先下手，咱就晚了。"

徐世昌锁眉了，他对徐树铮这个惊心动魄而又奸诈阴险的举措有点惶恐，惶恐得心跳。徐树铮是个天才，足智多谋，徐世昌敬其才华，但却不赞成他诡计多端，他认为那是不光明磊落的，不是君子所为。后来，大约是从辛亥之役以后的这几年实践中，徐世昌猛然看清了政治、权力斗争的实质，他又仰慕徐树铮的才华了。对于如此"借刀杀人"之术徐世昌尽管觉得残酷，却认为是一个妙计。他对徐树铮说："徐州会议可以参加，我的意思，是否行动从缓，促黎下野而后复辟清帝。"

"不行。"徐树铮说，"督军会议只能决定复辟，不能决定驱黎。驱黎——

逆潮流；复辟虽同样逆潮流，但民国总统是清帝赶下台的，与诸督军无涉！"

徐世昌虽觉徐树铮解释牵强，还是默认了。"好吧，那就促使徐州会议成功吧！"

徐世昌终于决定派他在东三省总督署的副中军李席珍作为他的代表，怀着促成复辟的心情前往徐州。

第十三章
渔翁总统

　　张勋主持的徐州第四次督军会议，是 1917 年 5 月 21 日召开的，由于段祺瑞的皖系军阀极力怂恿，会议终于通过了决议，支持张勋北上复辟。参加会议的奉天、吉林、黑龙江、直隶、安徽、河南、山西等十三个省的督军或督军代表以及段祺瑞、徐世昌的代表，他们都在一幅黄绫子上签上了名字，以示共同负责。正是张勋思谋"打一个什么旗号进京"的时候，大总统黎元洪竟发来电令，命张勋率兵来京，以武力调解"府院之争"。张勋有了借口，遂率领六千辫子军浩浩荡荡北上。

　　张勋的辫子军是 6 月 8 日到达天津的。军到天津，便不再前进，张勋入城，到租界内的徐宅去拜见他的老师徐世昌。

　　六十四岁的张勋进得徐宅，对着六十三岁的徐世昌行了"师"礼，又进行了一番问安，然后才说："承蒙老师支持，绍轩方能北上，我将要办成一件亘古大事了！"

　　徐世昌猛然锁起了眉头，半天才说："绍轩，队伍也都到天津了？"

　　"到了。"张勋说，"现在城外暂住，小停即进京。"

　　"嗯——"徐世昌只含含糊糊地应了一声，便把话岔开了，"听说你的军队还都盘着辫子，是吗？"张勋点点头，说声"是！""那只是一种外表，说明不了什么。"

　　张勋这才抬眼看看老师，老师果然没有再留辫子。张勋微微锁上了眉……

　　本来，徐世昌对复辟态度是坚决的，他派李席珍为代表去徐州，就是表明这个意思。徐州督军会议之后，徐世昌在天津也苦费了一番思索，为复辟后的张勋设计了几个方案，比如：要实行君主立宪，要争取陆军全权，等等。而他自己呢，也想争取有个"摄政王"或类似摄政的名义，还想着把自己的女儿嫁给溥仪做"皇后"（此事后来有所传言，说徐世昌要学曹操，把女儿配给汉献帝。所以，有人说徐世昌是当世的曹操），等等。但是，复辟一事，仅仅活动在少许"恋旧"的人的思想中，更多的舆论则是批评指责，何况，徐树铮已经向他表明了复辟的宗旨，只不过是一场做戏。徐世昌谨慎了，他感到了复辟的短命。于是，在一阵沉思之后，语重心长地说："绍轩，你到北京调停黎段纠纷，尽管放手去办，唯复辟一事，此时万不可行。"

　　张勋听了此话，一下子呆了："这是什么意思？老师不同意复辟，何必派代表去徐州。复辟决议上你的代表也签上名字了，现有黄绫子在，怎么又说'万不可行'的话呢？"张勋真想当面质问他。可是，转念又想："老师平生处事圆滑，也许是环顾左右而给自己留个退路吧？好在有黄绫子在，你总不会不认账吧。"这么想着，张勋便笑着说："老师的话我记住了，到京之后，我会见机行事的，请老师放心。"

　　不日，张勋的辫子军还是进京去了。

　　北京的6月，气候尚未炎热而人却"炎热"起来了：黎元洪赶走了段祺瑞，任命伍廷芳做国务总理，这个人只干了十八天，下台了。现在的国务总理是李鸿章的侄子李经羲，本来是想缓和黎段矛盾的，谁知这位李经羲是个"扶不起来的天子"，并不上任理事，国务仍由伍廷芳代之。雷振春和张镇芳（曾任河南督军，袁世凯的表弟）借徐世昌未任陆海军大元帅归功于己，借以要挟黎元洪，一个想当陆军总长，一个想当财政总长，结果，均未如愿，他们转而又附和驱黎。张勋到北京本来还想"观观形势"，可是，尚未驻定，雷振春、张镇芳的攻势就展开了——张勋的秘书长万绳栻是雷张的好友，又是鸦片烟鬼，雷张二人终日拉着他去吸大烟，同时煽动复辟，万便在张耳边时刻促其复辟，对他说："酝酿已久，各方支持，机会千载难逢，应速速行动！"皖系骨干张敬尧在宫中见了溥仪回来，也对张勋说："皇帝龙凤之姿，天日之表，这才是真龙天子！愿追随我公之后，同心协力，扶保大清成中兴之业！"

张勋昏然了。"是啊，我就是来京扶保幼帝复位的，不复位我来干什么？！"他随手摸了摸垂在背后的辫子，终于下了决心。

张勋决心复辟的消息传到天津，徐世昌心里十分不安："这个张绍轩……"

此刻的徐世昌，并非不想复辟，而是更多的想到了后果。张勋毕竟是他的门生，徐世昌一直以他的勇武，能为人卖命而器重他，他想在紧要关头利用他。"复辟能成功，不失为一举。复辟成功之日，便是这个武夫灭亡之时，这不是自绝于人吗！"徐世昌马上写了一封信，详细述说了内外形势，告诫他不利于复辟的客观形势，最后，再次要他"慎重从事，切勿轻率"。这样，还怕劝不住他，又拜托袁世凯的笔杆子阮忠枢亲去北京面劝张勋。阮见了张勋，除转了徐的信之外，坚定地对他说："复辟必败！"

张勋笑了。"斗公，你在大清是邮传部副大臣，今后还你个邮传部侍郎就是了，不必多虑。"

阮忠枢见张勋复辟决心不可动摇，只好叹息而别，匆匆返回天津，向徐世昌如实回复。徐世昌失望了，他摇着头自言自语："张绍轩，头脑太简单了。"

张勋终于实现了自己的"雄伟"计划——复辟成功了。7月1日，北京城挂出了龙旗，逊位的宣统皇帝重登大宝。复辟当日，小皇帝即授徐世昌为弼德院院长，同时续授为太傅，并且专门发了"上谕"，略云：

> ……硕学耆年，公忠体国，扬历内外，德望攸隆。朕以冲龄，兴复方始，典学莅政，辅导需贤，昨已降旨特简为弼德院院长。该大学士忠爱夙著，且与朕躬违离日久，以朕眷注之切，谅亦依恋至殷，自必闻命立行，克期就道。第念先朝勋旧，允宜礼遇特殊……

并且还仿照古人"君安车蒲轮，优礼耆贤之义"，著邮传部备专车，派专人赴天津迎迓，请徐世昌"即日来京，朝夕纳诲，匡弼朕躬，用副惓惓延跂之原意"。小皇帝也真够殷切的了。

徐世昌真想束装就道，拜谢圣恩。但是，他毕竟知道这场闹剧的结局，莫说弼德院院长、太傅，就是大位让他坐，他也不敢坐上去。但"龙恩"又不能不领，于是，他马上发了一封电报，表明心迹：

> 天祚圣清，复正大位，群情欢洽，翘在老臣。昌素以维持国

家，尊重皇室不主者，幸际昌明，丞思展觐。但以衰老余生，时当炎夏，辄扰病魔，稍缓时日，再图趋教。并非托故，当鉴原。

他以"年老体弱"敬谢不敏。这里，徐世昌言明"并非托故"，其实，倒是不打自招了。不托故何有"稍缓时日，再图趋教"？如果他不知道皖段促辫子复辟的"内因"，怕是早上朝谢恩去了。

事态发展，果不出徐世昌所料，溥仪再次"登基"未过三日，段祺瑞便变了脸色，他打起了反复辟的旗号，与冯国璋联合起来，向世界公布了张勋"八大罪状"，自己成了"讨逆军总司令"，7月3日，在天津附近的马厂誓师后举兵北京，结果，辫子军大败，张勋逃入荷兰使馆，小皇帝仍去当他的寓公。张勋想用那块有段祺瑞代表签名的黄绫子做证向世界公布段祺瑞的"出尔反尔"，可是，那块黄绫子早被徐树铮用二十万大洋从张勋的秘书长万绳栻手中买走了。张勋愤怒地大呼"上当"！

黎元洪在小朝廷复辟时下野了。现在，小朝廷又被段祺瑞推翻了，重新建立了民主共和国，段祺瑞成了"再造共和"的英雄，重新当国务总理，掌握了北洋政府的大权，由冯国璋代理大总统。一度沸扬的"府院之争"以大总统黎元洪的下野告终了——黎元洪没有斗过段祺瑞。

在天津的徐世昌，看到了他预想的形势，心中十分高兴——徐世昌不能不高兴：袁世凯帝制自为的时候，他退出了政坛，显示了他的超脱；张勋复辟的时候，他又谆谆告诫"不可为"。对于如此重大问题，他能洁身自好，不沾不滞，诸此等等，远非常人所能及！故而，后人在评论他的圆通老到时说：

> 世昌虽处复辟嫌疑之际，后能善为应付，不沾不滞，于个人行止进退，留有回旋余地。远非名为瞻怀故君，而恋恋于个人利禄竟倚恃张勋若长城者所可及。徐氏持重不轻于一发，而预知张勋之必败，则政治经验之老练，与夫手腕之灵活机敏，固亦有其过人之处也。

共和再造之后，代总统冯国璋、国务总理段祺瑞均盛情邀徐世昌参政，徐世昌还是以"年老体弱"为由推辞。他不是不想出山，而是仍觉时机不佳——冯国璋代总统之后，以北洋领袖自居，统揽全权；段祺瑞则不甘居冯国璋之下，以"武力统一"相号召，对以孙中山为领袖的护法军政府大加挞伐，企图以武力称雄天下，直皖矛盾渐趋尖锐。善于察言观色的徐世昌，寓动于静，决定远离是非，依旧超然于各派之上——他，再次返回河南辉县，去做他的"水竹村人"。

回到水竹村的徐世昌，想过几天幽静的日子。这些年，虽然仕途沉沉浮浮，可精神却一直是紧紧张张，难得有一刻闲静，他也可以平平静静地思索个进退。六十三岁了，按说已是日坠西山的年龄，来日无几，何必风风火火呢？真的"芒鞋布袜从今始"吧。

住到水竹村的徐世昌，认真地重新布局了院落、住室之后，便去认真观察和体味这片土地的"音容笑貌"。当他用倦意的心情去认识这片称得上故土的地方，他觉得它太美了，美得普天下无处寻觅，于是，他使出比当年殿试和翰苑著述还费神的心情写了一篇《水竹村记》，其文甚妙，兹录于下：

村在辉县西南三里，西北距苏门六里而遥。百泉入淇之支渠五，汇注环匝，高宜桑麻黍菽，陂宜来牟，夏宜稻，一岁再熟；洼下宜苇，鱼池荷淀交错，地尤宜竹。卫诗"瞻彼淇奥，绿竹猗猗"，咏歌水竹之盛，却皆擅其胜。余既移渠辟涂，建桥浚池，益多种竹，因名曰水竹村。旧有两楼西向，复为北楼三间，通属为一，竹四面环之，颜曰竹隐，前为堂，题曰"归田别墅"。每当春箨解箨，堕地声簌簌，杂以梢叶，萧萧摇风，或戛檝作响。太行之云西横，半掩落日，绿阴如幕，窗扉几席，皆含碧意。水潋潋循竹间鸣，挟沟浍与渠浍流注闸下，铿然者铿珴筑，清清泠泠，泉篆自流天籁；新荷送香，游鱼出没可数，悦目适耳，悠然与神会，不待登苏门，临百泉，已自有濠濮间想，洵所谓三分水二分竹一分屋也。村内田舍、牛宫，茆次胪列，芋区、菜圃、果园、乌曒、柴屯、井鸡、棠肠、槲笠、鹅鹜之栏，亦胪分间设，菱、藕、芰、芝、鱼、蟹之鲜；桑、麻、棉、菽、稻、麦之饶，秋稼如云，冬仓如栉，此又馓粥，肴蔬、酒醴、蒸尝，于是焉具。村外东阡北陌，杖履往来，亲懂朋从，尤多温厚雅尔之士，谈宴游盘，乐数晨夕。昔范希文白发行边，对酒鲜乐，谓不如圭峰月下，倚高松，听长笛，欣然忘天下之际，矧兹既有室庐以避燥湿寒暑，动植鳞羽以供宾客祭祀，又有水竹之清鲜高絜，山川醇美，风俗敦庞，诸儒之流风遗韵，尚未尽沫，足以俯仰登眺慨慕流连者欤？余老矣，久怀归耕之志，每瞻太行之麓，诵淇澳之章，见欲效卫武公切磋琢磨，以期矜庄宽大明德宣著之毋忘，而宽以容众，绰以施仁，庶几乎希苏门诸儒讲学之遗风，不敢以耄老居田间自佚也。

徐世昌真的决心徜徉于山水田园之间了吗？果然如此，我们也就没有文章可写了。徐世昌是借着这片绝好的休闲处，坐观时局的变化，以便进退自如地周旋在各派政治、经济、军事势力之间，左右逢源，却不因受实任而被牵制。难怪当时有人用《红楼梦》中语说他："玉在椟中求善价，钗于奁中待时飞！"不久，他仍然回到天津。

黎元洪是下野了，北京政府由直皖两家握了大权。可是，新的矛盾又产生了：段祺瑞以"北洋领袖""再造共和"英雄自恃，处处独揽大权，坐在大总统位子上的冯国璋等于陪衬。冯任总统之后，皖系即决定把他赶下去。皖系中的急进派主张由临时参议会即选段或徐世昌（在直皖矛盾初露之时，徐世昌揆其利害，决定拥段疏冯）为总统，以屏除冯；缓进派主张俟总统任期满了，再由国会另行选举，使冯下台。段祺瑞采纳了缓进派的意见。然而，这种相互争权之举还是惹得国人十分反感，各将领也反对这种你争我夺的残酷，"举一超然派"为总统，"过几天安稳日子"的呼声日渐高涨。

段祺瑞焦急了，自己当总统的阻力那么大，现在要排挤掉冯国璋，让谁来担这个大任呢？

等待总统届满，由国会另选总统，这个缓进派的意见，是他的"小扇子军师"徐树铮提的。和往常一样，徐树铮的意见段祺瑞总是言听计从，现在，大势不利了，他还得找徐树铮"问计"。

徐树铮亦知国人对"军阀跋扈"十分反感，因而不愿让握有实力的人掌国，但又不愿舍弃从黎元洪手里夺来的大权。思来想去，便建议从"超然"人士中选一替身，让段退到幕后去。"只有这个办法才不致大权旁落。"

"谁最适合呢？"段祺瑞锁着眉问。

"当然是徐菊人了。"徐树铮不假思索地说。

段祺瑞猛醒。"是的，只有徐卜五是最理想的人物。"但他又说："用什么办法呢？"

"通过国会选举。"徐树铮还是不假思索地说。

一说到国会，段祺瑞又锁起眉来——早在辫子元帅张勋领兵北上过天津时，就曾逼着黎元洪把国会解散了，国会解散，他才同意进京的。黎元洪为了缓解矛盾，答应了这个条件，下令将国会解散了，殊不知正好给张勋排除了捧出小皇帝的障碍。小皇帝最终虽然又下野了，但被大总统黎元洪下令解散的国会却未明令恢复，因而段祺瑞锁眉。"没有国会了。"

徐树铮笑了。"没有国会才是好事，有了国会反而麻烦了。"

"为什么？"

"没有国会我们可以重新组织一个。"徐树铮说，"重新按照我们的意思组织一个，若是原国会还存在，改造都无法改造。"

"对呀！"段祺瑞兴奋了，"那你们就抓紧组织一个国会吧。"段祺瑞知道徐手下人才济济，组织一个政府都可以，何况组织一个国会。

徐树铮领了组织国会的任务，便在北京西城安福胡同的梁宅布置了一个宽敞的房舍，找来了光云锦、刘振生、臧荫松、刘恩格等几个自己人开了一个会，然后，由他们不拘形式，以联络感情、娱乐为手段物色和确定了两院议员，先叫安福俱乐部，后被时人称为安福国会，其成员，虽经各县议会推荐、省议会选定，但大多为皖系出钱买定。安福胡同组织联络成功了，便在太平湖召开首次会议，王揖唐被选为众议院议长，李盛铎被选为参议院议长。

国会有了，总统人选也定了，现在就是行动了。于是，王揖唐受命又去了天津——他得跟徐世昌"通气"，让他有个"就大位"的精神准备，否则，他不同意怎么办？同意了，到时候慌手忙脚也不好。王揖唐很有信心，他知道徐世昌是会接受这个大任的，陆海军大元帅他都高兴想干，何况大总统？早年，要不是他王揖唐和徐树铮劝阻，徐世昌可能真的就去当陆海军大元帅了，劝阻时也是以"总统"做诱饵的，否则，徐世昌也不会舍弃。

在天津别墅，徐世昌已经许多日子不出门了。一方面，他邀约了几位诗文朋友，谈诗论文，同时还在充实修改他的树碑立传式的文稿《东三省政略》。这部书稿虽脱稿了，却一直无暇修改润色，何况原来的执笔人王树枬、王式通等也多离他而去。现在，他在天津闲居了，他想修成它。另一方面，他又沉不下心，屈指算算，冯国璋的代总统期限也满了，是该换届选举了。届怎么换？选举总统自己有望无望？近些时来，传到天津来的消息总使徐世昌心不安，他听说冯国璋正努力争取以副总统——代总统——把位子扶正；而段祺瑞，想以武力、凭实力的影响，实现排冯的目的，却很少有消息说到他本人的事。徐世昌很怕，怕到时候"两虎相争不会两败俱伤"。他知道：无论谁斗死了谁，生者都是"王"，到那时，谁也不会捧他这个"超然"派出来主政。"当初为何不先就职陆海军大元帅呢？有了兵权，今天争起来也有实力了。"种种事情缠身，徐世昌懒得出来了。人一生闷气，精神也疲乏，几乎天天离不开床，吓得小妾沈蓉时刻心跳："请医生来瞧瞧吧，要么，就去医院，这样下去怎么得了！看，连眼睛也失神了。"

"别怕，死不了。"徐世昌说，"有病没病，我还不知道？"

正在徐世昌心神不定的时候，有人报："王揖唐王大人来访。"徐世昌心里一惊："此刻他来了……"说实话，徐世昌早就盼着他来，天天盼，做梦也盼，现在，王揖唐果然来了，他反而心惊了。他不知道王揖唐此时是喜鹊呢还是猫头鹰？果然带来的是凶信，他徐世昌这一生便再无腾达的机会了。但王揖唐既到，还得"请"！此番，他不让人传了，而是自己出迎。"揖唐，你来了。"

"老师身体还好吗？"王揖唐先问候。

"好。"徐世昌又问，"有什么急事吗？"

"正是有急事，才来拜见。"

"什么事呀？"

"请老师出山就任大位。"

"啊？！"徐世昌盼望许久的就是这句话，王揖唐说了，他反而觉得渺茫了！"怕是遥远的一个梦吧？"

"不，老师，是真的。"

"怎么个任法？"

"当然是国会大选。"

"国会？"徐世昌更惊慌了，"那不是早被黄陂下令解散了吗？"

王揖唐这才把北京发生的事情，特别是安福胡同发生的事情，详详细细对徐世昌说了个明白，然后又说："目前，可以说是万事俱备了，只待老师出山。"

"我？！"徐世昌故作惊讶。

"老师是唯一能够担当大任的人。"王揖唐说，"我们都盼望老师能够以国事为重，不使国人失望。"

王揖唐把话说得诚诚恳恳，徐世昌也听得真真切切，但他却沉默了——往日，徐世昌做过许多次梦，而全是"大"梦，可是，一觉醒来，只留下无限惆怅。现在，不是梦了，是参议院议长亲口说的，并且亲自来请的，当然是千真万确的事，他不必惆怅了。这个"大"位不必去争，而是送上门的，只需去领受就可以了。

徐世昌本来想马上收拾行装起程，到北京就"大"位。但是，他是读过"圣贤"书的人，"非礼而不为"！所以，他还是微笑着，说："如此重任，只怕我无能为力吧！"

"老师不必过谦了。"王揖唐说，"国会那边的事，学生都已妥为安排了，只待大会一开，诸事便完成了，老师只需就位就行了。"

此刻，徐世昌忽然又想起了孙中山先生在广州召开的国会非常会议，便说："听说广州方面召开了国会，有什么说法吗？"

"广州？"王揖唐摇摇头，"偏居一隅，没有代表性，到时候只需由北京发表一个声明，表明态度不承认，也就完了。"

徐世昌心情这才渐渐地平静了，大位在望了，自然是十分欣喜的。他一边安排人去备盛宴款待王揖唐，一边又说："承蒙各方、各位厚爱，我也不得不从命了。只是，还得容我再想想，然后我再告诉你去从。"

"老师只需答应就行了。"王揖唐说，"暂时也不必去京，待我们把一切都办妥，自然会隆重地来迎接老师。"王揖唐回北京了，徐世昌这才真的忙乱起来：要就大位了，转眼便成为人王地主，这人王地主的架势该怎么摆呢？昔日，他是撅起屁股朝拜爱新觉罗氏的，他只会做跪拜大礼，连正眼看看坐在九五之尊上的皇帝是什么姿势也不敢，更领略不了那份自尊。现在，该自己接受天下朝拜了，他反而觉得无所适从，不知该怎样举止了。何况，现在是共和、是民主，一切都是新的——新到什么样？该怎么样新？他也不清楚。此刻，他忽然悔恨一件事："当初若是跟随五大臣出国考察，也会学一些西方国家的民主方式吧，一场暴乱，自己竟失去了机会。"徐世昌还是把在天津的几位弟弟找到面前，和他们共同分享"登基"之乐，同时，也请他们帮着设计个就大位的"姿态"。谁知，他的所有弟弟们，无一人有这方面的"才华"，气得他摇手又摇头："你们都去吧，去吧！"

总统该怎么当？徐世昌尚来不及细想；他焦急的是怎么去当？就是说，

如何给人一个好的"第一印象"。一出马就让人反感，那以后如何"君临天下"？他首先想到的就是国会，就是那一群议员，"应该首先给他们一个好的印象"。思来想去，终于有了一个办法：他要拍一张标准照片，亲自题上字，待国会选举之后，每人分送一张，以示感谢和友好。他找出许久不穿的燕尾服，又备了一顶礼帽，提着手杖，在镜子里左顾右盼，终于满意了。然后，把天津一家最具声望的照相馆的摄影师请来，为他办成这件事，并且厚厚地有所馈赠。

题名照片准备好了，心里还觉不行，还觉得那样做"显示不了总统风度"，于是，他又闷在房中，挖空心思撰写了一篇谦让"谢辞"书，说明自己"年老体弱，德薄能鲜"，担当不了这样的大任，不敢忝居高位，敬请各方鉴谅，等等。徐世昌是做过翰林的，这样的文章还是驾轻就熟的。

"谢辞"写好，自己念了两遍，觉得很有感情，修辞也十分得体，读起来顺口而押韵，很能使听者动心。徐世昌对这篇文章很满意。"它准能给人以高尚的感觉！"他把文章放下，又去用冷水洗了一把脸，他想躺倒床上好好地休息一番——他累了。得悉消息前，他焦急地吃不好、睡不好，生怕腾达无望，老了英雄；确切的消息来了，他又兴奋得吃不好、睡不好，生怕别人说他迫不及待，官迷心窍。再说，自己动手写文章的时候也极少。在翰林院，翰林成群，他又是"八黑之一"，即便有任务，大学士们也是指派一个高手，"八红之一"；哪里就轮到他了。小站练兵起，又是以武为主，谁也不计较"之乎者也"，他的学问无论口头还是文书，总还都能搪塞得过，而且还算"优秀"。自从做了尚书、总督之后，那就根本不需自己动笔了，有文案、秘书。俗话说："十年的秀才如白丁！"久不动笔了，再提笔，怎能不感到千钧之重！说真话，一篇"谢辞"，几乎等于他丙戌会试时回答的全部试卷，汗水都湿了几毛巾！

然而，当徐世昌躺倒床上，昏昏入睡的时候，他忽然又坐了起来，仿佛醒悟了，他感到办错了一件大事："万一有人操纵接受了我这个'辞谢'，只给个名誉位置怎么办？"不行，他得把辞再修修，得让大家感到"我只是一种谦虚，一种变着词汇的'谢忱'，大总统我还是要干的"。于是，他又把那份自己"满意"的手稿摊开来，按照新思路，重新修改。

"谢辞"修改好了。既然谢辞是一种只"谢"而不辞的基调，那么，除了"谢辞"之外，无论如何还得有一篇"登基宣言"！徐世昌真算是一位

"虑事周全"的人物。是的，大总统登台，没有"宣言"怎么行？！若在昔日，莫说在国务卿位子上，就算在总督位子上，也只需使个眼色，便有人代劳。而今不行，他是在平民百姓的基础上去登大位的，文帮武助一个没有，又不能等待。所以，他像写"谢辞"一样，只好自己伏在桌子上，再一笔一画地"之乎者也"地爬……

第十四章
站在高山唱和平

经过一番精心的策划之后，1918年9月4日，安福国会正式开会选举。

安福国会是以皖系军阀骨干为首组成的国会，虽然组国会的目的就是举徐氏为总统。但开会这一天，国会议员之外，还是有一大批军队来到了国会，把个国会大院围得水泄不通，似乎这里要爆发一场激战。然而，国会大院里却准备了丰盛的宴席。

选举会议是在太平湖国会大厅举行的，到会议员共四百三十六人。选举结果，除段祺瑞得五票，张謇、王士珍、王揖唐各得一票，又废票三张之外，其余四百二十五票皆为徐世昌一人所得。徐世昌当选为中华民国大总统了！

一件有趣的事在选票中发生了：三张废票之中，竟然有一张是提名选举"渔翁"为大总统的。因为"查无此人"，故而作废了。后来，有心人竟恍然大悟：渔翁者，徐世昌也——因为皖、直两派鹬蚌相争，互不相让，最后，大总统候选人才落到徐世昌这个"渔翁"身上。徐世昌应该是实得选票四百二十六张。这样的高额当选，民国以来，除袁世凯之外，徐世昌算是第二人。

无论渔翁不渔翁，徐世昌是被堂而皇之选为大总统了，他的文臣武将要隆隆重重地请他到北京，荣登大位。

徐世昌没有来。他装模作样地捎给国会一封"词诚意切"的"谢辞"

表，其文曰：

> 国会成立，适值选举总统之期，乃以世昌克膺斯选。世昌爱国爱民，岂后于人。初非沽高蹈之名，并不存畏难之见。惟眷念国家机陧之形，默察商民颠连之状，质诸当世，返诸藐躬，实有非衰老之躯所能称职者。并非谦让，实本真诚。谨为我国会暨全国之军民长官并林下诸先生一言，幸垂听焉！民国递嬗，变乱屡经；想望承平，徒存虚愿。但艰危状况，有十百于当时者。道德不立，威信不行，纪纲不肃，人心不定，国防日亟，边陲之扰乱堪虞；欧战将终，世界之变迁宜审。其他凡事实所发现，情势所抵牾，当局诸公，目击身膺，宁俟昌之喋喋？是即才能学识，十倍于昌，处此时艰，殆将束手，此爱国而无补于国，不能不审顾踌躇者也。国之本在民，乃者峰火之警，水潦之灾，商业之停滞，金融之停滞，土匪劫掠，村落为墟，哀哀穷民，无可告诉。吏无抚治之方，人鲜来苏之望，因无暇为教养之计划，并不能苏喘息于须史。忝居民上，其谓之何？睹此流离困苦之国民，无术以善其后，复何忍侈谈政策，愚我编氓？此爱民而无以保民，更悚惕而不自安者也。然使假昌以壮盛之年，亦未尝无澄清之志，今则衰病侵寻，习于困散，偶及国事，辄废眠食，若以暮齿，更忝高位，将徒抱爱国爱民之愿，必至心有余而力不足。精神不注，丛脞堪虞，智虑不充，疏露立见，既恐以救国者转贻国羞，更恐以救民者适为民病，被时无以对我全国之民，更何以对诸君子乎？吾斯未信，不敢率尔以从，心所谓危，仅用掬诚以告。惟我国会暨我全国之军民长官，盱衡时局，日切隐忧，所望各勉责任，共济艰难。起垂毙之民生，登诸衽席，挽濒危之国运，系于苞桑。昌虽在野，祷祀求之矣。邦基之重，非所敢承，翰济艰屯，必有贤俊，幸全尘翮，俾遂初服。除致函参众两院恳辞，并函达冯大总统国务院外，特此电达。

徐世昌的函电到北京，明白人、聪明人都知道这是做戏，是官样文章。于是，北京各方也在做戏：徐树铮、王揖唐自是积极相促，两院仍恳切函请，就是代任总统期满的冯国璋，也怕徐世昌真的不来，再选段祺瑞，所以，也殷切致函，请其出山；段祺瑞已是牺牲职位的人，乐得送个顺水人情，也向徐世昌劝驾。另外，各省督军、省长也电函络绎，一致拥徐。其间，虽有广东省岑春煊、伍廷芳来电"劝勿就职"，其大势已是完全倾向于徐了。徐世昌手捧八方函电，乐于心中。最后，以"息事宁人"之辞，允即"赴京就职"。于是，乘着民国第七个周年国庆日——10月10日，徐世昌束装赴都。

这一天，老天作美，晴空万里，天高气爽，午前十时，都下人民纷纷聚集，依照历届总统就职惯例，连会场排列，行进仪程也依旧，文武百僚，群集谒贺，好不热闹。

徐世昌是有备而来，就职会上，首先广泛散发了自己的题名照片，以示向各界表示谢忱。除在会上又登台致谢之外，就是把早时自己撰好的"登基宣言"拿出来，但却不是自己宣读，而是由总统府秘书长代为宣读，其文如下：

世昌不敏，从政数十年矣。忧愚余生，备经世变，近年闭户养拙，不复与闻时政。而当国事纠纷，群情隔阂之际，犹将竭其忠告，思所以匡持之。盖平日忧国之抱，不异时贤，惟不愿以衰老之年，再居政柄，耿耿此衷，当能共见。乃值改选总统之期，为国会一致推选，屡贡恫忱，固辞不获，念国人付托之重，责望之殷，已于本日依法就职。惟是事变纷纭，趋于极轨，我国民之所企望者，亦冀能解决时局，促进治平耳。而昌之所虑，不在弭乱之近功，而在经邦之本计，不仅囿于国家自身之计划，而必具有将来世界之眼光。敢以至诚极恳之意，为我国民正告之：今我国民心目之所注意，金曰南北统一。求统一之方法，固以尊重和平，和平所不能达，则不得不诉诸武力。乃溯其已往之迹，两者皆有困难。当日国人果能一心一德，以赴时机，亦何至扰攘频年，重伤国脉？世昌以救民救国为前提，窃愿以诚心谋统一之进行，以毅力达和平之主旨。果使阋墙知悟，休养可期，民国前途，庶几有豸。否则，息争弭乱，徒托空言，或虞诈之相寻，致兵戎之再见，邦人既有苦兵之叹，友邦且生厌乱之心。推原事变，必有尸其咎者，此不能不先为全国告也。虽然，此第解决一时之大局耳，非根本立国之图也。立于世界而成国，必有特殊之性质，与其运用之机能。我国户口繁殖,而生计日即凋残,物产蕃滋,而工商仍居幼稚,是必适用民生主义,悉力扩张实业,乃为目前根本之计。盖欲使国家之长治,必先使人人有以资生,而欲国家渐跻富强,以与列邦相提挈,尤必使全国实业,日以发展。况地沃以农,原料无虞不给,果能懋集财力,佐以外资,垦政普兴,工厂林立,课其优劣,加之牗导;更以国力所及,振兴教育,使国人渐有国家之观念,与夫科学之知能,则利用厚生,事半功倍,十年之后,必有可观。此立国要计,凡百有司,暨全国商民,所应出全力以图之者。立国之主要既如上述,但揆诸目前之状,土匪滋扰,户口流亡,商业凋零,财源枯竭,匪惟骤难语此,抑且适得其反,是必先去其障碍,以严剿盗匪,慎选有司,为入手之办法。然后调剂计政,振导金融,次第而整理之。障碍既去,而后可为,此又必经之阶级,当先事筹措者也。内政之设施,尚可视国内之能力,以为缓急之序。其最有重要关系,而为世界所注目者,则为欧战后国际上之问题。自欧战发生以来,我国已成合纵之势,参战义务所在,唯力是视,因应稍疏,动关大局,然此犹第就目前情势言之也。欧战已将结束,世界大势当有变迁,姑无论他人之对我何如,而当此漩涡,要当求所以自立之道。逆料兵争既终,商战方始,东西片壤,殆必为企业者集目之地。我则民业未振,内政不修,长此因仍,势成坐困,其为危险,什百于今。故必有统治之实力,后而国家之权利,乃能发展,国际之地,乃能保持。否则,委蛇其间,一筹莫展,国基且殆,又安有外交之可言乎?此国家存亡之关键,我全国之官吏商民,不可不深长思也。至于民德堕落,国纪凌夷,风气所趋,匪已朝夕,欲挽回而振励之,当自昌始。是必以安敬律己,以诚信待人,以克俭克勤,为立身之则,以去贪去伪,为制事之方。凡有损于国,有害于民者,必竭力驱除之。能使社会稍息颓风,即为国家默培元气。而尤要在尊重法律,扶持道德,一切权利之见,意气之争,皆无所用其纷扰。赏罚必信,是非乃公。昌一时在职,必本此以为推行,石圣石圣之性,始终以之。冀以刷新国政、振拔末俗,凡我国民,亟应共勉。昌之所以告国民者,此其大略也。盖今日之国家,譬彼久病之人,善医者须审其正气之所在,而调护之。庶几正气之亏,由渐而复,假今培补未终，继以损伐，是自戕也，医者何预焉？爱国犹如爱身，昌敢以最诚挚亲爱之意，申告于国民！

过场都走完了，官样文章也都派上了用场，徐世昌的大总统算是当定了。接下来，便是同僚们拥戴捧场：直系军阀首领冯国璋亲自到总统府祝贺，并通电全国，表示拥戴，说徐世昌"德量渊涵""尚持谦志"，鼓励文武官员"一致推崇，同辞敦劝"；曹锟更是称徐世昌"厚德及民，殊勋在国，必能解生灵之倒悬于俄顷，奠国家之根本于万年"；张作霖、卢永祥、王占元等，也都先后致电祝贺；登门致贺者，更是络绎不断；连孙中山因为徐世昌不附和洪宪帝制，对他出任大总统也没有提出"异议"。

祝贺声之外，也有"异调"，历来以儒将自恃的直系另一个军阀，现任着三师师长兼前敌总指挥的吴佩孚，不仅在来函中不称"总统"而称"东海"先生，并建议他"先调解南北矛盾，勿骤就任"，劝他"于调停中解决国会，再由国会选其为总统"。西南军政府总裁岑春煊、伍廷芳虽然在电报中认为徐世昌适宜于总统之人选，但不承认此次选举合法，也是劝他先做南北调停，稳定大局之后再来做总统。

但是，选举之形式已经完成了，他的中票率又是那么高，过了这村怕赶不上下一个店了，何况时局动乱，夜长梦多，徐世昌没有接受先调停南北的提议，而匆匆上任了。悉知徐氏隐居辉县旧事者谑之曰："芒鞋布袜从此脱，三海原来水竹村。"

新上任的大总统，为了标榜与往届不同，除了在宣言上表明宗旨之外，在具体做法上更主张"人民自然繁殖演进，主政者宜清静无为"。徐世昌本来就最早剪去了辫子，穿起燕尾服的，现在当上总统了，更以此表明他的开明，还在一些场合佩戴上民国勋章。黎明即起，按时办公，文牍书简，必亲自批阅；公暇之时，还在府后的碧罗春雨楼静坐或作书画，表现了一种浓浓的"文治"气氛。

其实，徐世昌这个大总统当得并不轻松，一国之政，哪里是"清静无为"所能办得好的，徐世昌心里很明白，那是要有许多人，根据统帅的统一意识，协调工作，共同奋斗才行的。早在王揖唐第一次到天津送信给他时，他的第一反应就是："假若我真的做了总统，我要哪些人做我的手臂？"他尤其觉得自己身边人员的重要，比如执掌公府秘书厅的那一班人。现在，他当总统了，自然首先是安排这"一班人"。

做了大总统的徐世昌，一切应酬完了，第一件事便是安排自己的亲信。他要有亲信为之应酬门面。大总统要办事，总不能事事都亲自去干，他要有贴身的助手。于是，吴笈孙成了总统府的秘书长，曹秉章（厉斋）成了帮办兼国务院印铸局长，许宝蘅（季湘）成了帮办兼铨叙局长，朱宝仁（铁林）为收支处长，杨葆益（冠如）为庶务司长……当年徐世昌的贫贱之交，如今都成了总统府握有实权的人物。

当上大总统了，徐世昌自然想起了他毕生信奉的吕祖，是吕祖预告他"昌大其门庭"，屈指算来，已经三十七年了。三十七年前的话今日应验了，他得感谢吕祖。于是，选一个月明星稀的夜晚，徐世昌备了极有分量的香烛供品，又对供奉吕祖的密室进行一番清扫，这才恭恭敬敬地上供、燃香，而后跪在蒲团上，虔诚地说："纯阳大仙，弟子徐世昌感谢您了，三十七年前您告知弟子会昌我门庭，而今，我果然就了大位。您老人家的话应验了，我终生终世敬仰您老不变心！"说罢，又连连叩首。他礼节完了之后，仰面再看看悬在墙上的吕祖像，仿佛他老人家更慈祥，更有风采了，仿佛正对着他点首微笑呢！

徐世昌走出供奉吕祖的密室时，忽然产生了一个新的念头，他想把琉璃厂的吕祖庙——也就是他三十七年前第一次朝拜的那个吕祖庙重新翻盖一番，为吕祖再塑一个"金身"。可是，他想了一阵子，又在摇头："现在是民国了，民国总统造庙塑神，会不会引起非议，我得慎重。"后来，他又想："不去修庙吧，把我密室里这个纸画的吕祖像换一个金身，不也是尽心了嘛。心到了，吕祖自然知道。"于是，他在日理万机之中，还是偷偷地安排人在自己家中为吕祖重塑金身。

徐世昌做大总统，是处在直皖两大势之间。直系首领曹锟（冯国璋是由副总统代总统任期满了下野的，不能再争大位了）想当副总统；皖系首领段祺瑞是"让"总统给徐世昌的，当副总统似乎是天经地义的事。徐世昌手里无军权，他最怕军人左右自己，这两派中的任何一个人当了副总统他都展不开拳脚，他觉得有一天他会被他们挤掉。他决定借着故儿不设副总统，他要亲自去说服曹锟和段祺瑞。

"世缃，"徐世昌找到秘书长吴笈孙说，"我想请你陪我去保定一趟，如何？"

"去保定？"吴笈孙猜得到，知道他去见曹锟，便说，"我看，无论有什么事，派一位代表去保定，是会办妥的。何必亲自去呢。"徐世昌笑了。"此事非同小可，我一定要亲自去才行。"吴笈孙只好点头答应。

吴跟徐多年了，知道他在想什么、干什么，此去保定，就是劝曹锟放弃争副总统。"曹锟比段祺瑞好骗，只要徐到他面前，他一定会答应。"但吴还是说："准备带什么'条件'去见曹三爷呢？这个人可是个贪心的人呀！"

"什么条件？"徐世昌眨眨眼睛，沉思片刻说，"我看这样，只要曹仲珊能够放弃当副总统，什么好话咱都可以说给他听。"

吴笈孙笑着，心里想：大总统是以他的"老脸"去稳住曹锟的。曹锟能上当吗？

徐世昌很自信，他想，只要他一到保定，什么事情都可以解决。

在吴笈孙的陪同下，徐世昌秘密来到了保定。

曹锟一见大总统突然光临，甚为吃惊："老师，您怎么到保定来了？"他热情地接待了他，说："有事告诉一声，仲珊可以赴京嘛！"

"若是些许小事，我便请珊帅去京了。"徐世昌说，"因为事关重大，卜五必亲来聆听尊教。"说话的时候，徐世昌平易得没有一点儿总统架子。

"老师这么说，仲珊就不敢当了。"曹锟没有弄清徐世昌的来意，一时不知该进该退，故而只表了个"谦让有余"的态度，"老师，我早就说过，'愿率袍泽，追随老师之后，为国民造福'呀！"

徐世昌点头笑了。他知道曹锟这话指的是前年冬天他受黎元洪所邀赴京调解"府院之争"时路过保定，曹欢迎他时说的话。那时候，徐世昌是闲居乡里，芒鞋布袜，曹锟却戎装楚楚，列队相迎，执弟子礼，请其阅兵，并在检阅台上对他的官兵说的这番话。现在，曹锟重提此话，当然是向新总统表示"忠心"之意。哪知徐世昌醉翁之意不在酒，忙转话题说："珊帅厚意，卜五领了，久拟报答，未能如愿。今日进府，原为其他事情。"

"聆听见教。"

徐世昌笑了。"珊帅，卜五就职伊始，便神魂不安地想：之所以能就大位，实在是全赖珊帅。所以，我便决心只愿代珊帅行命，决不他图。依传统礼法和习俗，公府应设副总统，这便令我十分为难。不设副总统呢，与礼法有悖；设副总统呢，珊帅论德论资均在卜五之上，若是珊帅任副总统，莫说国人不答应，卜五也无地自容！我想同珊帅面商一下，可否将位置颠倒一下，卜五宁做珊帅一臂，定当马首是瞻！"

曹锟虽然有野心，性情也比较粗鲁，但对徐世昌的这番话还是听明白了，他心里一惊："新总统这是什么意思？让总统？为什么？"想着，暗自笑了："国会没有选举我，我当的什么大总统呢？这总统也是个人想让就让得了的吗？"曹锟心中很乱，他不知该如何回答。想了一阵子才说："老师这话，仲珊有点糊涂。仲珊一直视您为师。此番国会选举，仲珊也是衷心拥护的。我仍可对天表白，对老师绝无二志！"一直沉默不语的吴筱孙，见此情形，知道自己该说话了。于是，笑着开了口："珊帅，你理会错了。总统和三爷（曹锟排行三，人称三爷）、芝老（段祺瑞）情同一体，更赖大力相助，唯总统重任，菊帅诚心感觉德资不足服众望，无法与珊帅相比，左右三思，颇感为难，故有此行。"吴筱孙是出了名的"小诸葛"，言语完全是投着曹锟说的，说得曹锟心中十分自在。

曹锟经人一抬举，心中一乐，便大大咧咧地说："老师，大总统您只管当，我曹仲珊一定做你的台柱子，你就放下一百二十八个心地干吧！"

"三爷，"吴筱孙又说，"您对菊帅的深情厚谊，总统每每记在心上。此次前来，还有他想，即与珊帅商量，可否请三爷暂时放弃副总统一位，总统也想去劝芝老放弃。这样，以敦睦谊，把大局也稳定一段时日。"

"好！"曹锟十分爽直地说，"要个副总统干什么？我首先表示不要。我也去劝芝老，请他也放弃。"

徐世昌见曹锟把话说明白了，态度又是那么坚定，忙躬身作拜。"厚蒙珊帅再次相助，卜五深致谢意！今后卜五在位一日，办成一事，都是珊帅支持！"

曹锟的直系军阀和段祺瑞的皖系军阀，虽然在权利之分上已呈现出明显矛盾，但因有共同利害关系尚未撕破脸皮。比如排挤黎元洪，比如反对张勋复辟，比如对付革命党，他们都是一致的。黎元洪下台之后，在总统人选上两家争过，但两家都难应付局面，才"默契"地把大位让给徐世昌。现在，在副总统位子上，两家都不是十分热衷的。所以，曹锟才会爽直地"放弃"。曹锟不争副总统了，段祺瑞已是国务总理，大权在握，何必去争那个虚名。于是，他也放弃了副总统位子。因而，在军阀混战已经拉开序幕，争权夺利如此猖獗之际，徐世昌任大总统期间，中国政治舞台上竟奇迹般地出现了无副总统时代！

一天，新上任的财政总长曹汝霖来到总统府，他拿出一百五十万元的银票放到徐世昌面前，说："大总统，按照先例，这些钱由总统零用。本该早送来，因为筹款误了几日，今天才筹齐，所以晚了，还请总统体谅。"

徐世昌抬眼看看，财政总长送来的，是两张银票，一张款额为一百万元，一张为五十万元。新总统上任按例由财政给一百五十万元零用，是由财政部拨出。这个规矩是从袁世凯做大总统开始的；同样有个规矩，总统接到这个钱后，要拿出五十万元交还财政总长，顺便说一句"分给各部总长去用吧"。所以，曹汝霖送来的是两张银票。这些规矩公府人员无人不知。可是，徐世昌见到这一百五十万元银票，就像当年去做东三省总督时见到的交际费银四十万两一样，一下子便垂涎起来，他没有看到曹汝霖是否期待着领回那一小张，而是自己想："既然是给新总统零用的，我何必再分他们呢？他们哪一个部的总长少钱花！"于是，他一声不响，便把两张银票全收下了。在把银票收好之后，才对财政总长说："你回去吧，我这里没事了。"

曹汝霖呆了。"这是什么话？财政部按惯例为你钻窟窿打洞地把钱凑齐了，你得按惯例与大家均摊。怎么全收下了？你'没事了'，别人那里的事我咋办？"但是，总统发话了，"没事了"，总长得退出去。

曹汝霖走了——这一走，"满朝"文武可都傻了眼：新朝新岁，这些新官儿连喝杯茶的钱也没有了，你说能舒服？"徐卜五啊徐卜五，难道钱对你就那么亲吗？！"

这是徐世昌给他的"朝臣"们的第一印象。别看徐世昌见钱眼那么开，其人却有一副"高尚"的心情，他要以文治国，要给百姓一个"文治"——"稳治"的天下。上台伊始，便抓住老百姓普遍关注的"廉政"问题大做文章。1918年11月3日徐世昌发布命令，针对官场上的大量不正之风，他告白天下：

> 清白二字，虽未尽为吏之长；而刻苦一端，要足为保身之本。纵欲鲜不败度，惟俭可以养廉……稽诸古训，设官所以为民；律以共和，僚吏同为公仆，但使职责稍有未尽已不能无愧俸钱，更何忍痛毒闾阎，重兹民困……共励廉隅，方祛秕政。正己以资表率，修身以致治平。

1919年1月，又撰著《将吏法言》八卷，颁行全国，将行政统属建制分督军、省长、道尹、知事四目，以箴规各级官吏使之各安其位，各司其职，达到"设官分职，以民为报"之目的。同时，为了迎合百姓安定和平之期望，他大力推行所谓"南北和平运动"，多次发表文告，倡言和平，并且信誓旦旦地告诉国人：

> ……以言政策，莫要于促进民智，普兴民业，而二者皆当具世界之眼光。我国文教早辟，而民智薔塞，进步转晚，是宜旁采列邦之文化以灌输之；吾国物力素丰，而兴业之资，母财尤乏，是宜兼集中外资力以辅助之。以国家为根本，以世界为步趋，务使人民智识跂及于大同，社会经济日臻于敏活，民智进则国权自振，民生厚则国力益充。夫如是乃可保文物之旧邦，乃可语共和之真谛。本大总统不惮哓音瘝口，以尊重之主旨，告我国人，固渴望我东亚一隅，与世界同其乐利。

中国老百姓上当受骗太多了，对什么样的"好话"都不得不加上几点问。也就是说，不光听其言，更重观其行。徐世昌说了那么一大片"文治""廉政""和平统一"的话，并没有给人多大振奋，就像蓝天上的浮云一般，看见了却摸不着。"廉政"调儿唱了许久，却不见他惩治一个贪官污吏；"和平"天天挂在口头上，兵戈仍在继续，并且军阀之间新的矛盾又在日益加剧。

徐世昌当上总统的时候，段祺瑞便辞去了国务总理之职，只任着陆军总长。这是和曹锟达成默契之后（都不当副总统）这样做的。其实，在那个混战岁月，连国家的命都握在军阀手中，总统、总理又重几斤几两呢？所以，此刻的大总统，也还是向段总长低三下四。

大总统在唱"和平"高调的时候，他没有想到正是段祺瑞做"武力统一天下"大梦的时候。两种调子成水火，也是段氏辞总理的内因之一。后来，徐总统终于发现了，他有意与他和好。他徐世昌毕竟是皖系操纵的安福国会把他捧上去的，他不敢忘情，他得向段祺瑞送"秋波"。

一天，徐世昌把段祺瑞请到总统府，像往常一样，谈话是开门见山的。"芝泉，"徐世昌亲切地呼着他的字说，"想跟你商量一件事，就是张绍轩的事。当时是应该讨伐他，也应该给他定个罪。不过……"徐世昌笑了，"绍轩毕竟是自己人，事情过去了，他也接受教训了，我看，此事就该了结了。

是不是还让绍轩出来，让他干点事去？"

对于张勋，段祺瑞早已不想再追究什么了。追究什么呢？徐州会议段祺瑞明明是支持的，而是有阴谋支持的。出尔反尔的是段祺瑞。该捞到的段祺瑞全捞到了，张勋作为一把刀借给你了，你得益了，没有理由再为难他了。段祺瑞也想找个台阶了结这件事。早在讨张的兵马兵临北京城下时徐世昌就已有信给段祺瑞，说明"绍轩行为鲁莽，已为国人所不谅，惟出于愚忠，其心可悯，请能从宽处理，勿为已甚"。何况，段祺瑞又知张勋是徐世昌的门生。老师为学生求情，这片心也该体谅。所以，段祺瑞什么话不提便满口答应："一切听从大总统处置，芝泉毫无异议。适当时，还请大总统向绍轩转致我的问候。"

徐世昌十分满意，连说："好好，好好！我一定把你的美意转告绍轩。"

张勋的事谈完了，徐世昌以为段祺瑞要告辞了。谁知他又提出了问题："大总统，有些事我想了许多日子，想得也差不多了，想今天同你报告一下，顺便也商量个意见。"

"什么事，只管说。"徐世昌很大方，"我听你的就是了。"

"那不一定，"段祺瑞说，"我错了，就不必听。"

"你虑的事，十有八九不错。"

"我是说，对南方要采取的对策，包括西南军政府。"段祺瑞说，"现在，什么人都在打旗号，立山头。立了山头就算一份，这不行。和平统一当然是最好的，和平不能统一，也不必勉为，我的意思……"

徐世昌心里一惊——段祺瑞明明又在提倡"武力统一"。这与徐的观点显然不同。所以，不等段把话说完，徐就说："芝泉，这件事是不是改日再谈？谈是要谈的，现在有点过早。你说呢？"

段祺瑞一见大总统"辞客"了，明明心中不愉快，也只好起身谢辞。

——两人虽未因是"和平"，还是"战争"统一天下的分歧升腾到白热化程度，但是，隔阂却从此日渐加深。

第十五章
徐世昌也能当博士

北京，总算又一度平静了：中国的南方和北方，虽然依旧相处敌对，炮火是停下来了；和谈统一虽然困难重重，也还在谈判着；北洋军阀各派之间，矛盾重重，争权夺利尚未发展到动武阶段；外国人尽管还是盘算着在华利益，也尚未采取武力冲开缺口或武力已经起到作用，暂时都还在"享受"。徐世昌就那么福气，当了个想"文治"又"稳治"的大总统。六十四岁的人赶上这节口，称心着呢！

为了区别徐总统与往届总统的不同，标榜自己浓郁的文治气氛，徐世昌在他的总统府特地设了一个"晚晴簃"诗社，与诗友樊樊山、柯劭忞、严范苏、赵湘帆、易实甫、吴辟疆、高阆仙、徐树铮等人每星期日聚会，饮酒赋诗，并铨选清代各家诗，刊印《清诗汇》一书，把自己写的诗汇编成集，命名为《水竹村人集》《退耕堂诗集》；又在他的画友周肇祥家成立了"画学研究会"，研究中国的国画艺术……诗文氛围浓了，诗文方面的朋友也渐多起来，其中有一位，倒是为他在世界上扬了名。此人便是他在翰林院结识的，他的恩师李鸿藻的三儿子，一个革命党人李煜瀛（石曾）。

李石曾是留学法国的，曾以革命党人和以胞兄李符曾与徐世昌有结拜之谊的关系，去东北访过任着总督的徐世昌，并劝他转向革命党或树旗独立的。我们在前文中有过介绍。这位李石曾后来又去了法国，当他再次回到北京之时，徐世昌已经当了中华民国的大总统，且又是"文治"叫得最响的总统。李石曾忽然念起了"前缘"，决定去访徐世昌，并想加入他的诗社画会。好在"晚晴簃"诗社和画学研究会的成员中大多是前清遗老，与李石曾的老爹前翰林院大学士李鸿藻都熟识，便领着李石曾进了总统府。一到总统府见了徐世昌，自然是不必引荐就亲热起来。徐世昌拉着李石曾的手，说："东北一别，竟是十年有余了，听说你又去了欧洲，何时归来的？老师还好吗？"

李石曾忙说："谢谢总统惦记，家严尚好，我嘛，也归来有月余了。听说阁下组织了诗社画会，又大倡文治，十分诱人，是开明之举，故而随友人来凑热闹。"

"中国人生活的气氛太紧张、太厮杀味了，应该有一片诗文清雅世界。"徐世昌说，"所以，我想领个先，开个头。"

李石曾说："世界潮流亦是如此。我这一次回来，就想不走了。我已在北京办了一座孔德学校和一座中法大学，传播西方的文明。"

"好事，好事！"徐世昌说，"有需要帮助的事情，尽管明说，我会尽力的。"

李石曾表示了谢意之后又说："阁下既然倡导文治，又那么热爱诗画，我想，对于一个东方国家的领袖来说，西方国家一定会另眼相看的。有这样一件事，我想你应该争取一下。"

"什么事？"徐世昌问。

"你应该在法国争取得到一个文学博士学位。"李石曾说，"一国领袖，再有这样一个学位，那你便是文明世界最具声望的人物了！"

对于"法国文学博士学位"到底具有多少含金量，徐世昌还说不清楚。但是，能取得一个外国博士学位，那肯定是一件荣誉崇高的事。据徐世昌所知，从慈禧太后派出留学生起，到今天，中国学子取得这个荣誉的尚无一人。他当然想有一顶"博士帽"罩顶了。但是，他又对着李石曾摇头了。"谈何容易呀！我所学的，全是"四书五经"的儒学，被西方国家视为'后进'的东西。拿什么去取得人家的学位呢？"

李石曾笑了。"这不难。西方国家高层人士，正在花大力气研究欧战问题。中国是卷入欧战的国家，如能从这方面加以论述探讨，肯定是具有世界意义的大课题。我看，就写一本《欧战后之中国》，便有希望。"

徐世昌沽名心切，当即便答应了。又说："这就有劳阁下为之周旋了。"

"我会努力的。"李石曾满口答应。

从欧洲大战论及中国形势，这确实是一个具有世界意义的大话题。可是，徐世昌不仅对欧洲大战知之甚少，而且对欧洲大战与中国关系知之更少，若杜撰成书，确不是易举。事情答应之后他感到为难了。这时，徐世昌忽然想起了总统府一位叫黄郛的咨议是个很有学问的人，便悄悄地找到他，把这件事对他说了。

黄郛，浙江绍兴人，字膺白，早年留学日本，加入中国同盟会，辛亥革命时任沪军都督陈其美的参谋长，再后来到北洋政府中从事外交工作，是个十分熟悉世界各国情况的人，自然对欧战也做过研究。听了徐世昌的希望，便说："这事容易，交给我来写吧。"黄郛闷在一个秘密房中，根据欧战情况，结合中国史实，依据儒家的道理，夜以继日地写下去。写一章便送给徐世昌，徐世昌自知不是这方面的学问家，便让吴笈孙、曹秉章、许宝蘅和谢宗陶等人审核、修改。前后半年时间，书写成了，并用中、英、法三种文字刊印出来。李石曾拿着这本书到了法国，替他大力宣传，果然被法国的巴黎大学所看重，立即授予他"文学博士"学位。

徐世昌高兴了，他是中国领袖人物第一个获得外国高等学府授予学位的高层人物，他的文才和文治的影响陡然高了起来。

有了学位，要去领学位证书。徐世昌是中国的大总统，不便轻易出国。于是，委派朱启钤作为他的专使，去法国替他领取。朱启钤携带一大批中、英、法文版本的《欧战后之中国》，在巴黎广为散发。于是，世界上有更多的人知道徐世昌了。

徐世昌没有忘了他的大作《欧战后之中国》的"操刀人"黄郛，于是，拿出美金万元，来到黄郛府上，千恩万谢之后，说："膺白呀！这点钱作为游资，你出国去游历一番吧，也算散散心！"

周游世界黄郛何乐而不为。于是，携着妻子出游去了。谁知他一到美国，事情就发生了意外；外交场上那么多人称赞徐世昌的大作，说他是"当今世界最有学问的大总统"。黄郛心里有点不平衡："这书明明是我写的，著上他的名字，他一下子名震世界，只让我出国游历一阵子。这公平吗？值得吗？"于是，黄郛在纽约的一次聚会上，把《欧战后之中国》的成书情况向世界做了宣告，再经媒体一宣扬，徐世昌便现了丑。"原来大总统还是个草包，学位是别人代取的！"不仅如此，黄郛还把原书修修改改以《欧战后之新世界》为名，用自己的名字在海外重新出版了，更出了徐世昌一大丑。

这事只能算徐世昌大总统一段"轶文"，也就无须评述了。我们还是沿着"欧战"这个话题说点儿别的——

徐世昌任大总统时，欧战已近结束，美、英国家想与日本争霸东方，美国总统和英国女王都对徐世昌提出"在中国实行和平统一南北方"的劝告。接着，英、美、法、意等国协同日本共同向中国的南北双方进言，建议和平统一。徐世昌是想做和和平平的大总统，这些外国人的意见进言正合他的思想。于是，徐世昌大做文章了；他先让梁士诒组织一个和平促进会，又暗示南北方知名人士熊希龄、蔡元培等数十人发起和平期成会，他自己也在各种场合大嚷大叫："和平统一之时机已到，不可失也，中国安危在此一举！"

高调是如此唱了，可是，一旦行动，徐世昌便露出了狐狸尾巴——

1918年11月，他在发出和平令的同时，在北京召开了当总统以来的第一次督军会商会议，张作霖、卢永祥、倪嗣冲、王占元、阎锡山、曹锟等以及各省区代表到会。段祺瑞也被邀参加了会议。

因为后台不同，徐世昌和段祺瑞已经貌合神离了；连捧着徐世昌登上总统宝座的安福国会，徐世昌也远了他们。有什么办法呢？徐世昌是听英美洋人的，段祺瑞是听日本洋人的，英美洋人与日本洋人在瓜分中国利益上总也"分赃不均"，只没完没了狗咬狗。由于有了段祺瑞参加，督军会商会议便拘拘束束地谈论了些诸如"和平统一，南北方不可对等"，"议事不要涉及国会"，又是关于"督军各自势力范围"，等等。最后决议也是模棱两可。但是，在英、美、法、意、日五国的一再劝告下，会议倒是达成了这样的协议：服从总统，赞成和平。11月16日，徐世昌以大总统名义发布了"前方军队罢战退兵"的命令；南方势力也发布了"前方各军守防待命"的命令。其实，这个装模作样的和平、罢战、统一局面，拆穿开来，只能算是徐世昌集中目标对付南方革命党，其次是排斥段祺瑞的安福系罢了。随后，一个马拉松式的南北议和谈判便开始了……

就在徐世昌虚虚假假地大抓"和平统一"的时候，他忽然想起了一件事："该发一道命令，将张勋特赦了。"

——那一天，他和段祺瑞密谈之后，他便想立即下一道"总统令"，为他的门生清洗一下罪名，并且派他一个用场。可是，他发觉段祺瑞答应得很勉强。"做得太急了，会不会引起这个'再造共和'的英雄的反感？"所以，他把这事暂放了一下。放是放下了，心里总不平静。现在，他决定不能再拖了。

特赦张勋的命令很简单，只表明张勋无罪了，发还全部家产。其余的，什么也没有说。

特赦令发布的第二天晚上，张勋偷偷地来到铁匠营徐世昌私宅。

六十四岁的徐世昌，当他再一次见到六十五岁的张勋的时候，他简直不敢认他了：矮小的身个由于消瘦变得更矮了，黝黑的脸上添了几分土色，眼神也灰灰暗暗，那身褪成灰白色的军装，简直告诉人们他是一个失落许久的散兵游勇。他没有辫子了，一顶大大的帽子罩在头顶（也许那里还藏着辫子）。他站在徐世昌面前，久久地呆望着，嘴唇只抽动着，却不张开——昔日那督军、巡阅使、一等功臣的雄伟气概一丝儿也不见了！

徐世昌朝他走近两步，抓住他的手，紧紧地抓住，好久好久，才惊讶地说："绍轩，你怎么这个模样？"

老门生望着小老师，痴呆呆地望着，两行泪水顺着眼角汩汩地往下流去，流过鼻凹，流过嘴唇，然后一滴一滴落在自己胸前灰白色的旧军衣上，那片军衣，顿时斑驳起来。

还是徐世昌开了口："坐下，坐下。坐下说话。"

徐世昌为张勋送上一块毛巾，又递上一杯开水，说："往事不必提它了，都过去了。一纸命令，一切都成了昨天。今天，一切都从头开始。偌大的国家，难道能没有你一片天地？你要从一个死胡同走出来，走向旷野！千万不能倒下去！"

张勋抹着泪水，叹息着，半天才说："当初不听老师的话，栽了一个大跟斗。"他又叹息着，摇着头："我把人都看得太正直、太君子了。堂堂的陆军总长、国务总理，我心中的神仙，怎么能想他是个耍权术的骗子？我上当了，那么轻易地上当了……"

徐世昌知道张勋说的是段祺瑞。心里也有内疚处，当初徐州会议也有他徐世昌的代表呀！只是张勋到了天津之后，徐世昌才态度大变，劝其不可复辟。张勋说的"骗子""上当"，在徐世昌看来，那不过是权力斗争的一种手段，不值得奇怪。要奇怪的只是自己权力斗争不成熟。所以，听了张勋的感慨之言，徐世昌只轻轻摇着头，说："记在心上吧，许多往事是不堪回首的。'大风吹倒梧桐树——长短自有人去量'！历史会是公正的。你回来了，先好好理理家，养养身子，等一段，我会安排你去做适当的事情的。"

"老师费心了。"

"还有什么困难吗？"徐世昌又问，"我要帮你做些什么？"

"不用了，老师。"张勋说，"本来还想对老师诉诉苦，听老师一说，不诉了。是非功过都让后人去评吧。自己有千张嘴也说不清楚的。"

"找医生，看看身子。"徐世昌在送张勋的时候又说，"只要青山在，不怕没柴烧！养好身子，再干一番事业！"

张勋离开铁匠营徐宅的时候，吴笈孙不请却匆匆来了。

吴笈孙是总统府的秘书长，诸多小事他完全可以代总统行事。可是，这段时间以来，总统府发生的事情都是大事，都是他秘书长代行不了的事。如南北议和，还有《巴黎和约》的签订等大事。秘书长匆匆来到总统私宅，就是为这些事。

"世细，"徐世昌总是这样亲切地呼吴笈孙的雅号，"你怎么匆匆来了？"

"菊帅，"吴笈孙成为徐世昌的亲信，是从跟随他去东北三省做总督开始，从那时起，便称他为帅，一声"帅"字，双双心里亲切。所以，以后不管徐世昌在青岛、在天津、在辉县，还是在北京的总统府，他依旧呼"帅"，除了在公开场合呼"总统"。"议和问题十分棘手。朱桂莘（即议和的北方总代表朱启钤）以代表团的名义提出辞职，请总统另派他人……"

"这怎么说的？"徐世昌是费尽心机要创一个和平盛世的。议和中辍了，战争再起，他不也成了好战总统了嘛！"难道唐少川（议和的南方总代表唐绍仪）就不做一点让步，非逼人无路可走不可？"

"是这么个势头。"吴笈孙说。

"复电上海，慰留桂莘。"

——南北议和，是徐世昌当作自己的"德政"来关注和努力的。南方的军政府坚持"双方各派同等代表"，最后达成"各派十人"协议。北方代表以朱启钤为首，南方代表以唐绍仪为首，几经磋商，于1919年2月20日在上海召开议和会议。对于唐绍仪，徐世昌很相信他，觉得唐会给他留面子。徐世昌做东三省总督时，唐绍仪是他的属员，曾任奉天巡抚，徐很器重他；袁世凯做了总统之后，唐绍仪又是第一任内阁总理，徐对他依旧亲密。他作为南方军政府的总代表了，能不给北方几分情面！

然而，偏偏事与愿违，上海会议之前，唐代表就首先提出了"北方对停战贯彻不彻底"的问题，指出具体的事实是政府派军援陕、援闽——原来段祺瑞确有此举：段在陕西调许兰洲、刘镇华等部援助督军陈树藩与国民军于右任作战；也曾派兵援福建李厚基与国民军陈炯明作战。但段称是"剿匪"。徐世昌也只好依段意复电南方，以"剿匪"搪塞。上海会谈开始之后，唐绍仪首先提出了"停止参战借款""取消参战军"及"宣布中日密约"三个问题。当朱启钤把这三个问题都电告徐世昌的时候，大总统竟一阵欣喜——原来这三件事都是段祺瑞的安福系干的，徐也有意解决。于是，复电朱启钤："欧战已停止，参战各师均拨归陆军部直辖；借款问题，由英、美出面与日本洽商，除已交三百万元外，其余不再付。"关于中日密约问题，徐世昌令将《中日军事协定书》《中日陆军、海军共防敌》两项协定和《解释欧战终止日期补充文件》等四份材料寄送和会。徐世昌满以为这样做会使南方代表满意，使和谈早日成功。

但是，唐绍仪却不答应。他以"参战军俨在，军事协定不全，陕战未决及公债未止"为由，指责北方"无谋和诚意，勒限作复"，并且提出"罢黜陕（陈树藩）、湘（张敬尧）两督"之议。北方总代表朱启钤，对于和谈本来就心存畏难苟安，想图迁就却又不敢折中。于是才提出辞职。

和谈的一方代表辞职不谈了，上海和会开始后的第十一天——3月2日遂告中辍。

徐世昌听了吴笈孙的详述，虽然果断地要"慰留"朱启钤仍做他的总代表，可是，朱启钤毕竟离开上海了，议和的上海会议毕竟中辍了。徐世昌只好深深地感叹说："少川何悍！桂莘何蒉！"

议和中辍怎么行呢？徐世昌是以"和平"修饰门面的，没有和平，他这个总统当得还有什么意思？！

徐世昌决心重提和谈，务要实现统一。

和谈中辍，已是天下共知的事。国人对此无不愤然责难。此时，英、美、法也向徐世昌和外交部提出劝告："和平不能中辍，应该双方让步，以实现和平统一。"就连直称大总统为"东海先生"的直系军阀吴佩孚也通电徐世昌及国人，表示和平的殷切希望。桂系将领也向徐总统致电，希望重开和谈会议。

消沉中的徐世昌忽然又兴奋起来了："国人友人均希望中国和平统一，中国为什么不能实现和平呢？中国一定会实现和平，我一定把和平的旗帜高高打起！"

南方代表不是质疑陕西停战的事嘛，徐世昌即以议员张瑞玑为"钦差"赴陕西监视划界停战，坚决再申陕西停战，敦促其立即停火；披露中日协定全文；中止公债；改参战军为国防军。

一切行动都向世人表白，他徐世昌是真心倡导并且身体力行和平的。由此，国人、友人也表示称赞。徐世昌把朱启钤找来，让他"不负众望"，再去上海。

停了三十七天的上海和谈会议，于4月9日重开。

由于"一切"障碍都排除了，徐世昌原以为重开的南北和会会很顺利。这样，他的总统地位便会得到南北双方的共同承认。殊不知，和谈会上，风云又变：南方军政府坚持提出恢复旧国会。

恢复旧国会，就是不承认段祺瑞的安福国会；安福国会被推翻了，安福国会选举的大总统自然也失去了光彩！徐世昌不同意，段祺瑞不同意，安福系国会议员尤其不同意。于是，和谈会议又停顿。

就在中国南北议和走走停停的时候，在法国的巴黎，也在马拉松式地进行着第一次世界大战后的和平会议。英、法、美、意等二十七个国家参加了这个和平会议（苏俄没有参加）。这个和会，名义上是为了拟定对德和约，建立世界和平，实际上是帝国主义战胜国重新分割和策划反对苏维埃俄国的会议。会议为英、美、法三国所操纵，也反映了他们之间的尖锐矛盾。

中国是参加对德战争的国家，是战胜国之一。但是，巴黎和会却漠视中国主权和战胜国的地位，非法决定让日本继承战前德国在中国山东的特权，迫使中国代表在和约上签字。此事传到国内，中国人民无不激愤。于是，爆发了震惊中外的"五四"爱国运动。

1919年5月4日，以北京大学为首联合北京十余所高等院校三千多爱国学生，以反对段祺瑞卖国和反对日本侵略为目的，举行罢课，齐集在总统府和国务院，请愿和游行示威。游行示威的学生还火烧了赵家楼和痛打了章宗祥。学生的爱国行动，遭到军警方面的镇压，他们将三十余名学生拘捕起来。

教育总长傅增湘匆匆将此事报告总统徐世昌。徐世昌听了汇报之后，最初，还是有体谅之心的，他对傅说："学生伤人纵火，大干例禁。然青年血气方刚，误入歧途，察原其情，宜哀矜而毋惩，论之使知非可矣！"

为了扑灭学生运动，国务院特地召开了会议。阁员们多是军阀，杀气腾腾，此时，段祺瑞已经不是国务总理了，只是阁员，但他却自觉是实力派，在会上力主严惩学生。有人附和他，同时提出关闭北京大学。为此事，他们还跟教育总长傅增湘大闹了起来。段祺瑞等人大叫："应该罢免蔡元培的校长，惩处他教育无方，纵容学生闹事！"

傅增湘则说："《巴黎和约》就是不公平，当严惩出卖祖国利益的代表！"

政府态度暧昧，学生运动如火如荼，不仅北京大动，举国上下，渐起支持。全国各地学生纷纷成立学生联合会分支机构；大批学生通过讲演宣传，抵制日货及救国储金等行动，强烈要求北洋政府惩办卖国贼，拒签对德和约，以声援北京学生的爱国行动。学生运动的高潮，得到了工人和商界爱国人士的响应，到6月3日，又爆发了工人参加的大规模的运动。

学生起来了，工人起来了，军阀政府的军警也起来了。京畿卫戍总司令段芝贵、步兵统领王怀庆、京师警察总监吴炳湘等，调动大批军警出动弹压逮捕街头讲演的学生，两天便拘捕学生数千余人。消息传出，全国各大城市纷纷罢课、罢市、罢工……

作为苦读圣贤书又在翰林院坐过冷板凳，而今又做大总统的徐世昌，他对那些爱国学生，起初真是抱着"哀矜而毋惩"的态度。他在国务院的会议上，从言论到行动都比较支持教育部总长傅增湘。然而，徐世昌毕竟也是军阀之一，他除了同情学生的爱国之心，知道在《巴黎和约》上签字就是卖国行为之外，又怕得罪了洋人。所以，徐世昌的政府左右衡量后，还是在和约上签了字。

决定接受那个不平等条约了，徐世昌开始撕去了自己"哀矜而毋惩"的面具，于5月6日、8日连续下令，严禁学生"借名纠众、扰乱秩序"，要求各学校"整饬学风，严禁学生干政"。否则，要将"滋事"学生送交法庭办理，甚至扬言要解散大学。

徐世昌政府镇压学生，引起全国民众的反对，激发了民众更大的反抗情绪。罢课、罢市、罢工高潮由大城市到小城市，由城市渐至乡村，烈火般地在全国各地展开。徐世昌又于14日第三次下令，命京师军警机关随时警备，"坚决取缔学潮"，违者要严惩；同日又向京内外各校学生发出通令，将学生的爱国行动视为"破坏秩序，凌蔑法纪而不恤"，耸言"挽救艰危，端在持以镇静，稍涉纷扰，恐速沦胥，名为爱国，适以误国"，要求学生不要干预政治。

爱国运动不是几纸命令可以压得下去的。十天时间，不仅学生、工人，连工商界也纷纷加入，在全国范围内形成了一个声势浩大的要求"外争国权，内惩国贼"的爱国高潮。

徐世昌急了，他躲在总统府的密室中，但总统府外的呼声和滚滚爱国热潮他听到了，也觉察到了。他的秘书长吴笈孙在身边出出进进像一只圈在铁笼子里的狐狸。他想了好几条为徐世昌解困的办法，但全被自己推翻了——他想让徐世昌对待学生运动惩处"再严"些，可是，他也看到了后果，高压政策只能激起更大的民愤——他想建议大总统挺起胸来，破釜沉舟，命令在巴黎的代表挺起胸来，拒签那个不公平条约。可是，徐世昌何尝有这个心胸和胆识，何况，他背后还有几个强大的帝国主义国家，他们的刺刀已经压在他的脖子上，而徐世昌又不是一个不怕死的汉子。吴笈孙进不得也退不得。他团团转了许久，才说："菊帅，目前形势，非做让步不可了。"

"怎么让步？"徐世昌仰起脸问。

"该做让步。"吴笈孙说，"把巴黎代表调换一下，表示一种惩处。"

"能行吗？"

"可以缓和激烈情绪。"

徐世昌默默地想了想，然后说："我要同芝泉商量一下。"

段祺瑞没有政权和军权了，但他却控制着国会，国会控制着对外签约权。因而，段祺瑞依旧是实权派。徐世昌找到段祺瑞，段祺瑞也看到了国人的爱国热情，生怕自己成了国人的共同敌人，便说："菊帅以大总统名义决定吧。以减缓政府与民众的矛盾为目的。我想，国会和各方都会答应的。"

段祺瑞点头了，徐世昌做了个"让步"的决定：6月16日，北京政府决定罢免外交总长和巴黎谈判代表曹汝霖、章宗祥、陆宗舆三人的职务。然而，十二天之后，即6月28日下午三时，中国的代表仍然奉命要他们在巴黎的凡尔赛宫协约国对德和约上正式签字。消息传到中国留法学生和爱国华侨那里，他们聚集包围了中国代表团公寓，坚决阻止中国代表前往签字。这样，终于使出席巴黎和会的中国代表陆征祥等迫于压力而违命拒签和约。事后当国人质问政府时，徐世昌还假惺惺地发了通电，辩解一番说：

> ……此时内审国情，外观大势，惟有重视英、美、法、日各国
> 之意见，毅然和约签字，以维持我国际之地位。惟我国内舆论，坚

拒签字，如出一辙，在人民昧于外交情形，固亦在意计之中，而共和国家，民为主体，总统以下，同属公仆，欲迳悖情处理，既非服从民意之初象，欲以民意为从违，而熟筹利害，又不忍坐视国步之颠踬。

徐世昌表达了自己十分矛盾的心情。一方面他想以此求得国人的谅解。另一方面，他又根据专任参战督办和段祺瑞的"呈请"，以大总统名义奖叙所谓"参战勋绩最著人员"，褒其"或识烛几先，力排众议；或同心赞助，懋著勋劳"。这些被褒奖的人中，就有曹汝霖、章宗祥、陆宗舆三个人。

对"徐世昌大总统"的所作所为，国人一片哗然。

第十六章
他不该引奉军入关

巴黎和会失败，"五四"学潮骤起，中国的形势发生了天翻地覆的变化。徐世昌的文治治不下去了，南方军政府也看到了国家之危。南北代表借口"一致对外"，又恢复了和谈。朱启钤率北方代表团动身之前去总统府见徐世昌，期望大总统能有个"底"交给他，以便谈判取得"效果"。

徐世昌神情疲惫，显见消瘦的脸膛，没精打采，连眼睛也有些痴呆。他坐在太师椅上，半闭双目，听完朱启钤的"请示"之后，只微微动了一下身子，有气无力地说："桂莘，目前形势十分严峻，和谈能恢复，已属不易。该退让的，都尽量退让。和平统一，当务之急呀！"

"估计最麻烦的，可能还是国会（安福国会）问题。"朱启钤说，"南方要坚持，我们又不能不考虑合肥的情绪。"

朱启钤提到段祺瑞，徐世昌眉头立刻紧锁了一下——是的，南方始终认为安福国会是非法的，他们只承认被黎元洪宣布解散的国会。而段祺瑞目前唯一的寄托，就是这个安福国会；何况，安福国会被撤销了，解散不存在了，这个国会选举的总统怎么样呢？徐世昌也不答应这一条。可是，近来情况却又使大总统十分恼火：段祺瑞不光不尊重他这个大总统，还处处刁难他；段祺瑞的"小扇子军师"徐树铮更是在随时挑剔他，飞扬跋扈地在歧视他。徐世昌早想借故把他们的权再削削。然而，段祺瑞毕竟是个庞然大物，是个有势力的人物，徐世昌削不了他的权。他锁了半天眉，才无可奈何地说："假若谈到国会问题，应该设法避开，待和平统一了之后再谈这件事。其他问题都好商量。"

朱启钤告辞的时候，徐世昌又追着他说："到了上海，你先私下里跟少川见见面。都是兄弟了，又相与共事多年，怎么会没有共识的东西呢？就说我问候他，将来诸多国家大事还得有赖于他呢。"

朱启钤点点头，但心里却嘀咕："唐绍仪这个人，既不是奉天巡抚时的心态，也不是袁世凯时期国务总理的心态，而是在盘算着标新立异，想有大位。"不过，朱启钤还是说："我会把菊帅的意思转告少川的。我想……"

"尽人事而听天命吧。"

上海和谈恢复了。双方代表还装模作样地联名致电巴黎中国专使，请其拒绝在"和约"上签字。朱启钤也单独会见了唐绍仪。可是，一切都无补于统一之时艰。南方代表最后提出了八项具体要求：

一、拒绝签署巴黎和约；

二、废止中日间一切密约；

三、取消参战军或国防军；

四、撤换声名狼藉之督军；

五、宣布民国解散国会令无效；

六、和会选组政务会议督促和议执行；

七、和会从速整理决定提出各案；

八、北方同意上述七项，即由和会承认徐世昌为临时大总统。

拿到这八项条件，朱启钤发愁了——他预想的问题果然发生了。显然，八项条件中的第五条无法接受。朱启钤不须再向总统请示，便以拒绝这一项为目的去见唐绍仪。

那是一个阴沉沉的下午，朱启钤坐在唐绍仪身边，捧着香茶先开了口："少公，南方所提诸条，我看均可接受。唯第五项关于解散国会命令问题，是否暂不列入？待和平统一之后，重作议事面谈。"

唐绍仪笑了："总长（朱启钤任过袁世凯政府的内务总长）所说解散国会命令一事，本不该列入和议之中，因为那是张绍轩复辟心切，逼迫黄陂那样做的。复辟既已覆灭，解散国会一事自然不复存在。可是，此案却又不翻，更有人以另组的国会招摇撞骗，这就是国度所不能容的。这也是在正本清源之举。因而，这一项非列入不可。"

唐绍仪拒绝了朱启钤的要求。这是朱启钤预想到的。所以，他只淡淡地一笑，但口气却坚决地说："菊帅也有他的难处，他不能太驳了合肥。那样，将会有一场大不幸。为缓和气氛，南方似应慎提这一项。"

唐绍仪对朱启钤，从内心里说，有一个并不美好的印象，觉得他太敛财了。跟随徐世昌去东北，充蒙务局督办时，月俸千金，还大贪不足；做了袁氏内务总长，尤其是作为袁氏帝制大典筹办处处长时，竟中饱私囊四百万元！连徐世昌都说"项城拜赐多矣"！当朱启钤对和议条件坚持的时候，唐绍仪也不让步。"总长既然说了，少川只得无可奈何了。这样，明日我即宣布辞职。"

和谈谈不下去了，南北方代表都以"辞职"为退路不欢而散——4月9日重开的和平谈判，到5月13日再度破裂。

我们在前文几处提到了参战军，参战军究竟是怎么回事？它的后果又怎样了？容我们细说说——徐世昌做了大总统之后，段祺瑞和他的安福国会满以为他会是皖系的代表，替段祺瑞办事。谁知这位老翰林一心"文治"，总想八面玲珑，左右逢源，段祺瑞觉得他是个"扶不起来的天子"，有点碍手碍脚的了。于是，他以退为进，辞了国务总理兼陆军总长各职，但却安排了自己的亲信靳云鹏担任总理，实权还是握在自己手中。他自己呢，则借着中国参加第一次世界大战为理由，去筹备一支不受总统、总理和陆军总长领导的"参战军"，并且自任参战军最高统帅——参战督办。段祺瑞的这个参战军共有三个兵员充足、装备精良的师，并且把守了要害地区：第一师曲同丰，驻北京北苑；第二师马良，驻山东济南；第三师陈文运，驻北京南苑——这哪里是参加欧战，明明是控制京师。段祺瑞的腰杆子依旧硬邦邦。

参战军不仅为南方反对，北方的直军更反对。此时，冯国璋已经病故了，直系首领是曹锟和吴佩孚。参战军组成之后即频频在北京西郊石景山和北京北部汤山进行对抗演习和联合战斗射击；同时传出信息，皖系骨干分子刘询将任直隶督军，曲同丰将任河南督军。这就表明要将直系的两片根据地——保定、洛阳——拿过来。曹锟、吴佩孚都不是安分的"傻瓜"，何况直皖矛盾已非一日。于是，已南征湖南的直军在吴佩孚率领下匆匆北上。经湖北、河南很快屯兵直隶，并且很快调整了部署，曹锟坐镇老巢保定，吴佩孚担任了直军前线总指挥。两军对峙，战火一触即发！

焦急中的徐世昌，窥视着直皖两家的剑拔弩张，心中更加不安。他知道，直皖这两家他是谁也左右不了的，同时，这两家谁败谁胜都对自己无好处。而从目前军事实力看，一旦大战开始，曹吴极少胜券。徐世昌窥视大势，知道一旦大战开来，直必联奉以反皖，战争将扩大到整个北方。徐世昌虽然无为，但他却想作为；他虽无力左右直皖任何一家，但他还是想对两家都施加点压力。于是，在直皖两家大战即将爆发的前夕，他突然做出两项决定：

一、免皖系主将徐树铮的西北筹边使及边防军总司令职；

二、免直系主将吴佩孚第三师师长职，并褫夺其陆军中将官阶，交陆军部依法惩办；同时指责曹锟督率无方，革职留任。

徐世昌满以为这样做直皖两家都会因惧怕而收敛三分，那样，他的大总统还可以干下去。

徐世昌想错了，他把自己看得太高了。他哪里知道，他的命令在直皖首领眼里如同一纸空文：徐树铮照当他的西北筹边使兼边防军总司令，吴佩孚照当他的第三师师长，曹锟依旧在保定做他的北方霸主，而直皖大战的序幕依旧渐渐拉开——

四十七岁的吴佩孚，由于连年连战皆胜，早已趾高气扬，目空一切了。望着段祺瑞的三个参战师，他冷笑着说："一群书生指挥的一群乌合之众，实战起来，实不堪一击！"吴佩孚令他从湖南撤回来的军队连夜北上，摆成明暗两种阵势，以迅雷不及掩耳之势驻进了老巢保定和北京近郊的涿县，以逸待劳，准备决战。

段祺瑞将他的部队分为两路：一路为西路，段芝贵是总指挥，下辖三个师，任务是沿京汉铁路由琉璃河南下，目标夺取保定；一路为东路，马良任总指挥，主力为马良的参战军二师，目标是沿津浦铁路由济南北上，直取天津，作为作战的助攻方向。

1920 年 6 月 20 日，皖军部署完毕，当日即全面推进：京汉铁路西侧为参战军第一师，京汉铁路东侧是陆军十六师，两侧齐头南下，拉出夹击之势。谁知这两支军队均因组成不久，缺乏实战经验，南行不久，便发生了自我交叉，迟迟不能前进，混乱得首尾无法相顾。同时，又碰上一场罕见的倾盆大雨，整个阵容都乱了。

直军发现这一情况后，便派出一个混成旅前往骚扰，该旅深入涿县，在高碑店车站附近打下埋伏。次日晨皖军继续南下，即遭到伏击。战斗打响之后，皖军完全不知直军情况，误以为是直军主力阻击，于是，摆开决战架势，连炮兵也进入阵地。

直军刚一接触之后即全部撤出阵地。次日晨，小胜的皖军想乘胜追击时，却已找不到进攻的目标，故而不敢前往，只好就地构筑工事，摆出防御态势，以应大战。

就在大战序幕拉开的时候，吴佩孚动了脑筋，他想借助东北奉张之力，给皖段一点牵制，以便速战速决，获取全胜。吴佩孚知道，张作霖久有入关之意，只是找不出理由，又惧段祺瑞阻拦。现在有函致达，再有一份厚赠，张作霖必然出兵。于是，吴佩孚写了一封长信，派一个亲信，连夜奔向沈阳。

此时的张作霖，羽翼丰满，他不仅是奉天的督军兼省长，两年前还任了东三省巡阅使，俨然成了东北王，他早已做起了"入关"梦。吴佩孚的信一到，他立刻派出两个旅出关，大兵由天津直趋涿县，插在皖军的背后，造成一个夹击的架势。

趁着皖军踌躇不前之际，吴佩孚将主力迅速向前增进。六天之后，直、奉军部署完毕，吴即命令直军全线吹起了"停战"号。皖军前沿总指挥刘询一下子迷惑了：吴子玉（吴佩孚字子玉）有五万大军，在武汉刚刚配足装备，浩浩荡荡北上，势不可挡，为何不战而停呢？

——这里要说一件相关的事情，刘询的陆军十六师，在皖系家族中，地位稍次于参战军，而他的顶头上司段芝贵又对他有点苛刻，他没有享受到应有的待遇。这次出征，就因为装备不足，他想做预备队，结果，还是成了主力。这样，在精神上这支皖军就有点厌战。吴佩孚吹了"停战"号，刘询迷惑一阵，心里也企盼停战。于是，他就命令部队也吹起"停战"号。

对峙双方均出令"停战"，当然无仗可打了，各自阵地上的官兵走出战壕，自由自在地活动。

就在此时，吴佩孚的信使匆匆来到十六师见刘询。来人拿出吴佩孚的亲笔信，又送上一份十分优厚的礼品，并且答应给刘询"提供足够的配给和薪饷"。刘询皱着眉头思索了一阵子，最后对吴佩孚的信使说："今后愿听子玉将军调遣，在战场上实行反戈一击！"

刘询的问题解决了，京汉铁路以东的地盘已不属于段祺瑞的皖军了。吴佩孚放心了，他把军队在京汉铁路以西地区迅速集结，然后突然向皖军西路总军发起进攻。皖军大溃，总指挥段芝贵仓皇逃走，残部大乱。

西线皖军三部已失去两个，曲同丰的第一师也退至京郊北苑。此刻，吴佩孚高姿态了，不再进攻，而是要同曲同丰谈判。迫于形势，曲同丰不得不到高碑店直军指挥部。结果，他一到高碑店，便被吴佩孚扣留软禁起来。师长被扣，所部缴械遣散。

西路大败，皖军东路主力连天津也不曾到，便掉头南回，仍回到济南地盘上去了。

直皖大战以段祺瑞的失败结束了。段祺瑞通电引咎辞职，逃至天津日本租界内"闲蹲"去了。

皖系败北，段祺瑞到天津做了"寓公"，徐世昌这个大总统立刻便处于直奉两大势力之间。徐世昌得向曹锟送"秋波"了。于是，一方面明令解散安福国会，把安福国会骨干分子徐树铮等十六人定罪缉拿；一方面仍把与曹锟、张作霖都有姻亲关系的靳云鹏拉出来组阁。但是，由于这位靳云鹏同时也是段祺瑞的亲信，直奉双方对他都不信任，再加上奉张渐盛，徐世昌有意倾奉，结果，把张作霖的亲信梁士诒拉出来组阁，以代替靳内阁。

梁士诒是北洋时代的一个能人，光绪甲午（1894）科进士，癸卯（1903）举经济特科，廷试列第四名，充广州电局总办，以荐受邮传部参议，管铁路局事，是袁世凯内阁的邮传部大臣，民国以后以部长兼公府秘书，是徐世昌极为崇拜的人物，凡有要事，总想同他商量。让梁士诒做总理，徐世昌完全同意。可是，人们也共知，梁士诒又是段祺瑞的心腹，段氏三次组阁，得梁臂助最多。这样一个总理怎么能摆平各方关系呢？果然，梁内阁一开张，便赦免了安福系徐树铮等十六人。

以胜利自居的吴佩孚，对于奉张推荐梁士诒组阁，已经大为不满了。他了解梁士诒这个人，知道他是段祺瑞的心腹，梁士诒靠段比靳云鹏有过之而无不及。"此人上台，必然重展段祺瑞的伎俩，办不了好事。"梁士诒把皖系骨干都赦免无罪了，吴佩孚由不满而大怒，结果，把一股恶怒都倾注到徐世昌身上，认为徐世昌用人不当，偏听奉张意见。他一方面骂徐世昌是"五朝元老"，呼他为"东海先生"；一方面大肆舆论，说"梁内阁卖国"；同时，吴佩孚跟奉张的关系也开始紧张起来……

想在矛盾中"文治"的徐世昌，矛盾出现了，扩大了，他又担心"文

"治"不了。直皖之战结束时，徐世昌知道吴佩孚会给他出难题，他便想把情感倾向于奉，希望张作霖能拉他一把。除了听取张的意见让梁士诒组阁之外，他还偷偷地答应张作霖，直皖战时入关的奉军可以留在关内，并且从1921年1月起，每月补助奉军军费五万元。谁知徐世昌的算盘没有打好，吴佩孚不服他，揭露了他，并且首唱"召开国民大会，另选总统"。同时，吴佩孚还积极扩大自己的势力范围。

徐世昌又有好几天愁眉难展了："为什么总是不能安分呢？"不知道他是在责备别人还是在责备自己？六十七岁的人，怎么就不该平平静静地生活呢？昨儿深夜，他忽然怪起自己："为什么要从辉县出来当这个大总统呢？假若不出来，依旧住在那片村庄，芒鞋布袜，现在，不是诗也成就、画也成就、剑也成就了嘛。现在倒好，真的'学书学画皆不成'，而且落得满腹忧！"不过，徐世昌在床上翻了个身，马上又觉得"总统还是当得——哪怕一天"！青史留不留名那都是后人的事了，功过是非也让后人去评，将来在中国的人王地主排名上总得有他一席。徐世昌是精通中国历史的，无论是周秦汉唐，还是近在昨天的明清，执政不到一年，甚至不到一个月的皇上几乎代代都有，东周就有三位、西汉有四位、东汉竟有八位，三国到隋三百六十多年间竟有三十位国主执政不足一年，他们不是都有"席位"嘛。徐世昌对于这一点还是欣喜的！然而，最令他欣喜的，还是那笔可观的总统经济享受：总统上任那一百五十万元的"开张"费不算，不管国家的财政如何拮据，大总统的月俸三万元、交际办公费每月四万元，另加烟酒补助费每月六万元，是不能少分文的。据说，这笔钱是由北京崇文门税务专供的。徐世昌当总统第二年（即1920年），全国烟酒事务署脱离财政部，徐世昌派他的亲信张寿龄任督办，徐世昌的薪金便由这个烟酒事务所专供了，月薪也由三万元上升到六万元；月薪之外，大总统尚有秘密活动费、内外债的"好处费"，取之于公府中的家用开支费……谁又能算得清呢？细心人都看得清楚，徐世昌当了大总统之后，天津的私宅天天扩大，天津企业股票及银行存款天天增多，辉县的田地也在天天增，一个原本并不宽裕的文官一忽儿便成了百万富翁。没有总统这个位子能行吗？因而，徐世昌还是十分恋着总统这个位置的，他要千方百计稳住它！

徐世昌手中没有实力，是靠实力派腾达的。就像一株藤，有大树攀缘，它可以比大树还高；没有大树，它永远只会萎缩在地面上。徐世昌是靠皖系的安福国会上台的，皖系战败了，段祺瑞和安福国会都像被砍倒了的树一样，徐世昌转靠直系，可是，吴佩孚从来就没把他放在眼中，近来，还在事事逼他，要逼他下台。徐世昌想平静也平静不了。

怎么办呢？最大的问题是对付吴佩孚。

夜深了，徐世昌还在自己的房子里踱步，边踱步边思索，他要想出一个最积极、最有效的办法对付吴佩孚——难哪！吴佩孚毕竟是手下有五万大军的实力派，身份、语言甚至恫吓都是伤不了他的毫毛的，除非实力！

膳房送来的晚餐，几乎原样端了回去；内宅为他送来的"滋补"，同样晾在了八仙桌上；侍从为他泡了一杯清茶，他端在手中，仅仅是端着，端得水凉了却又放下了。就在他放茶杯的时候，他忽然做了一个决定："来人！"

一个侍从匆匆进来。"大总统……"

"速传出去，让津浦铁路局局长马上来见我。"侍从应了一声"是！"退了出去。

津浦铁路局局长是徐世昌的堂弟徐世章，徐家"小诸葛"式的人物，徐世昌比较信任和依赖他。为了能够常常把他留在京中，所以，除了让他当津浦铁路局局长之外，还让他兼任交通部的次长。这样，以次长的身份在京中就有了位置。

徐世章进来了。他站在大总统面前，轻轻地叫一声"五哥"。徐世昌指着一把椅子，说："坐下吧。"

徐世章坐下，用疑虑的目光望着徐世昌，心里却在忐忑不安地嘀咕……原来，徐世章早两天收了一笔可观的外财，他怕堂兄知道了追查此事。

徐世昌何尝有心肠过问这样的事。堂弟坐定了，他便迫不及待地说："世章，有件急事想让你去办。"

"什么事？"徐世章急问。

"你到奉天去一趟吧。"

"去奉天？！"

"是的。"徐世昌站起身，深深地叹息一声，才慢吞吞地说："吴子玉越来越不像话了，竟然大兵压着京师，又扬言重新召开国会，另选总统，好像天下就是他的了。岂有此理！"停顿一下，又说："欺人太甚了！逼得我无路可走，只有这一步了。"

"请奉军入关？"徐世章露出惊讶的神色——他知道，直奉关系已经十分紧张，张作霖正想寻机入关跟吴佩孚一战。若以总统令去请他入关，岂不是"请"来一场大战！他想向堂兄表明这个意见。当他转脸望着堂兄的时候，他又闭口了。他不能劝他，他在受着吴佩孚的气，不引奉军入关，他会被挤掉的。"只好如此了。"他说，"请奉军入关后，必须严防节外生枝。"

徐世昌点点头，又叹息一声，说："请奉张入关，虽然不是上策，也只有这样做了。这口气难咽呀！只好走一步说一步吧。"徐世章知道事情已经无法挽回，只好问："何时动身？"

"今晚就走吧。"徐世昌说，"我已备好秘密文书，你要轻装简从，切不可走漏消息。"

徐世章领了文书和信函，正想退出去，徐世昌又追过来说："你对张作霖说，军费问题，我可以厚助。请他入关，主要是拱卫京师，起牵制作用，别无他意。"又说："要不，让世绷陪你去。"徐世章一一答应着，这才退出去。

望着徐世章消失在夜幕中，徐世昌这才轻松地舒了一口气。

直皖战后的张作霖，虽然接收了徐树铮边防军一些人马军械，自行增建了师旅，又委派张景惠为察哈尔都统，但比起吴佩孚一个胜利扩三个师要差得多。而且，吴收皖的三个师的军械并未分给奉张一枪一弹。张作霖心里不平衡："是你吴子玉邀我入关助威的。我不在涿县为你助阵，你能进展那么顺利？胜利了，利益应当均摊。"张作霖不仅未能分到胜利品，战争一结束，直军就拉出阵势，要将张作霖的两个旅逼回东北去。张作霖恼了："他妈拉个巴子，吴子玉欺人太甚！"

四十七岁的张作霖，据有东北之后，权欲猛烈膨胀，野心天天扩大。败北的皖系残部大多附了奉。5月，徐世昌又任命他为蒙疆经略使，热察绥三特区归他节制，够他的了。不过，张作霖仍愤愤不平地要入关。

就在这个关头，徐世昌的堂弟徐世章到奉天来了。和他一起来的，还有总统府秘书长吴笈孙。

张作霖盛情款待，亲自举杯奉茶。酒至兴处，张作霖开了口："两位大驾光临，一定有要紧的事。请直说吧，张雨亭对大总统只有一个心眼：忠！"

徐世章把徐世昌的信和调军文书拿出来，恭恭敬敬地交给张作霖，然后说："大总统的意思，只是请雨帅担当拱卫京师，起点牵制之用，请雨帅不必误会。"

吴笈孙也趁机说："雨帅是了知大总统的，大总统一心求其平稳治国，生怕战祸再起。故而以有备无患之心，做些未雨绸缪之事。"

听了两位"钦差"的表白，张作霖暗自笑了："你们两个谋士来骗我红胡子了，什么起'牵制'之用，牵制谁？什么'未雨绸缪'，当大总统了，普天之下，莫非王土，中国的兵马人等哪一个不是你的臣子？谁的军队都可以拱卫京师，何况又没有天下大战，为什么调我呢？"可是，这个红胡子已不是二道沟拉杆子时候的粗汉子了，地盘、势力、金钱、官位都是些什么样的瓜葛，他心中有数，"徐大总统是借我的势力牵制吴佩孚的，别让吴把他掀翻了！"要在平时，张作霖会首先想到保存实力，不卷入战争。现在不同，他正在找碴报复吴佩孚呢。"钦命"来了，他完全可以堂而皇之地挥师入关，真的去"拱卫京师"，从而，也好再跟吴佩孚较量一番。所以，他爽快地对徐、吴二人说："张雨亭早把身家性命都交给国家了，我对总统一千个服从。请二位转报大总统，我接受命令，立即派兵'拱卫京师'。"

不几日，张作霖的奉军即大举入关，分驻京津一带，与直军形成了列阵对峙局面。

直皖战后的吴佩孚，春风得意，趾高气扬，更不把总统放在心上了。徐世昌迫于形势，不得不高看直系，于是，委曹锟为直鲁豫巡阅使，以吴佩孚为副使；同时任命直系骨干李纯为苏皖赣巡阅使，以齐燮元为副使；提升直系旅长王承斌、阎相文、萧耀南、曹英、张福来等为师长。直系将帅受到恩宠，吴佩孚的"另选总统"计划受到阻碍，他便移兵洛阳，埋头练兵，想以洛阳为根据地，建立自己的中心，而后，像段祺瑞那样，以武力来统一中国。

吴佩孚的算盘刚拨开了局头，张作霖的大军已经滚滚地压进他们的大本营——直隶。情报到了洛阳，他立即下令："全军返回北方！"

——一场新的大战已经拉开了序幕。

第十七章
玩火的人常常自焚

　　坐在总统大位上的徐世昌，标榜着"无为而治"。其实，他倒真是坚持"无为"——无所作为。他慌慌张张地使用权术，纵横捭阖，今日靠皖，明日联奉，目的只有一个，是想稳居其位。国主作什么为，为黎民办何事？他可并不多想。他想的多是自己的"文治"，他要为自己在历史上留下"文名"。所以，他挤出所有可用之时间、精力，放在他的"晚晴簃"诗社上。

　　"晚晴簃"诗社由于不断唱和，已经有不少佳作出来了，他已经让诗友正在汇编一本《晚晴簃诗集》；他的《东三省政略》也已刊印出版；早年编定出版的《退耕堂政书》，他又安排人修改；包括名臣、名将、师儒、高士、贤能、忠义、孝友及烈女等为内容的《大清畿辅先哲传》也脱稿修誊清楚；他安排人正在编纂《大清畿辅书证》，他们已经在十二府六州搜集到图书四千一百八十种，抄录序跋，并加按语。据说这是一本可补清史艺文志的好书。就在直奉两家调兵布阵的紧张关口，他还颁布命令，将柯劭忞所编的《新元史》增入二十四史而成为二十五史。1920 年 10 月 9 日，他拟了一道命令，要仿印《四库全书》。他把主持南北和议的总代表朱启钤找到面前，当面通知他，"此事由你主持"。朱启钤认真盘算了一下人力、财力，觉得实在力不从心，才将此议暂放……而他徐世昌自己，也在积极地编纂《拣珠录》《竹总楹联》《藤墅俪言》等书。他真想当一个匡古的"文国主"！

　　然而，各路军阀的派系之争不允许徐大总统坐下来"文治"；国防形势大乱，也不允许他坐下来"文治"。

巴黎和会，中国代表迫于国人的激烈反对未敢在对德和约上签字。这样，日本人对山东的侵占没有丝毫改变。到了1920年1月，日本政府撇开巴黎和会，提出要跟中国政府双方直接交涉。交涉什么呢？还不是依然想着从德国人手中继承中国山东及胶州湾的所有权利。

对于日本的交涉，徐世昌只淡然一笑，他不想理会他——有英美为后盾，徐世昌不怕日本人。早先，有段祺瑞牵制——段是亲日的。现在，段祺瑞已远离政坛，他已无绊误，日本人又会怎样呢，又敢如何呢？为了当今这个局面，徐世昌还特地让留美学生、倾心向美的颜惠庆接替了外交总长，今后，就是依赖英美的外交。

机会终于来了。1921年，美国想在太平洋与远东争夺霸权，决定召开一次华盛顿会议，邀请中国参加。徐世昌一下子兴奋起来，他把新上任的外交总长颜惠庆找到面前，亲切地呼着他的雅号说："骏人，威尔逊（美国总统）要开华盛顿会议了，我估计，他一定要把势力往远东扩展。这事对咱们可是十分有利呀！"

四十五岁的颜惠庆，出生在上海，地理环境给了他一副极会算计的心态，从小便知道在这片十里洋行的地方怎样混世。他在同文馆毕业之后即去了美国弗吉尼亚大学留学，亲身体验了所谓"文明世界"的一切，连月亮都觉得美国的又亮又圆。回国后便在外交部工作，渐渐爬到次长、总长的位子，和徐世昌具有相同的崇美心态，但又总觉"无用武之地"。听了徐世昌的介绍，心里自然高兴，便问："咱们怎么打算？"

"我们已经接到邀请，作为正式代表出席会议。"徐世昌十分兴奋地说，"找你来就是这件事。你赶快搭个班子，及早动身。"颜惠庆自然也是兴奋的。但是，他对徐世昌的为人却有信不过的地方，觉得太守旧，太没有实力，又太缺乏主张。跟他办事，有时候心里不踏实。所以，他想问个明白而后再去办事。"大总统，我猜想，华盛顿这个会，势必把触角伸向远东，中国当然会成为西方的目标，我们应该有个明朗的态度。你说呢？"

"我想好了，八个字，你记住：'还我东隅，疗我宿疾！'"停了停，又说："当然啦，这个目标达到，也非易事。所以，你又要记住：在华盛顿会议上，我们终不得不唯美英是赖矣！"

颜惠庆明白了，也放心了。他轻松地笑笑，说："大总统，刚刚收到日本政府照会，他们仍然提出单独交涉，并且提出了八项建议。我正要向你汇报呢。"

"又提出单独交涉？"徐世昌有点不耐烦了，"我们不同日本人交涉任何问题。巴黎和会我们没有签字，我们毕竟是战胜国。战胜国该享受的我们决不放弃。这一次华盛顿会议，一定会有一个明确的、有利于我们的说法。"徐世昌很自信，因为他同美国总统威尔逊的特使，同英国公使朱尔典都接触过了，这些西方的霸主都向他表示过态度，支持中国收回山东和胶州湾，所以，他腰杆硬。

颜惠庆是个唯恐徐世昌对日态度不硬的人，怕他对日妥协。那样，他去华盛顿了，说话也不大胆。现在，大总统对日态度强硬了，外交总长的胆子自然也就大了起来。"对日本人不能让步。我们没有必要同他们单独交涉。日本是参加协约国的，我们中国也是参加协约国的；日本是胜方，我们中国同样是胜方。同是胜方我们从战败国——德国——手中收回失地为什么要让给你日本人呢？岂有此理！"大约是颜惠庆觉得话说得多了，他忽然停下来，转脸看看大总统。

徐世昌频频点头微笑，他心里明白，外交总长对大总统说教，是十分不得体的。难道大总统不懂这些？还需要他的下级向他谆谆告诫？可是，此刻徐世昌又觉得颜惠庆的话不多，并且说得很有分寸，他必须依照这种"原则"来对待日本人。

夜已经很深了。北京的初冬之夜，又是那么寒凉；这几日，从塞外吹来的风，一天比一天紧了；昨天傍晚，连脱光了叶儿的树枝也被风吹得发出呼叫声，尘沙笼罩着天空，弥弥漫漫，京城仿佛被纱幔裹了起来。

总统府也寒凉。

大总统同外交总长谈到深夜，颜惠庆方才告辞。徐世昌送他出门时，又再三叮咛："到美国之后，你先去见见威尔逊总统，把我们的意见告诉他，请他体谅。"

颜惠庆点头答应着，忽然又想起了另外一件事。"大总统，如果威尔逊向我们提出什么要求，比如……"

徐世昌不等他把话说完就摇手阻止："美国不会对我们有侵略野心的。"他这样说着，心里又有点儿不踏实，再说："为了我们的长远利益，美国人有点什么要求，我们还是能够，也应该答应他们的。"

　　大总统说的"有点"究竟指什么？没说清楚，当然，对于"应该答应"也只是一句泛言。对于外交总长来说，虽然感到有些含糊，却已经够了。所以，颜惠庆只"领会"地点点头，便告辞了。徐世昌这一夜睡得很甜。

　　徐世昌对于华盛顿会议感到十分乐观，其结果却使他大失所望。

　　华盛顿会议从1921年11月12日开到1922年2月6日，开了将近三个月，最后，由出席会议的美、英、日、法、意、葡、比、荷和中国等九国签订了三项条约：一、取代《英日同盟》的美、英、日、法《四国公约》；二、英、美、法、日、意《五国海军协定》；三、《九国公约》，这个公约承认中国独立，主权与领土完整，宣布在中国实行门户开放，各国"机会均等"。

　　华盛顿会议上，英美联合对日施加压力，终于迫使日本达成将青岛交还中国，由中国赎回胶济铁路之协议。表面上看来，久悬未决的胶东问题解决了，然而，那个《九国公约》却在"中国门户开放""各国在华机会均等"等名目约定下，把中国利益一下子分给了八个国家，由八个国家控制了中国。大约这便是徐世昌交代颜惠庆的"能够""应该答应"美英等国的"有点要求"吧。徐世昌还美其名曰"以夷制夷"，实际上正是"以暴易暴"，从而使中国失去了更多主权！

　　吴佩孚把他分散在湘鄂的军队火速调进京郊之后，没有直接宣布对奉军如何，在大举练兵的同时，竟发了一个通电，向内阁发起难来，揭发梁内阁"与日本勾结"的种种罪名，并且向全国人民发出号令："如有敢以梁士诒借日款及共管铁路为是者，即为全国之公敌，凡我国人当共诛之。"要求梁内阁于七日之内下台。另一方面，吴佩孚要求曹锟，"立即召开军事会议，研究对奉问题"。

　　在保定的直系领袖曹锟，心里很乱，对于直奉关系如何解决，他已经锁眉多日了——难办呀！曹锟与张作霖关系甚密，并且又是姻亲，他觉得无由同他们打仗。何况，真正打起仗来，又难定谁输谁赢，为此伤了和气不值得。可是，吴佩孚却不同意："是奉军占了我们的地盘，'请'他们出去有什么不可？"曹锟无可奈何，只得在保定召开了军事会议，任命吴佩孚为总司令，张国镕为东路司令，王承斌为西路司令，冯玉祥为后方司令，立即开始军事行动。

　　张作霖是奉命入关的，吴佩孚拉出架势要打跑他，他当然不吃这一套。于是，把自己的军队自命为"镇威军"，自任总司令，孙烈臣为副总司令，以"拱卫京师"为名驱十五万大军浩浩荡荡入关，另派五万大军做准备。

两军相聚直隶，战火一触即发，直隶百姓人心惶惶。消息传到北京，徐世昌万分焦急，请奉军入关，只是为了给直曹一点颜色看看，压压他们的傲气，不使总统为难。直奉再战，国将如何？就在这时，外国人急急忙忙掺和进来，他们以"外交团"的名义，接连向外交部发出三份警告，也摆出一副参战的架势。4月（1922年）20日发出的第三个警告文书强硬地说：

> 兹因中国各省军队调动一事，外交团认为应请中国政府注意本公使团1921年8月30日致贵总长之照会。该照会内开："外交团特向中国政府提出警告：凡外人所受损失，无论其出于军队之行动，或因其放弃责任所致，定唯该管区之上级军官是问。各国必坚持请中国政府责令该上级军官，个人单独负其责任"。等因，兹特再为声明此态度，相应照请查照。

颜惠庆拿着这些警告去找总理梁士诒，梁士诒正被吴佩孚骂得恼羞成怒，不想理事，他便拉着颜惠庆去见徐世昌。

徐世昌已经够焦头烂额的了，如今外国人又来凑热闹，他更加惊慌失措。手捧着外交团的"警告"，连连发问："怎么办？怎么办？这怎么办？"

梁士诒垂头不语，颜惠庆倒是神情不慌，他慢条斯理地说："外交团的'查照'，只是怕有损他们的利益。其实，不过是无病呻吟。中国人的仗打不打，尚未成定局，哪里就损到外国人头上去了。我看当务之急，还是直奉两家。这样对峙，当然没有好处，如都能撤兵，自然可以息争。"颜惠庆把话说到这里，停住了。他知道，再往下说，便是责怪总统调奉军入关的事了。颜惠庆的话没有说下去，徐世昌却"听"明白了。现在，他也有点后悔，觉得调奉军入关并不是一步好棋。可是，局面已是今日这情形了，后悔是没有用的，得想个办法"解急"。他锁着眉沉思一阵子，说："只有我出面请各家退兵了。"颜惠庆点点头。梁士诒也点点头。

当日，一道以"大总统"名义发出的命令便公布全国。其文为：

> 近日直隶、奉天等处军队移调，递致近畿一带人情惶惑，闾阎骚动，粮食腾踊。商民呼吁，情急词哀。迭据曹锟、张作霖等电呈，声明移调军队情形，览之深为怒然。国家养兵，所以卫民，非

以扰民也。比岁以政局未能统一之故，庶政多有阙失，民生久伤憔悴，力谋拯救之不遑，何忍研伤而不已？本大总统德薄能鲜，不能为国为民共谋福利，而区区蕲向和平之愿，则历久不渝。该巡阅使等相从宣力有年，为国柱石之寄，应知有所举动，民具尔瞻，大之为国家元气所关，小之亦地方治安所系。念生民之涂炭，矢报国之忠诚，自有正道可由，岂待兵戎相见？特颁明令，着即各将近日移调军队，凡两方接近地点，一律撤退。对于国家要政，尽可切实敷陈，以求至中至当之归。其各协恭匡济，奠定邦基，有望焉！此令。

大总统的"撤军"命令发出后，吴佩孚只淡淡一笑，便当作废纸扔了，依旧做他的军事部署。

张作霖却很不高兴。他想，我的移调军队是奉命行事，京畿是否"人情惶惑，闾阎骚动"与我没有关系，"兵戎相见"是他吴佩孚造成的。没有他吴佩孚的"移调军队"，你大总统怎么会命令我来"拱卫京师"呢？现在可好，不分青红皂白，各打四十大板，命令我也撤军，我不能撤。

张作霖不仅不撤军，而且有理有节地发了一通宣战形式的通电：

……

窃以国事纠纷，数年不解，作霖僻处关外，一切均听北洋团体中诸领袖之主张，向使同心合力，无论前年衡阳一役，可以乘胜促统一之速成，即不然，而团体固结，不自摧残，亦可成美洲十三州之局。乃一人为梗，大局益棼，至今日而愈烈，长此相持，不特全国商民受其痛苦，即外人商业停顿，亦复亏损甚钜，啧有烦言。作霖所以隐忍不言者，诚不欲使一般自私自利之徒，借口污蔑也。不料因此竟无故招谤，遂拟将国内奉军，悉数调回。乃蒙大总统派鲍总长到奉挽留，曹省长亲来，亦以保卫京津，不可撤回为清。而驻军地点商会挽留之电，相继而至，万不得已，始有入关换防，酌增军队，与曹使协谋统一之举。又以华府会议，适有中、交两行挤现之事，共管之声浪益高，国势之欹危益甚，作霖又不惜以巨款救济之。所以牺牲一切，以维持国家者，自问可告无罪。若再统一无期，则神州陆沉，可立而待，因一面为京畿之保障，一面促统一之进行，所有进兵宗旨暨详情，业于皓日溘日通告海内。凡有血气者，睹情形之危迫，痛丧乱之频成，应如何破除私见，共同挽救。乃吴佩孚者狡黠性成，殃民祸国，醉心利禄，反复无常。顿衡阳之兵，干法乱纪；致成慎于死，卖友欺心，决金口之堤，直以民命为草芥；截铁路之款，俨同强盗之横行。蔑视外交，则劫夺盐款；不顾国土，则贿卖铜山。逐王使于荆襄，首破坏北洋团体；骗各方之款项，专鼓动大局风潮。盘踞洛阳，甘作中原之梗，弄兵湘鄂，显为蚕食之谋。迫胁中、交两行，掠人民之血本；勒捐武汉商会，竭阛阓之脂膏。涂炭生灵，较闯献为更甚；强梁罪状，比安史而尤浮。唯利是图，无恶不作，实破坏和平之妖孽，阻碍统一之神奸。天地之所不容，神人之所共怒。作霖当仁不让，疾恶如仇，犹复忍耐含容，但得和平统一，不愿以干戈相见。不意曹使养电、吴氏马电，相继逼迫，甘为戎首，宣战前来，自不能不简率师徒，相与周旋，以励相我国家。事定之后，所有统一办法，谨当随同大总统及各省军民长官之后，与海内耆年硕德、政治名流，开会讨论公决。作霖本天良之主宰，掬诚悃以宣言，既不敢存争权争利之野心，亦绝无为一人一党之成见。皇天后土，共鉴血忱。作霖不敢以一人欺天下，披沥以闻，伏维公鉴！

奉军的通电发出之后，吴佩孚正好找到了借口，他知道奉军主力在西线，于是，亲赴长辛店指挥。直奉大战开始。

西线奉军是张景惠的第一师，直军攻来，他先令炮团排炮猛轰。霎时间，硝烟弥漫，炮声震天。直军虽然伤亡甚重，却无退意。此刻，张作霖却加派两个混成旅来援。直军左右受敌，顾前失后，顿时一片大乱。

吴佩孚一见军阵大乱，觉得取胜无望，便迅速撤出阵地，兵退涿县固守。奉军占领良乡。

退至涿县的直军经过一番调整，吴佩孚便命西路司令王承斌率部正面攻长辛店，而他却亲领军队从侧面偷袭奉军的军械集中地——三家店。

张作霖知道吴佩孚会偷袭他，除确保原参战军阵地不变之外，抽调邹芬师增援三家店。在直军偷袭成功后，奉军发起两面夹击，直军不战而退。吴佩孚退出主战场之后积极和西路军配合，重新展开夹击攻势，张景惠虽奋起反击，终因伤亡太重，援军未到而节节败北。最后，不得不向卢沟桥撤去。

奉军东路由张学良、郭松龄为统领，中级军官多为武备学堂出身，战士也是经过严格训练，战斗力很强。开战之后，先后占领了大城、青县、霸县等地。后来，在一次攻坚战中，张学良受伤，军队再无大进，加上张作霖部队作战不力，阵地渐渐失去，队伍渐渐溃不成军，最后长辛店失守。

长辛店失守，奉军兵败如山倒，纷纷向山海关退去。张作霖亲去落堡督战，命督战队用机枪阻后，虽毙进攻不力的团营长十多人，落堡仍被敌军所占。张作霖率败军顺滦河而下，最后退到山海关；但是，他的部队已经所剩无几了。

第一次直奉大战经过七天战斗，以奉军的失败宣告结束。为这场战争张作霖准备了一年有余，集中兵力二十万人。当他把残兵败将撤至山海关，经过收编时，张作霖懊丧之极，感到了山穷水尽，倾家荡产了。

直奉大战拉开序幕之后，徐世昌认定有八九分把握是奉张取胜。张作霖二十万兵马，长期准备，训练有素，装备精良，兵力集中对准谁谁也挡驾不了。为此，徐世昌还迫不及待地举行了一个家庭式的、颇为隆重的宴会，来预祝奉张的胜利——奉张胜利了，吴佩孚再不会在他面前趾高气扬、盛气凌人了。徐世昌受够了吴佩孚那个气，他希望张作霖把吴佩孚消灭。消灭不了也大大杀杀他的锐气！可是，正当他举杯的时候，奉张失败的消息传来了。开始他不相信，当消息被证实之后，他手中端的那只从故宫大内取来的汉白玉酒杯顿时落到地面上，摔得粉碎，他也瘫软在太师椅子上——吴佩孚又胜了？！吴佩孚胜了，他大总统会面临什么样的处境？徐世昌由惊慌到糊涂，又由糊涂到清醒了……这天晚上，徐世昌病了，他发起了高烧。烧得他昏天黑地，说了许多胡话——他痛骂张作霖是个无用的东西，是个只会打家劫舍的大土匪，"给你那么好的条件，你拿着尚方宝剑入关，每月给你足够的军饷，什么地盘有利你就驻什么地方，为什么还会失败呢？你的勇气哪里去了？一个地地道道扶不起的天子！"他向吴佩孚求情，他说他没有让张作霖入关，他入关是他目无王法，擅自做主，"我对珊帅和子玉一直是优礼有嘉，重重依赖的，你们的官全是我封的。不重视你们会有你们的今天吗？"后来，他终于说明白了为什么要奉军入关，为什么偷偷地给奉军供给粮饷……好在这一夜徐世昌身边全是他的家人和亲信，徐世昌无论说了什么，他们只会惊讶，只会暗暗地吐舌，谁也不会传出去。

次日黎明，徐世昌清醒了，昨夜发生的事情他大多忘了，唯有那个"直胜奉败"的消息他没有忘。他依旧惊魂未定，瞪着略微红肿的眼睛让人把堂弟徐世章和秘书长吴笈孙找来，"告诉他们：有急事。十万火急！"当吴笈孙和徐世章先后来到他面前时，徐世昌有点失措无主地大声问："你们知道吗？知道吗？形势坏了，知道吗？"

这种没头没脑的问话，弄得二人张口结舌，谁也不知道怎样回答。

"难道你们都是聋子，都是瞎子，竟然什么事也不知道？"徐世昌大怒了，"告诉你们吧，张作霖败了，大败了！吴佩孚胜了，大胜了！"

刚刚被召来的二人这才轻松地舒了一口气。吴笈孙欠了欠身子，心想："胜败乃兵家常事，两军对峙，总有一军胜一军败，有什么奇怪？"但他不敢这样说，又不知再说什么好，索性拿出烟来，一声不响地去吸烟。

徐世章一直是奉命行事，心思都放在抓铁路抓钱上面，谁胜谁负，这种事见多了，也见怪不怪。"养了那么多军队，不打仗养着干什么？打起仗来军队才有用，胜负有什么？只要不打到北京城，不打到总统府，关你什么事？"但是，他也只是这么想想，不敢说出口，也是因为摸不准堂兄"葫芦里装的什么药"，所以，还是不说话为佳。

徐世昌不能沉默，他瞪着依旧红肿的眼睛说："怎么办？事到如今这个样子了，你们看怎么办？"那语气仿佛这场战争就是徐世章和吴笈孙二人挑起的。而今，必须由他们二人拿出收拾残局的办法或承担战祸罪责才行。

徐、吴二人不着急，但却均在迷惑中："大总统这是问计还是责难？这场战争是直奉两家打的，谁胜谁败与我们有何关系？我们又没有参与。去东北一趟那是奉了你的命令，只不过送一封信，责难我们什么呢？"所以，二人对徐世昌的话，左耳听了，右耳已冒了，权当没听见，还是依旧沉默。

"说呀！你们说呀！这局面到底该怎么办呢？"

看起来，徐世昌不从这两人口中逼出话来是不罢休了。追问之后，把那逼人的目光也送了过去，仿佛是在逼着他们说话。

吴笈孙是个有点儿智谋的人，紧要关头还是能够想出一两个招数的。他知道，这场直奉大战，从某种程度上说，是徐世昌挑起的，是徐世昌引奉军入关引起的。奉军败了，无论是曹锟，还是吴佩孚，这笔账是要算的，大总统是应该还这笔账的。因而，吴笈孙思索了一个最好的办法，那就是请徐世昌通电下野！可是，吴笈孙竟自摇头："徐世昌做不到。总统来之不易，他又刚愎自用，唯利是图，在未见'棺材'之前，徐世昌是不会'流泪'的！"这么想着，秘书长用一线狡黠的目光朝着徐世章望了一眼，同时给了一个不知什么心态的微笑。

徐世章也是个"明白人"，他对自己的堂兄更加了解，知道他的为人，无论惹出多大事情，他都不会认输。张作霖大军入关，是奉总统"令"来的，总统应承担责任。徐世章摇头，"他不会承认！"他想借个理由，把罪责加到张作霖头上，由总统发布一个什么命令。但又摇头，他知道那样做张作霖不会答应，"说不定那个红胡子会重整旗鼓，再来打总统"。思来想去，心神不定，索性也不开口。

豪华的会客厅，对坐着一双沉默的眼睛，沉默得令人窒息。徐世昌心急如焚，背上已经冒出汗水。他望着两个敛口如钉的属下，发起怒来：他扔掉毡帽，敞开胸襟，双眼发直，口吐唾沫，气急败坏地说："你们都默不作声了，好像你们都是没事人，只有我罪责难逃，必须由我拿出办法来解决当务之急！那好，我拿办法，我决定了：当初周旋曹吴与张的关系的，是你们俩；去东北调兵入关的，还是你们俩，因而，挑起这场战争的自然是你吴笈孙和徐世章，你们是罪魁祸首，只有杀了你们俩，才能平息事态，才算以谢天下！"

"啊？！——"两人同时惊讶不已。

吴笈孙呆了，他觉得徐世昌会那样做。

徐世章也呆了，他也觉得他的堂兄会那样做。他跪倒地上，爬到徐世昌面前，大声哭喊着说："五哥，五哥呀！你不能那样做。你的亲笔信还在张作霖手里，他会公布的。杀了我们，国人会骂你。我有个办法，你听我说。"

徐世昌背过身，一声不响。

徐世章又说："五哥，将来吴子玉对你发难，只会借口奉军入关，引来战祸。现在张作霖败了，您何不下道命令，免了张作霖本兼各职。把张作霖免了，矛盾自然缓解，事态自然会平息……"

徐世昌不再作声了。吴笈孙趁机说："菊帅，现在只有这一个办法了。张作霖退出关外，还会重整旗鼓的，一纸罢职令对他没有多大压力，但对吴佩孚却有作用，他会明白你的用心的。只有靠直远奉这一条路了。"

徐世昌胸无韬略，困境中只会听人指挥。他虽然觉得两人的意见并非万全之策，但也无其他办法了。干脆走一步说一步，得过且过，明天杀头再说明天的事。他沉默了好一阵，便摇着手说："去吧，去吧。你们都去吧！"

不久，徐世昌便以大总统名义连发四道命令：

解散现任内阁，通缉梁士诒。

限奉军即日退出关外。

撤销张作霖本兼各职，听候查办。

任命吴俊升为奉天督军，袁金凯为奉天省长。

第十八章
总统也不是好当的

徐世昌满以为他的四道命令会稳住局势，那样，他将再向直吴送送"秋波"，也许这大总统还会稳做几天。徐世昌心里很明白，他那四道命令完全是按照吴佩孚的意思发的。尤其是任命吴俊升为奉天督军，简直就像听了吴佩孚的"指令"才那样做的。长久以来，吴佩孚就盼着奉军内部能够分裂，能够有人出来同张作霖抗衡。这个人，以吴俊升最合适。徐世昌一边免张作霖本兼各职，一边又提升吴俊升，一拉一打，双管齐下，正好迎合了吴佩孚。吴佩孚肯定会给徐世昌一个笑脸，这样，岂不天下太平了。其实不然。

看到徐世昌的四道命令，吴佩孚只冷淡地笑笑，然后当成废纸扔了——他轻声地骂着："晚了，雨后送伞。奉军不退出山海关能行吗？张作霖已经败得无立足之地，还有什么职？吴俊升已无用途了，不需他跟张作霖抗衡了。"吴佩孚以全胜的姿态，做起了并吞东三省的大梦。所以，他把徐世昌的"秋波"看成"雨后送伞"。

退到山海关的张作霖，见到徐世昌的四道命令，立即拍起桌子："什么命令？他妈拉个巴子放臭屁！"他把大总统命令一把火烧了，接着，收拾了一下残兵败将，重新在山海关、滦州等处部署了四道防线，并且把损失较轻的李景林部放到第一线，准备再战。不过，张作霖对于徐世昌任命吴俊升为奉天督军，确实心中犯忌。"吴俊升和我，一上一下，这是为什么呢？难道战争中间，他吴俊升暗暗'放了水'？我得查个明白。"

　　正是张作霖疑惑不安的时候，吴俊升开着专车到山海关来见张作霖了。张作霖心里一动："来得好快呀，要接任了！"他皮笑肉不笑地说："兄弟，你好快呀！要交接，也得让我准备准备！"

　　吴俊升一听，知道张作霖话里有话，便连忙跪倒，急得满脸红紫说："大帅，你这不是骂我八代祖宗吗？我靠你拉扯才进了黑龙江，才有了今天，我报恩还来不及，怎么能出面拆你的台呢！再说，他徐世昌是谁的大总统？北京是在耍鬼把戏，咱们不能再听徐世昌的了！"

　　"这么说……"张作霖点点头。

　　"大帅，你有肚量，天大的事都担得起。你想想，东北没了你，把我放在奉天，顶不了几天就被人家挤走了。北京这帮狗杂种，心毒着呢！大帅千万不能上当！"

　　"袁金凯那省长……"张作霖还是不放心。

　　"大帅，老袁是个学问人，啥鬼把戏看不透？"吴俊升说，"他让我回大帅，不理北京这一套。他正忙着活动省议会，看看如何走下一步棋。"

　　"兄弟，"张作霖忙扶起吴俊升，说，"照你这么说，下一步我该……"

　　"还犹豫什么？"吴俊升说，"大家保你坐东三省，咱干咱们的。"

　　"好！"张作霖一拍屁股站了起来，"他徐老五坐他的北京，我张作霖坐我的奉天，咱们就对着干吧！"

　　张作霖回到奉天，宣布东三省独立，发表了《东三省独立宣言》，宣布与北京政府断绝关系；同时宣布他张作霖已被推选为"东三省保安总司令"。另外，还特地针对徐世昌发了一个《告全国军民人等》通电。四道命令发出之后，徐世昌觉得还不利索，不仅张作霖不会老老实实，吴佩孚也会对他发难，他没有能力应付这两家。现在，内阁总理被免职还要查办了，只能使吴佩孚消消气，根本问题还是悬着：吴佩孚要向总统发难。徐世昌思来想去，想出了一个办法，企图将纷乱的局面只限于内阁问题。"吴佩孚不是说'梁内阁卖国'嘛，我把梁士诒免了，还要处理他，你们该没有意见了吧。"徐世昌又觉不行："总理没有了，内阁让谁去承担处理问题呢？"思来想去，他决定请王士珍出来组阁，而后，让王士珍处理这个烂摊子。"王士珍是北洋的前辈，曹锟是他部下，吴佩孚对他也是执弟子礼，敬之甚恭。"因此，他拿起笔来，要写一封亲笔信给这位在正定的北洋之龙，希望他"速速来京，商量大事"。

徐世昌的信尚未写好，张作霖的"通电"送到总统府。他还以为是张作霖"领命""谢恩"呢，展开通电，他傻了眼——张作霖是在撕开脸皮骂他呢。

张作霖通电全文如下：

自内阁问题发生以来，中央陷于无政府地位。作霖远处关外，不欲为若何举动。乃徐世昌派其介弟世章及吴秘书长笈孙，先后来奉，谓总统面谕，饬作霖率兵入关，以资镇慑，庶总统对于用人行政得自由处分。当服从命令，率师出关。后欲撤兵回防，徐又派徐吴两人再三挽留，并谓直军徒有虚名而无能为力。作霖与仲珊本系姻亲，岂忍相残，子玉情同袍泽，更非仇敌，苟非丧心病狂，何至兵戎相见。顾以总统之命，违心言战。自恨菲才，心致丧师失地。及明其真相，方知为人所利用，决计退集滦州，出关自保。徐世昌又遣使来，劝我再战，一面以命令夺我职权，犹谓敷衍表面。此中诡谲，又复谁欺！徐世昌之为人，诡诈多端，唯利是视。臣事满清，欺其孤寡；辅翼项城，孥其所托。唆使张勋复辟，又从而剪除之；重用安福党人，又迫段氏下野；信任曹吴，又使作霖以兵铲除。作霖愚昧，为人所卖。自民国以来，屡次变乱，徐世昌坐收渔人之利，外间不察，误以为和事老人，不知其实为导火线也。

徐世昌看到这份通电，立即就晕厥起来，电报从他手中朝地面落去，两只眼睛也昏花模糊起来，不知不觉地呆着。

更令徐世昌想象不到的，是直系对他的态度：吴佩孚自不必说，深恶痛绝，直系干将、江苏督军齐燮元竟以张作霖同样的态度和言辞给徐世昌发了一个电报，"请"其下野。电文咄咄逼人，口气却恭谨曲婉，称得上一篇文彩绝妙的佳作：

我大总统本以救国之心，出膺艰巨，频年以来，艰难斡运，宵旰殷忧，无非以法制为精神，以统一为薪向，乃不幸值国家之多故，遂因就之俱穷，因国事而召内讧，内讧而搆兵衅，国人之苦怨愈深，友邦之希望将绝。今则关外干戈未定，而西南又告警矣！兵连祸结，靡有已时；水深火热，于今为烈。窃以为种种痛苦，由于统一无期，由于国是非定。群疑众难，责望交丛，旷观大势所趋，人心所向，对于政府，欲期鼎新革故，不得不出于改弦更辙之途；欲其长治久安，不得不谋根本之解决。今则恢复法统，已成国是，不喙同声，群情一致。伏思我大总统为民为国，敝屣尊荣，本期素志，倦勤有待，屡闻德音，虚以待贤，匪伊朝夕。若能俯从民意之请愿，仍本救国之初心，慷慨宣言，功成身退，既昭德让，复示大信，进退维公，无善于此。

这个电报，简直寓嘲弄怒骂于嬉笑之态，你徐世昌不是大叫"救国"嘛，现在，国家灾难深重，你已无法拯救了，人民等不得了，你该慨然身退了！

两个电报，腹背受敌，徐世昌感到中南海冷气袭人了。是进是退，他没有丝毫主张。

直奉大战之后，国内形势极度动荡：退回东北的奉张，已经去独立了，直军占领了古冶、开平、洼尔里等地，吴佩孚便稳定下来，注意力从军队转入政治。就在徐世昌拟请王士珍出山的时候，曹锟领衔，携同吴佩孚、田中玉、陈光远、李厚基、萧耀南、冯玉祥等联名请王士珍出山组阁，收拾残局。

王士珍，字聊卿，直隶正定人，北洋武备学堂毕业。1895年参与袁世凯小站练兵，从而成为北洋系的骨干之一，和段祺瑞、冯国璋并称"北洋三杰"，是三杰中的"龙"，历任过统制、提督、陆军部大臣，辛亥革命之后，在袁政府的陆海军大元帅统率办事处任陆军总长。袁世凯死了之后，此人便以北洋元老的身份调停于皖、直、奉各派之间。正在正定原籍赋闲的王士珍，忽然被"朝廷"和"新贵"直曹器重起来，不谋而合地邀其出面组阁，先是一阵欣喜——六十四岁的人了，再有一任内阁总理当当，也算一个光彩的晚年，但是，王士珍毕竟是混迹官场多年，有过酸甜苦辣经历的人，战争连年，各派争霸，连那位善于纵横捭阖的徐世昌都无法应酬各方，他王士珍就不愿往旋涡中扎了。于是，一封电报，分发多家，将各方美意谢辞了。

王士珍谢绝出山，徐世昌感到失望。"没有这位'龙'老弟周旋，今后日子更不好过了！"

吴佩孚却十分平静。不仅平静，反而觉得"如此更好"！

此刻的吴佩孚胜利自居，野心更大，他想以恢复法统为名，把黎元洪捧出来，"以号召天下"！请黎元洪出山，自然要恢复旧国会。吴佩孚迫不及待地找到旧参议院议长王家襄、众议院议长吴景濂，让他们去出面活动。

旧国会是被段祺瑞宣布"作废"的，段祺瑞已是销声匿迹了，吴佩孚又新胜了张作霖，天下已归直，两院议长已有官可做了，自然欣喜若狂。王家襄跑到吴佩孚面前，奴颜婢膝地哈着腰说："南北分裂，实起于法统问题。大帅主张恢复法统，实在是谋国的不二妙策。国会恢复，黄陂复职，南方护法的目的已达，当然只好归命中央。那时统一中国的首功，除了大元帅谁还当得上？"吴景濂也说："大帅在战前本已想让黄陂复位，因为外交团怕增加纠纷，表示反对，大帅才没有实行。现在奉军已败出关去，中央的事情，只要大帅一开口，谁还敢说个'不'字？恢复法统，原是为国为民，并非为己谋利，国民正求之不得。大帅果肯这样做，全国人民必然会竭力拥护！"

两院议长如此一捧，吴佩孚顿时昏昏然。他仰面微笑，但还是说："我早已想过，恢复法统，有两件事极为重要：一是恢复国会，一是黄陂复职。只不知先做哪一事才好？"

吴景濂说："自然是先恢复国会。总统是由国会选举产生的，不恢复国会，总统复职便没有根据了。"

吴佩孚欣喜地点点头，又沉思片刻说："这样吧，这件事我让长江上游总司令孙传芳带个头，发起一下，各方响应，事便成了。"

王、吴二议长复官在望，无论什么办法，达到目的便心满意足。于是，双双拥护。

不日，孙传芳便从长江上游总司令部向全国发出恢复国会的倡议电：

> 巩固民国，宜先统一，南北统一之破裂，既以法律问题为厉阶，统一之归来，即当以恢复法统为捷径。应请黎黄陂复位，召开六年旧国会，速制宪典，共选副座。非常政府，原由护法而兴，法统既复，异帜可消，倘有扰乱之徒，应在共弃之例。

孙传芳的这个电报发向全国之后，就像向大海里扔了一块小石子一样，连一朵小小的浪花也未激起。强权各霸一方，战火此起彼伏，黄天后土，一派焦枯，谁能相信一个通电就可以平稳天下，何况像孙传芳这样的无足轻重的人物。吴佩孚失算了一步棋，心里着实冷了几日。但他并不罢休，又找来两院议长，重新定计。结果，又征得曹锟同意，他们决定无论有没有人响应，先把议员召集来，自由开会，把大事定下来再说。

外界风潮，连连传入中南海，徐世昌装聋作哑，不理不睬。徐世昌在做梦呀！他知道自己的大位难坐了。徐世昌想退而求全，同意第一届国会（即旧国会）复会，想以此作为钓饵，主张先议宪法，后选总统。因为制宪需要时间，拖延到他五年任期满，就可以"光荣"退出政治舞台。谁知，徐世昌的算盘打得也不怎么顺利，逼宫的电报竟然接二连三，他无法招架了。

孙传芳是奉命行事的，一招不灵，无法交差，只好再来一招，索性发第二次通电。接受第一次通电"笼而统之"的教训，这次通电，孙传芳采取了直接找上门的办法，把电报打给徐世昌请他知趣退出——大约孙传芳觉得那样做太刺人眼睛了，故而在"徐世昌"前又加了一位孙中山。

> 自法统破裂，政局分崩，南则集合旧国会议员，选举孙大总统，组织广东政府，以资号召；北则改选新国会议员，选举徐大总统，依据北京政府，以为抵制。谁为合法，谁为违法？天下后世，自有公论。惟长此南北背驰，各走极端，连年内争，视同敌国，阋墙煮豆，祸乱相寻，民生凋敝，国本动摇，颠复危亡，迫在眉睫。推原祸始，何莫非解散国会，破坏法律，阶之厉也。传芳删日通电，主张恢复法统，促进统一，救亡图存，别无长策。近得各方复电，多数赞同。人之爱国，同此心理，既得正轨，进行无阻。统一之期，殆将不远。惟念法律神圣，不容假借，事实障碍，应早化除。广东孙大总统，原于护法，法统已复，功成身退，有何留连？北京徐大总统，新会选出，旧会召集，新会无凭，连带问题，同时失效。所望两先生体天之德，视民如伤，敝屣尊荣，及时引退，中华幸甚！

孙传芳此电一到北京，徐世昌猛然联想起刚刚收到的江苏督军齐燮元的电报，自知问题严重，不能置之不理了。徐世昌找到他的心腹和谋士周自齐问计。周自齐是个细心稳重的人，刚刚任了内阁总理，他统观大局，知道事态严重，便推心置腹地说："菊帅，事已至此，回避是回避不了的，不声不响，也是说不过去的。依我的愚见，不如借着孙传芳的电报，咱们也发一个电报，探探各督军的态度，各督军当然不能贸然决定去从，必须往返电商，交换意见。这样，必然要花费许多时间，我们也可乘机转圜。现在，咱们可以把话说得冠冕一些，以便有个退步。"

徐世昌听着，点着头，心里想："也只有如此了，走一步说一步，哪里黑天哪里住下。别的，又有什么办法呢？"

当日，徐世昌便发了一个无可奈何，但又语气温和的通电：

> 阅孙传芳勘电，所陈忠言快论，实获我心。如果能如此进行，使亿众一心，悉除逆作，免斯民涂炭之苦，跻国家磐石之安，政治修明，日臻强盛。鄙人虽居草野，得以余年而享太平，其乐无穷，胜于今日十倍。况斡旋运数，挽济危亡，本系鄙人初志。本人力不能逮，群贤协谋以成其意，更属求之而不得之举。一有合宜办法，便即束身而退，决无希恋。

徐世昌想着通过各督军"斡旋运数"来拖延时间，以便让自己过足五年总统瘾，哪知曹锟、吴佩孚一眼便看穿了，他们怕夜长梦多，徐世昌赖在总统位置上不走，于是，便于1922年5月28日在保定光园召集直系要人开了个紧急会议，决定促徐世昌下野，并于5月31日在天津顺直省议会大厅召开了第一届国会议员大会，三百八十余名议员通过决议，宣布"徐世昌祸国殃民，障碍统一，不忠共和，黩货营私"等罪名，指明其当选总统为违法篡窃，宣告无效，并同时向全国发出宣言：

> 民国宪法未成之前，国家根本组织，厥惟《临时约法》。依据《临时约法》，大总统无解散国会之权，则六年六月十二日解散参、众两院之令，当然无效。又查《临时约法》第二十八条，参议院以国会成立之日解散，其职权由国会行之，则国会成立以后，不容再有参议院发生，亦无疑义。乃两院既经非法解散，旋又组织参议院，循是而有七年之非法国会，以及同年之非法大总统选举会。徐世昌之任大总统，既系选自非法，大总统选举会显属篡窃行为，应即宣告无效。自今日始，应由国会完全行使职权，再由合法大总统依法组织政府，护法大业，亦已告成。其西南各省，因护法而成立之一切特别组织，自应于此终结。至徐世昌窃位数年，祸国殃民，障碍统一，不忠共和，黩货营私，种种罪恶，举国痛心，更无俟同

人等一一列举也。六载分崩，扰攘不止，拨乱反正，惟此一途。凡我国人，同此心理，特此宣言。

国会发出宣言了，无论这个国会的合法性如何，它毕竟是一个享有特权的机构，要比任何个人的理由、宣言都有分量。徐世昌恐慌了，他捧着宣言，双手发抖，心悬起，眼发花，身子也颤抖起来。好一阵，他才重重地坐在椅子上，手里紧紧握着电报，眼睛微微闭了起来——

徐世昌是 1918 年 10 月 10 日登上大总统宝座的，到所谓的国会发表否认他为合法总统的宣言，刚刚才三年又八个月。按照他的"预算"，他想勉强维持够五年，算是一届，也不失体面地下野，然而，还有一年又四个月竟是那么不容易坚持。他觉得曹锟、吴佩孚逼他太甚了，"我没有亏待你们，你们要地盘有地盘，要官职有官职，要军队有军队，要金钱有金钱，我都满足你们了，难道一这点点情面你们也不给？"

正在徐世昌心神烦恼的时候，侍从匆匆忙忙给他送来两份电报，一份是冯玉祥的，一份是刘镇华的。这两个人都是他新任命的督军，而这两个人的电报都是以婉转的口气请他"速速辞职"。徐世昌只冷眼瞧一下便扔到地上，狠狠地摇着头，说："落井下石，落井下石！"

更令徐世昌心烦的是，曹锟的亲信张国淦匆匆从保定赶来，说有"特急要务，要见徐先生"。徐世昌刚刚发出"不见"二字，那张国淦已经大摇大摆地来到他面前。

张国淦是个机灵人，他开门见山地问徐世昌："孙馨远（孙传芳字馨远）、冯焕章（冯玉祥字焕章）各督军的电报和国会宣言，徐先生都看到了吧？"

徐世昌脸也不转地说："见到了。"

"徐先生有何打算？"

"我久想辞职不干了。"徐世昌冷冷一笑说，"只是尚未找到一个合适的机会。就是当初，我也并不想当这个总统，还不是曹吴二人和张雨亭极力劝驾，我才勉为的。这些事，我想张先生你这个机灵人是会知道的。"

"徐先生既已有心辞职，不知何日让出公府？"

"你说呢？"

"当然是越快越好！"

"几件急务交代交代总可以吧。"

"曹吴两帅吩咐，愈快愈好。徐先生若迟疑不决，多延时日，恐有不利。"

"一二日内总可以吧？"

"那好吧，明日再来讨回信。"

张国淦走了。可是，直系各省督军接二连三来催命，更有直系驻京办事处人员一天数次来电催问"何时启程"？徐世昌坐不住了，他急匆匆离开中南海，来到东四五条铁匠营他的私宅。当徐世昌坐在自家的小客厅里时，他的头脑猛然间轰鸣起来："我……我……我会落个什么下场呢？"

徐世昌心里很乱，他一时想起了风风雨雨几十年的官场历程，一时想起几十年中与他往往来来的芸芸众生，又一时想起了与他曾经共誓生死与共的朋友……一切一切，瞬间都成了过眼云烟。此时此刻，徐世昌猛然后悔了，后悔他不该爬那么高。因为爬高了，他不知会摔成什么样子？他不敢想，他有点怕！此时，他忽然想起了袁世凯的二儿子袁克文："那个小东西倒是有点眼光，他……"——一次，徐世昌坐在袁世凯面前，二人谈论如何教子的问题，徐世昌赞扬袁的四个儿子中最有出息的便是次子克文。袁世凯摇摇头，说："是个'扶不起来的天子'！"说着，拿一首克文写的七律给他看。"我想要他继承我的大位，可他，却不干，还说'绝岭高处多风雨'，什么话？"

徐世昌接过袁克文的诗一看，却是：

> 乍着微棉强自胜，
> 阴晴向晚未分明。
> 南回寒雁掩孤月，
> 西去骄风动九城。
> 驹隙留身争一瞬，
> 蜇声吹梦欲三更。
> 绝岭高处多风雨，
> 莫到琼楼最上层！

现在，徐世昌对这首诗记忆犹新，但他深有感触地说："袁克文这小子怕绝岭上的风雨，坚决不上'琼楼最上层'。我爬上'琼楼最上层'了，狂风暴雨全向我冲过来了，会把我冲成什么样子呢？粉身碎骨？身败名裂？"他觉得自己还不如一个纨绔子弟。

　　徐世昌闷坐有时，他忽然想起了笃信终生的吕祖。他缓缓地站起来，身不由己地朝那个供奉吕祖的密室走去。这一次，徐世昌没有带香烛供品，不是来不及准备，而是他第一次对吕祖产生了怀疑。

　　他站在吕祖像前，望着画在纸上的那个吕祖的脸膛，他觉得他不再像昔日那样慈祥，眼神中也少了昔日的智慧，眉眼似乎多了几分狡黠。徐世昌不知是自问还是对吕祖质问："我……我……我就是这样'昌大其门庭'的？我的结局会给列祖列宗带来什么？会给我自己带来什么？明天，明天我会怎么样？"他想起了琉璃厂第一次求签，想起了光绪丙戌科会试，想起了翰林院，想起东三省……三年前他被捧上大位时，他对吕祖笃信得五体投地。现在，他站在吕祖面前，再也不敢伸手到签筒里去抽签了，他对吕祖至少是失望了，因为在近几年的拜求中，吕祖从来没有告诉他今年是个"灾年"，提醒他预防。所以，他今天对自己面临的一切都感到意外，感到措手不及："我虔诚地供奉你大半辈子，你怎么不对我有个预告，有个提醒呢？你怎么就忍心看着我一步步走进困境，一步步走向深渊？"徐世昌站立许久，除了疑虑就是抱怨，往日那种敬佩、虔诚之情早已无影无踪了。"难道我命里注定必有今天？那你也应该告示我一声呀！"

　　徐世昌想再抽一支签看看，看看今后会有个什么样的未来。"六十年一个大轮回，也许后天有望！"可是，他不敢抽这个签，他怕吕祖一翻脸告诉他一个大不幸，"壬午科乡试抽签到今天，才整整四十年呀！可是，四十年得算人生的大半了，果然还有一个'后天有望'，我也等不及了。"徐世昌满腹消极悲观，信仰也随之淡泊、模糊了。他缓缓地转过身，轻轻地掩上门，但却不再上锁——他不怕有人擅闯进来，不怕有人对吕祖做什么不恭之举了，他决心把这幢小房子永远永远地忘掉。

　　徐世昌又回到他的小客厅，侍从和家人陆续随来了，但都被他挥去了。他只想一个人静坐。虽然他头脑乱得已经不知该想什么了，他只觉得静好，希望闭起门来静静地养神。

　　他静不下来，屁股尚未沾椅子，又站起来。他心里乱呀，他觉得压在自己身上的事太多、太重大了。"没有事时，围着我团团转，今天我有事了，连一个人也不见了。都死了，都让狼给吃了？！"他想骂人。可是，骂谁呢？骂秘书长吴笈孙，骂堂弟徐世章，骂他新提到内阁总理位子上去的周自齐？"这些人不都是你把他们挥出去的吗？他们都围在你身边了，你让他们

'走开'的。"不知是什么神经起了作用，他忽然想起了京畿卫戍司令王怀庆，觉得他手里还有兵权，他想见他。想当初，徐世昌在东北总督位上，这个王怀庆还是他的心腹呢，他一下子就从中军把他提拔为翼长，并且十分宠信他。沈阳人流传的韵语"要做官，找懋宣"，就是他。"把他找来商量一下，也许会有个退路。"

"来人！"

人来了。

"到卫戍司令部把王怀庆请来。"

王怀庆来了，来得很快。他在徐世昌身前未站定便亲切地呼一声："菊帅。"

"懋宣，你坐吧。"徐世昌指指一把太师椅说，"我有大事想跟你商量。"

"菊帅，请您……"

徐世昌把张国淦的话对王怀庆说了一遍，又给他当日来的几份电报，然后说："就这么些事，请你来，就是想听听你的意见。你看该怎么做才好？"

王怀庆虽是徐世昌的亲信，但他却又是直系军阀主要干将，曹锟、吴佩孚的决定，他早已接到了。他不为难徐世昌，可是，他也无力挽回大局。所以，他思索片刻，说："菊帅，从目前形势来看，我认为珊帅和吴子玉那里已经接洽一致，到了无法挽回的地步了，我看，不如做些让步，免得惹气。"

徐世昌一听王怀庆这口气，心里一阵凉："这个王懋宣也叛了！"他愤愤地说："当初，我何尝想当这个总统，还不是他们怂恿我出来当的。现在又来逼我下野。我偏不走！我看他们能把我怎么样？"

王怀庆背过脸，冷笑笑。然后站起来，说："我看菊帅还是见机些吧。您看见没有，他们已经不和您讲前情了。您要不走，他们把合法总统复了位，用武力来对付您，您怎么抵挡得了呢？到那时，仍免不了一走，还坏了感情，伤了面子，何苦呢？倒不如趁早让出位子，也是一件体面的事。"

徐世昌沉默了。沉默许久，才说："走我倒想走，我也不想恋栈。只是，这样走了，我怕他们还会借着故儿为难我。"

王怀庆一见徐世昌的弓拉得不紧了，便也缓缓口气说："菊帅如果愿意下野，所有生命财产，我当负保护全责。"徐世昌低下头，再不说一句话。

第十九章
还是到山野林泉中去吧

麦子将黄的时候，燕赵大地忽然气候异常起来，接连数日，不是狂风便是暴雨，气温一时猛升一时猛跌，热一阵冷一阵，弄得人们无所适从，不得不怨天恨地。如此这般地折腾了多日之后，在一个黎明，一阵狂风卷来几片浓云，眨眼之间，竟"噼里啪啦"地下起冰雹，鸡蛋大的，核桃大的，葡萄大的，冰球混着雨柱，铺天盖地砸向大地。一顿饭工夫，树叶打光，稼禾打光，连飞鸟也死了许多；还有的地方村庄房舍被砸坏，人畜遭了殃……冰消雨停之后，旷野一派狼藉，男女老少脸上都蒙上了阴影。有人说："是天作孽！"

有人说："是人作孽激怒了天！"

有人说："世界到头了，人该遭劫！"

惊天动地一场灾，对于闷在京城东四五条铁匠营私宅的徐世昌，并无丝毫惊动，他觉得自己早已在这样的天气中生活了。

下野的命运已经注定了，恋栈无望，赖着不走也不行，只有发出通电引退吧。徐世昌拿出文房四宝，要自己撰写通电文稿——撰稿，对于一个老翰林来说并不难。可是，徐世昌自从去东三省做了总督起，他就不用自己动手撰写文稿了，几乎都是由吴笈孙为他代笔。屈指算来，疏远文笔已经十六年了，再拿起笔，总觉得那么沉。通电拟好了，怎么发出？徐世昌犯了难。幸好，有一个事先预定的，总统府要为驻英国公使顾维钧洗尘的会议，徐世昌是要参加的，他决定在这个会上宣告天下。

那是 6 月 2 日，天依旧阴沉沉的，总统府的小会议厅没有做过大的修饰，只在小桌子上摆好茶杯，冲上香茶，便算准备就绪了。与会的人员并不显欢快，大都默沉沉地对坐着。徐世昌到来的时候——这是他最后一次走进总统府了——人们还是恭敬地对他欠身、点头。但是，大家同他一样，脸上都罩着一层阴云。

从英国出使归来的顾维钧，西装革履，还是一派欧式打扮。他望着徐世昌，只见他是一身便装——油绸的衫裤，光着脑袋，穿一双圆口的布鞋，手里的手杖也不见了，活像一位乡绅。这和他出国前见到的那副燕尾服、礼帽、手杖的新派头相差太远了。他心里一动："大总统真的要退耕了？！"

洗尘会是由新任内阁总理周自齐主持的，按照预定仪式草草完了。最后，徐世昌站起身来，他缓缓地对与会人员扫视一遍，然后说："各位，卜五向大家问候了。"与会人员发出几声掌声。

"我今天来向各位辞行。"徐世昌脸上十分阴沉，"承蒙各位多年关照，使卜五有幸一切顺利，今天……"他本来想着会有人出来挽留。有人带头了，再有几人响应，也不失为体面。所以，话到这里，他便停住了。当他举目窥视大家的时候，没有一人和他对视，他们都沉默着，一言不发。徐世昌恍然："我的黄金时代真的结束了，不必自作多情了！"于是，他慢吞吞地拿出自己起草的辞职通电，转身交给周自齐，说："先念念吧，念后向全国发出。"

周自齐接过来，慢慢地读着。开篇无非几句官场套语，接下来，讲了讲"九国会议对中国的'门户开放''机会均等'"的功绩，还有收回青岛的"胜利"，然后说：比年以还，劳精疲神，茹辛忍辱，调护群才，而不蒙相谅；遇事退让，而犹以为争；不私一财，不私一人，而疑为虚伪。既已难苦之备尝，天何权位之足恋……从兹隐处林泉，不复再问世事。

"通电"读完，徐世昌再次起身，向与会人员鞠躬，然后，转身退出。

回到私宅之后，徐世昌觉得还应该有一个公式性的"交代"，以便了却。于是，他最后一次以大总统的名义发布一项命令：

> 查大总统选举法第五条内载，大总统因故不能执行职务时，以副总统代理之。又载，副总统同时缺位时，由国务院摄行其职务各

等语。本大总统现因怀病，宣告辞职，依法应由国务院摄行职务。此令。

国务总理周自齐得到这个命令之后，也下了一道院令：

> 本日徐大总统宣告辞职，令由国务院依法摄行职务，所有各官署公务，均仍照常进行。京师地方，治安关系重要，应由京畿卫戍总司令督同步军统领、京兆尹、警察总监妥慎办理。此令。

回到私宅的徐世昌，坐在小书房中，猛然间觉得"一切都结束了"。望望自己的宅院，想想刚刚离开的中南海，再想想那些围在左右打转转的熟悉脸膛，都感到陌生了，远去了，伤感了："北京，已不是久留之地！"他告诉身边的男佣："让他们都收拾收拾吧，今天去天津。"

他又摸起电话，找到王怀庆，心神不安地说："懋宣，我想今天就去天津。你安排一下可以吗？"

"菊帅，我知道了。"王怀庆说，"您在家中等着吧，我会派车去接您。"

下午，王怀庆率领车队、护卫来到铁匠营。徐世昌一家匆匆上了车奔赴前门火车站——还有一点儿安慰，前门车站虽未发专列送行，毕竟还是挂了一个包厢。徐世昌站在北京前门车站的月台上，望着依旧阴沉的天空，转身上车的时候，他忽然想起了南唐后主李煜，想起了李煜的著名词作《破阵子·四十年来家国》，于是他轻轻地默诵起来：

> 四十年来家国，三千里地山河。凤阁龙楼连霄汉，玉树琼枝作烟萝，几曾识干戈。一旦归为臣虏，沈腰潘鬓消磨。最是仓皇辞庙日，教坊犹奏别离歌，垂泪对宫娥。

就在徐世昌匆匆离京，吴佩孚等新贵积极扶旧总统黎元洪复位时，中国纷乱的政坛，又出现了一场不大不小的风波。远在浙江的皖系军阀卢永祥，上海护军使何丰林以及主张联省自治的褚辅成、孙洪伊等，纷纷发出通电，反对徐世昌辞职，反对黎元洪复位。以卢永祥的通电最为有理有节：

> 徐总统冬电，藉悉元首辞职赴津，无任惶惑。大总统对于民国为公仆，对外为政府代表，决不因少数爱憎者为进退，亦不容个人便利卸职任。虽约法上代理协行，各有规定，而按诸政治现状，均

有未合。即追溯民国往事，亦苦无先例可援。项城大故，黄陂辞职，河间代任期满，系在国会解散，复辟乱平之后。以故新旧递邅，匕鬯畅不惊。今则南北分驰，四郊多垒，中枢尤破缺不全，既无副座，复无合法之国务院，则《约法》、《四十二条》、《大总统选举法》第五条，代行摄行之规定，自不适用。乃仅以假借《约法》之命令，付诸现内阁，内阁复任意还诸国会，不惟无以对国民，试问此种免职行动，何以见重于友邦？此不得不望吾国民慎重考虑者一也。闻有人建议以恢复法统为言，并请黄陂复位，国人善忘，竟有率尔附和者。永祥等反复思维，殊不得其解。盖既主张法统，则宜持有统系之法律见解，断不容随感情为选择。二三武人之议论，固不足变更法律，二三议员之通电，更不足代表国会。此理既明，则约法之解释援用，自无聚讼之余地。约法上只有因故去职，暂不能视事二语，并无辞职条文，则当然黄陂辞职，自不发生法律问题。河间为旧国会选举之合法总统，则依法代理，应至本届任期满为止，毫无疑议。大总统选举法规定任期五年，河间代理期满，即是黄陂法定任期终了，在法律上成为公民，早已无任可复，强而行之，则第一步须认河间代理为不法。试问此代理期内之行为，是否有效？想国人决不忍为此一大翻案，再增益国家纠纷。如此则黄陂复位之说，适陷于非法。以黄陂之德望，若将来依法被选，吾侪所馨香祷祝，若此时矫法以梏之，诉诸天良，实有所不忍，此不得不望吾国民慎重考虑者又一也。迩者，民治大进，今非昔比，方寸稍有偏私，肺肝早已共见。伪造民意者，已覆辙相寻，戕法自便者，亦屡试不清。孙帅传芳删电，"所谓以一人爱恶为取舍，更张不以其道，前者既失，后乱渐纷"云云，诚属惩前毖后之论。顾曲形终无直影，收获先问耕耘，设明知陷阱而故蹈之，于卫国则不仁，于自卫则不智。永祥等怵目横流，积忧成痗。凤有栋折榱崩之痗，敢有谁敛手之心？临崖勒马，犹有坦途，倘陷深渊，驷追曷及伏祈海内贤达，准法平情，各抒谠论，本悲悯之素怀，定救仁之大计。宁使多数负一人，勿使一人负多数。永祥等视力之所及，以尽国民自卫之天职，决不忍坐视四万万人民共有之国家，作少数人之孤注也。

这个通电，表明了皖系的态度。然而，说话的人毕竟人微言轻了，虽然"情真意切"，却极少有人赞同，更不能说动大权在握的直系首领，他们依然按部就班地赶走徐世昌，要扶黎元洪上台。

尤为奇妙的是，在卢永祥通电的同时，黎元洪门下多年的政客张耀曾，也步其后尘发了一通相同内容的通电，虽侧重对黎元洪而言，但仍认为（再捧出黎）与法不协。为此，黎元洪还急忙发了一个通电，表明自己"蛰处数年，思过不惶，敢有他念，以速官谤？"并且以"才轻力薄，自觉勿胜"为由，推辞复职。

可是，当今之中国是曹吴之天下，曹吴要做什么，谁敢阻拦？！

天津英租界内的咪哆士道，一幢别致的洋房，那是辞去总统职位的徐世昌的新居。六十八岁的徐世昌，此番归隐，似乎彻底大悟了，再不做复出梦，想在这里深居简出，颐养天年了。

这幢小洋房是他三个月前才买下的，原来是一个英国牧士的私宅。不知什么原因，这位牧士失踪了，是教会把房子卖出的，因为构造新颖高级，要价特高，一般人购不起，是津浦铁路局局长徐世章购下来送给他的堂兄的。那时候，徐世昌还没有下野的迹象，他原本不想要。因为他在天津有住宅。一个只有女儿没有儿子的人，要那么多房子干什么？后来，他改变了主意，他觉得奉张可以成为自己的靠山，奉军入关胜利了，要在关内久居。到那时，他就把这幢小洋房送给张作霖，作为他的别墅。他没想到风云变幻会那么快，那么大。他从北京凄凄惨惨动身的时候，竟把这幢小洋房给忘了，他要回到他原来坐落在新华南路的寓所去住。护送他的京畿卫戍司令王怀庆有点不放心，他建议说："菊帅，咪哆士道不是还有您一幢洋房吗，我看您住在那里最为合适。"

"你说的英国租界？"徐世昌忽然有所醒悟。

"是的。"王怀庆说，"那里十分幽静。"他想说"那里特别安全"，可是，他收口了，没有说。他觉得那样说了，似乎有伤于大总统的自尊。

不过，一句"幽静"还是提醒了徐世昌，他的心一下子紧缩起来："是的，我可是在混战中被人赶下台、逼下台的。有人嫉恨我，想除掉我，住在租界内总比外边保险。"他一下子想到许多被暗杀的人。他忙对王怀庆说："懋宣，我听你的劝，住到咪哆士道去。"

徐世昌在洋房新居举行的第一次宴会，便是款待护送他的王怀庆。他从天津最高品位的"聚福楼菜馆"要了一席最高档次的饭菜，摆在大客厅的正中央，他还特别穿了一件杭纺的长衫，并且在手腕挂了一串佛珠，似乎想让王怀庆知道，他已经下决心做寓公了。更为奇怪的是，徐世昌是按佛家的仪程款待卫戍司令的，自己竟滴酒不沾。弄得王怀庆心神不定，三番五次地向他表白："菊帅，胜败是兵家常事，官场上的沉沉浮浮，更是司空见惯。世界上的事情，都是过眼烟云，哪里有百年不散的宴席？最要紧的是，务必请菊帅保重身体。留得青山在，不怕没柴烧！凭您老的才华和影响，世人还能不尊重您？您老会永远成为国人心中的领袖人物。"

"不要谈什么'尊重'，什么'领袖'人物了，但求晚年'平安无事'，也就该谢天谢地了。"徐世昌说话的时候，神态忧伤。

王怀庆在徐世昌身边已经有些年月了，他了解他，知道他是个经不起风浪胆小怕事的人。今天的处境，他当然是顾虑多多。为了安慰他，这个当年一再被他器重的下级还是违心地对他说："菊帅，您只管放下一百个心，平平静静地天津卫住您的。别的我不敢说大话，只要我王懋宣有兵一日，菊帅的安全完全由我保证！无论政坛风云变幻多大，无论谁坐了大位，如果敢为难您菊帅，我王懋宣第一个不答应。"说着，捧起一杯酒，站起身来："菊帅，今天是在您的私宅说话，我敢对皇天后土起誓：我王懋宣对菊帅所说的话，完全出自肺腑，并且永不食言！"说罢，把酒朝着地面泼去。

徐世昌十分感动——人到了这个地方，一句美言暖似三春，何况王怀庆如此披肝沥胆！徐世昌激动得不知说什么才好，半日，才吞吐着连声喊："懋宣，懋宣……"

——然而，当王怀庆从天津回到北京之后，他就不再记着自己的誓言，一头扎进曹锟、吴佩孚怀中，成为直系军阀的干将之一，这是后话。徐世昌虽然在不久便明白了一切，但也只有心中不满而已。

在天津住定的徐世昌，心情慌乱了一阵子后，便渐渐平静下来。

他能够平静下来，北京的风风雨雨均与他没有关系了；黎元洪上台不上台，他不再问了；卢永祥的通电起什么作用，他也不想再问；东北独立不独立，西南分裂不分裂，孙中山怎么样了……这一切，都跟老天阴天下雨一样，任它去，他什么也不感兴趣。唯一堪慰的，是没有人找他的麻烦了。他可以自由自在地在床上睡到日出三竿，可以在庭院中任何一个地方独自往来。他渐渐地领略到"无官一身轻"的滋味，体味到闲云野鹤岁月的舒心！

此刻，他忽然又想起了吕祖——他的话毕竟有道理，经他指点，徐家门庭到底是经他"昌"大了：有一任（哪怕是极短暂）大总统当了，徐家门楣将永世光彩！不知是徐世昌真的依旧崇敬吕祖，还是他再无精神寄托了，他猛然间下了决心，重新供奉吕祖！一方面在家中清扫出一个幽静的房子，一方面派人到北京铁匠营宅上将吕祖像请回来，重新张挂供奉起来，并且让人在市上悉心地为他收罗、购买关于道教的书籍，他开始了每日午睡后在吕祖面前上香、跪拜，然后，认乎其真地阅读《老子五千文》《正一经》及《太平洞极经》等道家的经典。读经心静，又唤起了他著书立说的兴致。于是，他把自己的书斋命名为"半日读书半日静坐斋"，把他尚未脱稿付梓的《清诗汇》《清儒学案》《颜李学》等继续撰修下去，并且打算再编一部《退耕堂诗集》，出一部《归云题画诗》。当他听说他的得意门生章梫也在天津闲居时，他便派人四处找他，终于把章梫请到咪哆士道家中，认真地对他说："一山（章梫，号一山，浙江镇海人，光绪甲辰进士，徐世昌在邮传部任尚书时，他是徐的随员），听说你也闲居津门，我便着人去寻找你，想请你协助我，咱们共同办几件大事。"

"老师请吩咐，学生只要能办的，一定尽心尽力。"章梫依旧恭恭敬敬。

"好好，我想请你先帮助我办两件事，"徐世昌说，"第一，帮我把日记整理一下。这虽然是件小事，这也是受了文清公的启发，已经养成习惯了，几乎数十年如一日。"

"老师，您说的文清公，是不是先朝咸同年间的大学士李棠阶？"章梫虚心请教。

"是他。"徐世昌说，"这个人一生做学问，死后有'文清'谥号，一生不辍，天天记日记，有《李文清公日记》传世，是一部极有感情又有史料价值的好书。"他又说："第二，我将每日向你讲一段我的家史，尤其是我个人的风风雨雨，请你记下来，将来为我编一部年谱。"

"请老师放心，我一定专心致志，把这两件事办好。"章梫说，"能够天天在老师面前聆听教诲，也是学生之幸，说不定需要老师帮助的地方更多呢！"

"你是个有心人，只是难有展翅的机会。若顺顺当当，怕是早成大器了。"

"学生不敢妄盼，只愿帮助老师办点大事，也就心满意足了。"

"这怎么行呢？"徐世昌摇摇头，"自己有什么抱负，还是应该奋力实现嘛！"他又说："一山，你在我这里，我也不白让你干，我想每月给你一百大洋。你也是有家室的人，总得养家糊口吧。"

"老师这么说，学生就愧不敢当了。"章梫说："为老师办事，说到银钱，岂不……"

"不必再说了，我定了的事，你别更改。"章梫只好点头。

——章梫，是宗社党的骨干分子。宗社党是清皇族良弼、溥伟、铁良等于1912年1月结成的集团，他们反对与革命政府议和。良弼被刺死之后，宗社党解体了，可是，许多宗社党分子潜伏在天津、东北等地，在日本人的支持下，仍进行着复辟活动。章梫就是这些分子之一，他先在青岛，后到天津，没有一天不想着复辟。张勋复辟失败之后，章梫便再不公开活动。此次又投到徐世昌门下，是看到了徐世昌下野了，觉得徐会不忘清室，能够助他复辟，才对徐那么热情。其实，"拥徐"的目的，却是为了"迎驾"，帮徐整理文稿，不过是一个幌子。

章梫投到徐世昌门下，不久，又把徐世昌的另一个门生——金梁（满族，字息候，曾任清内务府大臣）找到一起，以诗文应酬，暗地阴谋，他们要做到"一（章一山）息（金息候）尚存，不忘大清"。他们以"故国之思，遗民之痛"作诗数百首，后汇成《一息吟》诗集出版。这些是后话，离题远了，不再提。

寓居在天津的徐世昌，倒也真的过起清静的生活来，除了每日坐禅诵经之外，便是在他的田野里劳动——为了表示他对世事的淡远，他让用人在宅后空地上开畦种菜，自己也穿上短衣，手持锄头去劳动，还曾让人在菜园里为他照过劳动时的照片。自题名为《退耕图》，落款为"退耕老人"。照片倒是真像闲云野鹤的悠哉生活。有一次，他到北戴河去观莲花石，还以悠然超逸的心情写下这样的诗句：

> 海上涛头几万重，
> 白云晴日见高松。
> 莲花世界神仙窟，
> 孤鹤一声过碧峰。
> 汉武秦皇一刹过，

海山无恙世云何。

中原自有长城在，

云壑风林独寤歌。

看这诗，让人觉得徐世昌虽然有苍凉清寂之感，但却尚不失一种孤高的意味。然而，他又毕竟是大清的臣子，他忘不了皇恩，忘不了自己的政绩，也忘不了不堪回首的失落。

有一天，他的堂弟徐世章从北京来看他。今天的徐世章也已经不是交通部次长，不是津浦铁路局局长了，而是一位和他一样的"寓公"，见他的堂兄自然无公务可谈了，而是家事、亲朋、人情来往。最后，这位头脑机灵的堂弟竟然谈起清亡的"因果关系"来了。他说："大清之亡，亡于天意。兴兴隆隆三百年，孙中山几个革命党人就给推翻了，岂不太不堪一击了吗？"顿了顿，又说："清室也没有收住汉人之心，要不……"他本想说"北洋系诸将也叛了清"。可立即想到，那必然会提到袁世凯，提到段祺瑞，甚至也会提到他堂兄徐世昌。因为他们都没有尽到臣子救主的责任。想到这里，他把话收回去了。

堂弟说了一半的话，徐世昌竟然全部听懂了。他心里陡然不高兴起来："收住汉人心又怎么样？难道清亡还是亡于汉臣手里吗？"他不耐烦地望了堂弟一眼，语气沉沉地说："清朝之亡，并不亡于革命党，更不亡于汉臣，而是亡于一帮小爷们儿（指年轻的清室贵族）身上。起初，我在东北，项城在北洋，张之洞在湖北，这三个重镇，都安排了极有作为的人。等到太后一死，小爷们儿当了权，胡闹起来：项城被罢黜了，我被调回京城当邮传部尚书了，而新的继任人选，都是些庸碌之辈，朝廷由此大乱，革命党怎能不趁机起来？"说这番话的时候，徐世昌毫不掩饰地流露出对清室"亟亟于报"之情。

徐世章听明白了，暗自庆幸："幸亏我没有把话说完，要不，这位堂兄还不得把我骂得狗血喷头。"

徐世章跟徐世昌一样，对清室均有一层特殊关系，紫禁城里的遗老遗少们，也通过种种形式同他们接触。尤其是在徐世昌做大总统期间，对于既定的优待清室条件，他总是优厚有余，并且保证提前送达。因而，包括逊位的小皇帝在内，清室旧人对徐世昌还是怀有好感的。徐世章此次来津，其中

"要务"之一，便是受遗老之托，有件事与堂兄"先通个信"。

"五哥，"徐世章看看别的事不必再谈了，身边又没有外人，便直说道，"'上边'让人传出话来，说最近差人到天津来为你贺寿。问问是否方便？"

"贺寿？"徐世昌心里一震。仔细想想，可不，明年自己便虚龄七十岁，按习惯，该做七秩之辰了。"难得'上边'还惦记着，皇恩亦重，令人感动！"这么想着，便说："我自己倒是没有什么方便不方便，只是，皇室专门派人来天津……"

徐世章忙说："当然不是大张旗鼓，而是悄然无声地来。"

徐世昌点着头，又说："这么说，这几天，你也就别回北京了，留在这里，也是个照应。"

果然，两天之后，溥仪派专人携赏物悄悄来津，为徐世昌贺七秩大寿。赐赏物品中计有：御笔匾额一方，对联一副，福寿条幅一轴，寿佛一尊，如意一柄，衣料四件，瓷器二件，玉品二件。"钦差"不敢声张，只想把贺礼放下便转回京城。谁知徐世昌挽留情盛，硬是要款待来使，并且让堂弟热情挽留。

徐世昌表面上是留下"钦差"，以便款待，其实是他想画一帧国画，题两句古句回赠"上边"，作为报恩。他回到书房，展纸磨墨，但却久久落不下笔——画什么、写什么呢？

徐世昌喜书爱画，字写苏黄，画以山水松竹为多，时有花鸟，墨迹颇多。退居津门之后，常有作品在名闻遐迩的《北洋画报》出现。磨墨展纸，他想为"上边"画一帧《松鹤图》谢恩。但思索一下，觉得不行，"溥仪还年轻，哪里就用得着松龄鹤寿来比喻呢。再说，小皇帝也和我一样，都是'天涯沦落人'，表一表身洁心静也就够了。"于是，他用泼墨的章法，画了一幅颇有气魄的《映日荷花》。成画后看看还有一片天地，正可以题上一首诗。徐世昌又犹豫了：自己的诗作，只能在小院子中传传诵诵，入不得大雅之堂；何况，像小皇上这样的人，从小就在大内，什么名诗名句没听、没见过，献那份丑干什么。不是想表明心迹吗，拣一首古人的佳作抹上去，岂不更雅致！徐世昌又沉思了片刻，这才题道：

新妆宜面下朱楼，
深锁春光一院愁。

行到中庭数花朵，

蜻蜓飞上玉搔头。

画好题就，恭恭敬敬用了印，然后又恭恭敬敬封裹好，呈交给"钦差"——谁知这帧画在一个月之后，竟然又为他的人生抹上了一个斑痕显著的污点，使他的处境一度尴尬……

第二十章
他还有中国人的良心

1924 年 9 月，一度平静了的中国北部，又爆发了一场大战——第二次直奉大战。这场大战，由于冯玉祥倒戈回师北京，直系军阀彻底大败，统帅吴佩孚仓皇之中乘海南遁，张作霖报一战之仇，大军长驱入关，并且决定永久住下去。

进入北京的冯玉祥，匆忙间做了两件事：一是将贿选总统曹锟囚进了延庆楼，逼着他通电下野；一是把大清皇室赶出故宫。就在清理皇室人员出宫的时候，徐世昌"谢恩"的那张《映日荷花》竟被冯玉祥发现了。他捧在手中，展开瞧瞧，见落款时间是一个月前，他皱起了眉头："这个徐菊人，下野了，还跟清室勾勾搭搭。难道还想走张绍轩的路子？你太不自量力了，张绍轩还有五千辫子军，你有什么？空口闹复辟是闹不成的。"但冯玉祥转念又想："不对，徐菊人当初是劝阻张绍轩的，今天，他怎么会重蹈他的覆辙呢？"他把画卷起来，还在想："这张画是怎么回事？"他想不出名目——他不知道小皇上派人给徐世昌贺寿的事。凭他的印象，他倒知道徐世昌跟清室关系较密，清帝逊位之后还曾授予他襄帝太傅衔太保，徐世昌虽然力辞而且还避居青岛，但那份情意却是抹不去的。"难道这就是他们往来的原因？"不过，无论原因是什么，徐世昌作画赠给小皇上，冯玉祥是不高兴的。"革命反清闹了这么多年了，让他们在故宫住着，已经是大反人情了，还跟他们往来，这怎么行呢？"冯玉祥很想拿着这张画到天津去发难徐世昌，"令他在国人面前再出出丑！"

当他准备让人把画带去天津时，冯玉祥又犹豫了："徐菊人毕竟是文人，儒气十足。怀念旧主，也是人之常情，官场失落了，处境艰难，想想旧主，做点表示，能算得了什么呢？何必如此声张！"冯玉祥又收敛了思想："把这张画藏起来吧，日后若有机会见到徐菊人，还给他，他就会明白了。"

一场即将起来的小风波，在冯玉祥将军的宽容下，总算没有刮起来。一年后，当徐世昌知道了这件事之后，他望着冯将军所在的张家口方向，拱起手来，点头微笑。"冯将军，谢谢了！"

清闲在天津的徐世昌，专心致志于做学问了，北京的"晚晴簃"诗社留在北京，他在天津寓所又组织了一个"徐东海编书处"，并且聘请三位学者作为常务编纂，命王式通负全责。经过一段努力，《晚晴簃诗汇》二百卷计八十册刊行了，《清儒学案》二百零八卷线装一百册刊行了；他家藏的书、印也整理编辑成《书髓楼藏书目》八卷刊行；加上早时出版的《东三省政略》《大清畿辅先哲传》以及正在编纂的《铨选全清诗》等，这位下野总统可谓编、著洋洋大观了。徐世昌也想乐此终老，不再他顾——外边的世界无论如何风急雨骤，他的公寓都平平静静，正如他自己的一帧"水竹村人徐世昌氏作"山水画自题诗那样：

青山红楼分外秋，
万里得程此壮游；
行到峨嵋最深处，
斜阳在佛半山楼。

有一天，徐世昌正在吕祖像前坐禅练气的时候，他的堂弟徐世章又来了。跟徐世章来的，还有一位年轻人。徐世章让年轻人在小客厅稍坐，他独自走进那座禅房，对打坐的徐世昌轻轻地叫了声"五哥"，然后说："早几天说的那件事，人来了，在小客厅等候呢。"徐世昌闪了闪眼睛，对堂弟说："东西带来了吗？"

"带来了。"

"你验过了？"

"我看见了，不假。"

"是真货？"

徐世章点点头。

徐世昌又闭上眼，默默地过一阵——大约是经卷尚未诵完——然后才站起身，领着堂弟出来。

——原来，几日前徐世章在劝业场看到一个年轻人在出售家珍端砚。世章打量一下，觉得是真品，问了问价钱，心里倒是一惊：年轻人要的价才三百银圆。本来世章认定是真品，这一要价，倒使他怀疑起来："正宗端砚，要价三百，岂不太低了！"他对年轻人说："年轻人，只怕此砚是赝品。"

"怎见得？"年轻人反问。

"这样的价格太失端砚身份了！"

"这么说来，先生并非识家。"年轻人不客气地说，"充其量，先生是个商人。"

"怎见得？"徐世章反问道。

"凭你以钱论物，便可见证。"

"这……"徐世章一惊，"年轻人谈吐不凡，我得考考他。"于是说："你能说说端砚的长处吗？"

"说了你懂吗？"

"可以试试。"

年轻人再望望徐世章，觉得倒也清雅和善。于是，说："此砚是我祖传家珍，祖爷曾做过端州知府，是他从任上带来，传给爷爷；爷爷以珍宝藏之；爷爷传给父亲，亦视为珍宝……"

"为什么到了你这辈，就如此轻视了呢？"

"家遭横祸，已一无所有。"年轻人说，"家有八十老母，为了糊口，不得不将这'端州石砚人间重'之物廉价而沽。实话相告，为售此砚，我母子已抱头痛哭几番了……"

见此情形，徐世章动心了。"年轻人，咱们也算'同是天涯沦落人'了，这砚我买下了。三天后，你到这里，我带你去取钱。"

这件事世章告诉了堂兄，他知道堂兄爱砚如癖，一定会出钱收下的。徐世昌答应得也很顺当。于是，才有今日年轻人携砚上门。

……徐世昌走出禅房，眉头紧紧锁了起来："如今自己无官坐了，一切支用都要出自积蓄，能省一文得省一文，何不趁此再压压价。"他对堂弟说：

"可否再对年轻人讨个价？"

"这已经是'废品'价格了。"徐世章说，"五哥看看砚再说。若是真品，三百大洋值呀！"

"那好吧，我看看再说。"

徐世昌来到小客厅，同年轻人寒暄几句，然后要过砚台，捧在手中，上上下下，左左右右，边看边摸，又放在桌上磨试，觉得是一件真品，石质坚实，细润，发墨不损，且雕琢精美。徐世昌爱砚、识砚，知道是一件珍品，心里十分喜欢，不由自主地便吟出一句诗："'端州石工巧如神，踏天磨刀割紫云。'好砚，好砚！"

年轻人笑着说："先生所吟诗句，是唐代大诗人李贺李长吉的《杨生青花紫石砚歌》句吧，他的《昌谷集》中便有多处吟端砚的句子呢。"

徐世昌点点头，但还是说："学生所持是端砚无疑。但并非端砚中上品。请问，索价可否再落落？"

年轻人进得咪哆士道来，已经明白主人身份不一般，但他却不知此人便是下野的大总统徐世昌。听了面前这位老者所计较砚价，更觉不是大人物气量。于是说："学生只是迫不得已，为了解燃眉之急才卖砚。若是平白无事，此砚被送到原大总统徐世昌徐老那里，学生不出价，只怕亦可售洋千元！"

徐世昌心中一惊："年轻人也知道我爱砚？如此说来，断不可露姓氏。否则，便无价可还了。"于是说："年轻人，这样吧，砚我留下了，我给你二百八十块大洋如何？"

年轻人再望望徐世昌，说："看您老也是位识家，物得其主，总算美事。学生虽贫困潦倒，尚不至斤斤计较这二三十大洋。这样吧，先生要减价二十块大洋，我再减价三十块大洋，算送先生一点情。先生就给二百五十块大洋吧。唯盼先生能够珍惜此物！"

徐世昌终于以二百五十块大洋从受困的年轻人手中购得一件珍品。这件事，连他的堂弟也觉得此刻的徐世昌比那个尚不知姓名的年轻人身份要低几分。后来，徐世昌将其藏砚的饰纹、题识制成拓片，结集为《百砚图》刊行，不知此事是否记入？

徐世昌很少问家事，即便下野寓居，也不问家事。近日，却有一事令他十分头疼，他不得不挺身而出，并且做出出人意外地决定——

一日，弟弟徐世光忽然从青岛来到天津。哥俩好久不见了，当然亲热之极，家事、亲情叙叨之后，世光忽然说："哥，还有另外一件事，十分重要，得请你做主。"

自从徐世昌要出任袁世凯的国务卿，世光劝而不听之后，这哥俩便极少面对面谈心了。"话不投机半句多！"今天，世光忽然上门，徐世昌有点惊讶。他望着面前的弟弟，没头没脑地说："青岛家中还好吗？"

徐世光点头应了一声："好。"哥俩相对沉默片刻，徐世光才说："哥身子骨好吗？"徐世昌也点头应一声："好。"

徐世光说："有件事不知哥还记得吗？我特地为此事来的。"

"什么事？"徐世昌问。

"咱们家曾经与袁项城联姻的事。"徐世光说，"我倒是想不起这件事了。前天，袁家吴姨太托孙宝琦来青岛，说大哥在财务大臣任上时，曾将初生小女'指婴为婚'，答应同项城结为亲家。如今孩子都大了，想商量一个定期成婚的日子。"

徐世昌猛然间便把眉头皱了起来，沉思片刻，说："是有这么回事，是项城的三姨太吴氏所生的十公子，名叫克坚的。至于说成婚的事情嘛……"

"大哥的意思……"

"让我想想。"

"袁家吴姨太所生十公子克坚，听说是一个不怎么样的人，不知大哥是否知道？"

徐世昌轻轻地点了一下头，没有说话——其实他心里明白，那个袁克坚去美国哈佛大学读书，半夜去强奸校长的女儿未遂，被开除了学籍。徐世昌知道此事后并未提出婚变的事，现在，弟弟提及此事，似有悔婚的意思。徐世昌沉默不语，也是为此事。徐世昌早有悔婚之意，但总怕人说他背信弃义；不悔婚，却又怕女儿重蹈黎元洪女儿之覆辙（黎元洪之女嫁袁世凯的九子克久，袁死后黎不悔婚将女嫁出，婚后不和，得精神病死），故而便拖了下来。今天，袁家来求了结了，徐世昌才不得不匆匆下了决心。他对世光说："你速告孙宝琦，小女幼时患疾，已傻多年，不敢高攀。当年之议，只好作罢。"徐世光也点着头说："这样做甚好。我立刻转告孙宝琦。"

袁家吴姨太听了孙宝琦的回话，只好无可奈何地说："人在人情在呀！"知情的人士却以轻蔑的口气说："黎黄陂不是北洋人士，尚且守信。徐袁系多年兄弟，竟不念旧情，太不像话。这岂不是拿女儿婚姻大事当儿戏吗？"

　　徐世光离天津的那一天，徐世昌的老友华世奎突然来访。徐华曾同是袁世凯内阁的协理大臣，再早又同拜户部尚书祁世长门下，成为莫逆的兄弟。一照面，徐世昌便笑着说："一晃就分别多年了，这些年你的运气不坏吧？"

　　华世奎笑着说："一介书生，有何好运？"

　　"你有一笔好字，还愁出不了好价钱！"

　　"卖字为生，发不了财。"华世奎说，"倒是比你差多了。"

　　"我有何能？"

　　"著书立说之外，你不也卖字画吗？"

　　"我？！……比起你来，可谓小巫见大巫呀！"徐世昌说，"怎么今日忽然想起我了？"

　　"既是兄长又是恩师，怎么能把你忘了。"华世奎一本正经地说，"许久打听不到住处了，要不，还不把你的门槛踏破了！"

　　"'罢归无旧业，老去恋明时！'如此这般了，拣一片幽静处，也就终了了！"

　　"你呀，你才不是'独钓寒江雪'的'孤舟蓑笠翁'呢！著述累累，流芳千古。恐怕比一任大总统还光照后人！"说着，两人相视而笑。

　　"你是无事不登三宝殿。"徐世昌说，"有什么话，只管吩咐。"

　　"倒是有一件事，特来拜菊帅。"华世奎说，"你还记得咱们的恩师祁世长老有一件嘱托的事吧？转眼也就三十几年了。你想想看。"

　　"记得，记得！"徐世昌笑了，"到这个岁数的人，昨天，前天的事倒是转脸忘却，唯独几十年前的事，甚至童年偷人一个枣子的事，竟是历历在目。你说怪不怪！"说着，竟自仰面哈哈大笑。笑后又说："我们的那位老尚书也算个好人了，七十岁时纳妾，竟还生了一子！叫什么来着？"

　　华世奎说："叫云飐。飐，一个冷字。"

　　"对了，对了。"徐世昌说，"当时，我竟被这个飐难倒了。好容易查查《康熙字典》，才知道原来是风帆的'帆'字的异体。中国文字也真够难人的。"

　　华世奎说："老师曾对你我说过：'我在风烛残年，又造了这个孽。日后若能长大成人，你等务必替我好好看待。'现在，这位祁小公子快四十岁了，无以为生，到天津来求助了。"

　　徐世昌一听是来"求助"，心里一沉。但还是说："应当帮助，应当帮助！"又问："你帮助了？"

华世奎点点头，说："我给了他一百大洋。"

徐世昌笑了。"听说这几年你的字'润格'颇高，一定是赚了不少钱。我虽然也卖字，字不好，收入不多。我只好照你的数目减半，给他五十大洋帮助吧！"

华世奎心中一惊："凭你堂堂大总统，五十大洋给恩师的后人，拿得出手吗？"他真想驳回去，再指责他几句。可是，那位少公子毕竟在难处，"饱了一斗，饿了一口"，有五十大洋也够应付几日了。于是，华也只好代为收下。

徐世昌在天津悠闲的时候，中国大地上发生了极大的变化，尤其是东邻日本国，他们撕开了脸皮，对中国进行了由蚕食到并吞的侵略战争：1931年9月18日，日本驻在中国东北境内的关东军突然炮击沈阳，同时在吉林、黑龙江发动进攻。到1932年1月，日本侵略者便占领了整个东三省；这一年，日本人操纵在东北成立了"满洲国政府"；1937年6月，日本侵略军在北平西南宛平附近连续举行挑衅性的军事演习，7月7日夜，日军借口一个士兵失踪，要求进宛平城搜查，要求中国驻军撤出宛平等地，这些无理要求遭到中国军队拒绝之后，日军即炮击宛平城和卢沟桥。从此，日军大举进攻中国，拉开了中国人民抗日战争的序幕。

日本入侵中国，中国陷入深重灾难之中。然而，有一些中国人，他们却失去了民族气节，竟帮助侵略者强暴自己的国家和人民。

一天，徐世昌的好友曹汝霖突然来到天津。这个比徐世昌小二十二岁的老资格外交家一进徐宅便恭恭敬敬地喊了声："菊人兄！"

徐世昌一看是曹汝霖，惊讶了："润田（曹汝霖字润田），你从哪里来？这些年不得你的消息了。"

曹汝霖淡淡地笑着，说："没有事做了，自然是蛰居为好。所以，也就销声匿迹了。"

这个从1911年就任清政府外务部副大臣的留日学生，是天生的亲日派，在他任袁世凯政府外交次长的时候，受袁命和陆征祥一起对日谈判，最后签订了丧权辱国的"二十一条"；"五四"运动中，因为要签订《巴黎和约》遭到全国学生的反对，大总统徐世昌被迫于6月19日免了他和陆宗舆、章宗祥三人的职。现在，他已是汉奸组织"华北临时政府"的最高顾问。不过，徐世昌尚不知他这层底细。所以，徐世昌还是说："当前形势动乱，销声匿迹也好，免得招惹是非。"

曹汝霖是"有事"来的，自然不甘心"销声"。他说："菊人兄，你对目前形势有何看法？"

徐世昌脱口说道："无论世昌形势如何，中国形势如何，日本人进兵中国是不行的。这是一种侵略行为。"

曹汝霖是亲日派，这一点徐世昌知道。徐世昌虽然是即兴表白，曹汝霖听之已觉不舒服。忙说："南京亲英美派当权，支持英美来压日本，使日本在中国的权利受到损失，日本被迫无奈才出兵和中国打仗。"

徐世昌一听这话心里明白了：原来这位留日学生是来替日本人做侵略宣传的！便说："英美并未出兵。有问题可以谈判嘛，军事侵入是不应该的。"

"要日本撤兵也容易。"

"为什么不要他们撤？"

"得有条件。"

"什么条件？"

"这便是我今天来访的要事。"

"说说看。"

曹汝霖欣喜了，他和徐世昌相处多年，知道此人重利轻义，只要有利可图，什么事都会干。于是说："菊人兄是做过大总统的人，有极大影响，如能出山，和日本订立亲善条约，日本自然会撤兵。"

"出山？"徐世昌一愣，"怎么个出山法呢？"说着，一双有神的目光投向曹汝霖。

曹汝霖以为徐世昌动心了呢，便说："这就要看菊人兄的心愿了。现在，已经组织华北临时政府，按菊人兄的资望，去主持这个政府完全是可能的；若无意到明显岗位，当然啦，做一名高级顾问也可以。菊人兄，你看呢？"

徐世昌没有接话，只轻轻地背过身去。

——平心而论，徐世昌并没有彻底死了做官的心，他梦想着东山再起，只是尚未逢到强有力的靠山。"黎元洪这个'断枝'都可以再返'林柯'，还不是靠了硬邦柱子，说不定有一天我还会出来！"现在，曹汝霖给他提供机会了，只要他乐意，他还会有"前呼后拥"的岁月。不过，徐世昌毕竟是受过严格的中国传统教育，他懂得做人的礼义廉耻，"中国人大混战，那是为权为利，兄弟阋于墙，谁兴谁衰，只需看执政之后为民为国做了些什么？成功的王侯也好，失败的流寇也好，还都是中国人，闹的是家务事。而为日本人办事，替侵略者压迫自己的民族兄弟，那就是民族的千古罪人呀！"徐世昌想："我都是快入土的人了，并不缺衣食，我不能去做民族的罪人。"

他对曹汝霖说："润田呀，我老了，力已衰、精也疲，丢东忘西，连大小便都常常失禁，怎么能再去料理一方政事呢？还是请你另选高明吧！"

"菊人兄……"曹汝霖还想以利害关系劝导。可徐世昌早已举手，阻止他再说下去。"如果没有别的事，你就请回吧。"徐世昌在他的私宅里第一次下了"逐客令"，曹汝霖没精打采地走了。

徐世昌犹觉不放心，还特地对门房交代："以后曹润田再来，就说我不在家。不必再回话了。"

徐世昌知道日本人在打他的主意了，心里有点慌张："我已经是八十岁的人了，难道晚节就坏在日本人手里？"他由慌张到害怕起来："万一有一天，他们把我绑架去，硬打我的旗号，我岂不跳进黄河也洗不清了？"他想躲开，躲得远远的，去青岛，去辉县，去……"哎呀！那些地方如果被日本人占领了，同样不是保险地，还不如咪哆士道，在英租界里安全呢。"于是，他告诫家人和门房："今后必须天天大门紧闭，任何来客均告知'我不在天津'，谢绝会客！"

说是"谢绝会客"，但并不谢绝会自家人。这一天，他住在北京的胞侄徐一达不期来到他面前，站立许久，竟是一言不发。徐世昌急了："你匆匆来了，又不言语，为什么？"

"伯，有件事不知该不该禀报给您？"一达还是低着头——徐世昌一生无子，但对侄、孙辈却管教甚严，因而，他们无事时多不敢到他面前来，来了也十分拘谨——"问你自己！"徐世昌说，"如此吞吞吐吐，不想说就别来好了！""是这样……"徐一达终于把原委说了出来——原来伪天津市长潘毓桂也受到拉拢徐世昌的"指示"，潘毓桂利用他的秘书长柯昌泗与徐一达是儿女亲家的关系，让他转告其伯父徐世昌，"请徐世昌答应出来做华北的领袖"，如答应了，日本人将让徐一达做北京市长。这事被徐一达拒绝了。近日，潘毓桂又连连派人到北京去催问……"这事是我擅自做主拒绝的，不知道伯怎么想的？"

徐世昌怕鬼，鬼还是缠着他！他明明白白地对侄子说："你拒绝得好！说明你是徐家的好子孙。他现在还缠着你？"

"还缠着。"徐一达说,"潘毓桂说,他很盼望您出山。还说,北京市长那个位子还给我留着呢!"

"我不会出山做什么'华北领袖'的,你也万万不能接受北京那个'市长'。你立即离开北京,到外地去躲躲,越僻静的地方越好。"徐世昌说,"经济上有困难我可以支持你。"

"经济不困难,不必支持。"徐一达说,"伯,我听您的,马上离开北京。"徐一达从天津便直接去了上海,总算把这个纠缠摆脱了。

到了1938年的春天,徐世昌的两个学生章梫和金梁来到咪哆士道。徐世昌还以为是编纂书稿有未了事呢,忙在客厅接见他们。

章梫已经离开徐宅年余了,徐世昌让他编的书稿他也多完成了。此番造府,还是为了日本人动员徐世昌出山的事。原来他这两个学生也都当了日本人的官了。章梫在老师面前坐定,便问:"老师,日本板垣师团长和土肥原先生曾有信约您会见吗?"

徐世昌一听日本人的事,心里有点紧张,忙说:"你们问这干什么?"

"也没有什么,"章梫说,"只是想问问。"

"有信来。我拒绝见他们!"徐世昌说,"派了那么多大兵到中国来,还侈谈什么友好!我不同这样的人见面。"

金梁说:"老师,板垣师团长和土肥原先生仍然想见见您,和您商谈一些事情。"

"你们是不是来做说客的?"徐世昌说,"我和他们有什么共同的话好谈?不见!"

"老师,"金梁说,"日本人没有坏意,他们想请老师先出任华北领袖,一俟部署就绪,再请宣统皇帝到北京正位。老师千万别失掉这个千载难逢的机会。"

"宣统不是已经在长春'正位'了吗?"徐世昌说,"我老了,没有精力了,就是大位让我来'正',我也正不了了。"说着,摇起手来,示意让他们走开。

金梁站起身来,却没有离去。他望了章梫,章梫对他点点头,金梁转身来到徐世昌面前,说:"我们来,不是为了别的,是为的老师的晚盖。人人都有个晚盖,还请老师能够自见。"

徐世昌一听学生对他发难了,勃然大怒,愤愤地说:"我要什么自见?

你对老师这么说话，你……你……你太浑了！"金梁反唇相讥："老师您才浑呢！"

徐世昌顿时浑身发抖，两行老泪也就落了下来。他挥着手，一边朝楼上走去，一边说："想不到，想不到我这个年纪，又碰到这一场！"徐世昌上楼去了，金章二人只好不辞而去。徐世昌病了。

1938年，他八十四岁。他患的是膀胱炎症。医生说他是因为笃信吕祖，长期参禅打坐而又运气不得法引起的热结膀胱。天津的医生为他诊断后，认为一定要动手术。但是，天津的条件很差，动不了这样的手术，要请北京协和医院的美籍医生。

医生请来了，是一位美籍姓夏的博士。这位夏博士诊断之后说："这种病有把握治好。但在天津不行，天津条件不行，必须去北京。"

徐世昌对夏博士摇摇头，拒绝去北京——他怕日本人趁他病着扣留他，控制他，用他的名义欺骗中国人。他用低沉的声音对家人说："我的归宿，就在天津了。天津……唉，天津呀……"他挣扎着，仰仰身子，要来纸笔，迟迟缓缓地写道：

宅后菜畦可耕田，租界何如水竹村！

写完，他闭上了眼睛，再不说话。
1939年夏，徐世昌病故，年八十五岁。